W0263914

Informationsmodellierung
in XML und SGML

Springer
*Berlin
Heidelberg
New York
Barcelona
Budapest
Hongkong
London
Mailand
Paris
Singapur
Tokio*

Henning Lobin

Informationsmodellierung in XML und SGML

Mit 33 Abbildungen und 4 Tabellen

 Springer

Prof. Dr. Henning Lobin
Justus-Liebig-Universität Gießen
FB 9, Arbeitsbereich Angewandte Sprachwissenschaft
und Computerlinguistik
Otto-Behaghel-Str. 10 D
35394 Gießen
Henning.Lobin@uni-giessen.de

Die Deutsche Bibliothek – Einheitsaufnahme

Lobin, Henning:
Informationsmodellierung in XML und SGML/Henning Lobin. –
Berlin; Heidelberg; New York; Barcelona; Budapest; Hongkong; London;
Mailand; Paris; Singapur; Tokio: Springer, 2000
   ISBN-13:978-3-642-64046-9   e-ISBN-13:978-3-642-59604-9
   DOI: 10.1007/978-3-642-59604-9

ACM Computing Classification (1998): I.7, J.5

ISBN-13:978-3-642-64046-9   Springer-Verlag Berlin Heidelberg New York

Dieses Werk ist urheberrechtlich geschützt. Die dadurch begründeten Rechte, insbesondere die der
Übersetzung, des Nachdrucks, des Vortrags, der Entnahme von Abbildungen und Tabellen, der
Funksendung, der Mikroverfilmung oder der Vervielfältigung auf anderen Wegen und der
Speicherung in Datenverarbeitungsanlagen, bleiben, auch bei nur auszugsweiser Verwertung,
vorbehalten. Eine Vervielfältigung dieses Werkes oder von Teilen dieses Werkes ist auch im Einzel-
fall nur in den Grenzen der gesetzlichen Bestimmungen des Urheberrechtsgesetzes der Bundesre-
publik Deutschland vom 9. September 1965 in der jeweils geltenden Fassung zulässig. Sie ist
grundsätzlich vergütungspflichtig. Zuwiderhandlungen unterliegen den Strafbestimmungen des
Urheberrechtsgesetzes.
© Springer-Verlag Berlin Heidelberg 2000
Softcover reprint of the hardcover 1st edition 2000

Die Wiedergabe von Gebrauchsnamen, Handelsnamen, Warenbezeichnungen usw. in diesem Werk
berechtigt auch ohne besondere Kennzeichnung nicht zu der Annahme, daß solche Namen im
Sinne der Warenzeichen- und Markenschutz-Gesetzgebung als frei zu betrachten wären und daher
von jedermann benutzt werden dürften.

Umschlaggestaltung: Künkel + Lopka, Werbeagentur, Heidelberg
Satz: Reproduktionsfertige Vorlagen des Autors
SPIN 10698384   45/3142/SR – 5 4 3 2 1 0 – Gedruckt auf säurefreiem Papier

Vorwort

Während der Arbeit an diesem Buch hat XML, die *Extensible Markup Languge*, einen Boom erlebt, den noch vor zwei Jahren kaum jemand hätte voraussagen können. Fast täglich sind Meldungen darüber zu lesen, in welche Technologiebereiche XML Einzug erhalten hat, beinahe im Wochenrhythmus werden beim *World Wide Web Consortium* Standardisierungsvorschläge eingereicht, die die Erweiterung oder die Nutzung von XML zum Gegenstand haben. Dabei ist XML lediglich die vereinfachte Version einer Sprache, die schon in den siebziger und achtziger Jahren entwickelt worden ist: die *Standard Generalized Markup Language* (SGML). Viele der seitdem im Umfeld von SGML entstandenen Substandards und Verarbeitungstechniken finden sich heute wieder bei der Auskleidung einer XML-basierten Informationstechnologie.

Im vorliegenden Buch soll nicht versucht werden, ein vollständiges Panorama der noch reichlich unübersichtlichen XML-Szenerie zu vermitteln. Vielmehr geht es um das, was in in den vergangenen fünfzehn Jahren für SGML zentral war und nun auch – zweifellos nicht nur für einen kurzen technologischen Innovationszyklus, sondern vielleicht für weitere fünfzehn Jahre – auch für XML im Zentrum stehen wird: Information so zu modellieren, dass sie sich zu Baumstrukturen fügen lässt, ganze Klassen derartiger Bäume durch Grammatiken zu beschreiben und so die Grundlage zu bilden für eine Vielzahl halb- oder vollautomatischer Verarbeitungsprozesse. Denn auch wenn noch so raffinierte Verarbeitungswerkzeuge verfügbar sind, so wird die Nutzung von SGML und XML immer verknüpft bleiben mit der intellektuellen Arbeit der Informationsmodellierung und ihrer formalen Beherrschung.

Viele der in SGML vorgesehenen Konstruktionen gelten heute mit Recht als veraltet – sie werden auch in diesem Buch keine Rolle spielen. Andere sind eindeutig als Vorteile von SGML gegenüber XML anzusehen; insbesondere die Weiterentwicklung von SGML, die im Anhang des HyTime-Standards dokumentiert ist, öffnet mit der Idee der Metastrukturierung völlig neue Räume für die Informationsmodellierung. Gleichzeitig ist es mit dem Erfolg von XML deutlich geworden, dass Einfachheit und Überschaubarkeit eines Standards wichtige Richtgrößen sind. Dieses Buch geht deshalb aus von der Ausdrucksmächtigkeit von XML, zeigt aber, an welchen Punkten die zusätzlichen Möglichkeiten von SGML von Nutzen sind. Dadurch wird es möglich, die zur Beherrschung dieser

Technologie notwendigen Grundlagen in systematischer Weise gleichzeitig für SGML und XML zu erwerben.

Die Erstellung der ersten Fassung dieses Buches fällt noch in meine Zeit an der Universität Bielefeld, in der ich die Gelegenheit bekommen hatte, zusammen mit Andreas Witt und Jan-Torsten Milde einen Forschungs- und Lehrbereich „Texttechnologie" aufzubauen. Beiden Kollegen bin ich für eine Vielzahl von Hinweisen und Anregungen zu besonderem Dank verpflichtet.

Verl, im September 1999   Henning Lobin

Inhalt

Teil II: Sekundäre Strukturierung – Architekturen

Anhang

1 Einleitung

1.1 1986 – eine neue Zeit beginnt

Mit der Verabschiedung der *Standard Generalized Markup Language* (SGML)
als internationalem Standard ISO 8879 im Jahre 1986 hat eine neue Zeitrech-
nung begonnen. SGML hat die Informationstechnologie aus den Fesseln der
technischen Abhängigkeiten befreit und einen Weg eröffnet, Information ausschließlich auf der Grundlage ihrer inneren Gesetzmäßigkeiten und ihrer Funktion zu modellieren und zu verarbeiten. Zur *killer application* von SGML ist inzwischen das *World Wide Web* geworden. Die dabei verwendete Seitenbeschrei-
bungssprache HTML (*Hypertext Markup Language*) ist eine SGML-Anwendung,
die spektakulär demonstriert hat, wie die maschinen- und softwareunabhängige
Informationsmodellierung den Austausch, die Verknüpfung und die Manipulation von Daten in weltumspannender Weise möglich machen kann.

In anderen Bereichen wurde SGML in der selben Zeit zwar nicht so medien-
wirksam, aber mit ähnlich weitreichenden Folgen eingeführt: In der *Text Encoding Initiative* wurde mit TEI eine SGML-Anwendung entwickelt, die die Repräsentation von literarischen, historischen, religiösen und anderen Arten geistes-
wissenschaftlich relevanter Texte erlaubt und mittlerweile für diese Zwecke
weltweit verwendet wird. Die Publikationen von Periodika und wissenschaftlichen Monographien mitsamt Registern, Glossaren und Literaturlisten kann über
die SGML-Anwendung ISO 12083, die von technischen Handbüchern über Doc-
Book abgewickelt werden, und Produktdaten von der Herstellung bis zur Entsor-
gung lassen sich durch das Informationsmodell CALS (zunächst für *computer
assisted lifecycle support*, neuerdings *commerce at light speed*) – ebenfalls eine
SGML-Anwendung – beschreiben.

Neben den großen, umfassenden und den kleineren, für ganz spezielle Zwecke
entwickelten Anwendungen wird SGML inzwischen umrankt von verwandten
Standards, die spezielle Funktionen oder Verarbeitungsaspekte betreffen. Die
wichtigsten davon sind HyTime und DSSSL. Der HyTime-Standard (*Hypermedia and Time-based Structuring Language*; ISO 10744:1997) legt fest, wie in
SGML die hypermediale Verlinkung von Information auszusehen hat, die in beliebigen Medien realisiert ist. Darüber hinaus werden auch zeitabhängige Vor-
gänge berücksichtigt, wobei Ereignisse in verschiedenen Medien miteinander

gekoppelt werden können. Auf der Grundlage von HyTime kann deshalb sowohl ein Hypertext als auch ein Orchesterstück repräsentiert werden. Wichtig ist der HyTime-Standard noch aus einem anderen Grund: In der zweiten, 1997 veröffentlichten Version enthält er im Anhang eine Reihe von Festlegungen, die für SGML als Ganzes gelten und im vorliegenden Buch von grundlegender Bedeutung sind. Mit diesen Erweiterungen wird es möglich, Informationsmodelle auf mehreren Ebenen anzusiedeln, so dass gleichzeitig unterschiedlichen Modellierungsansprüchen genüge getan werden kann.

Im DSSSL-Standard (sprich ‚Dissl‘, *Document Style and Semantic Specification Language*; ISO 10179:1996) geht es um die Transformation von SGML-strukturierter Information sowie um ihre Konkretisierung für die Nutzung in bestimmten Medien. Mit Hilfe von DSSSL können beispielsweise TEI-strukturierte Texte in die gedruckte Form überführt werden, und zwar so, dass für alle diese Texte nur eine einzige DSSSL-Spezifikation notwendig ist. Im vorliegenden Buch liegt das Augenmerk jedoch auf dem Aspekt der Informations*modellierung*, so dass DSSSL im folgenden unberücksichtigt bleibt.

Der ganze Prozess der Entwicklung neuer Anwendungen und verwandter Standards sowie deren Umsetzung in Software-Systemen in der letzten Zeit hat deutlich gemacht, dass für verteilte Informationssysteme wie dem Internet mit HTML nur ein erster Schritt bei der Informationsmodellierung unternommen worden ist. Warum soll nicht anstatt dieser einen SGML-Anwendung SGML insgesamt über das Internet nutzbar sein? Jede beliebige SGML-Anwendung könnte dann im Internet verfügbar werden und, darauf aufbauend, auch die flankierenden Standards HyTime und DSSSL mit den dazugehörenden Software-Systemen.

So naheliegend dieser Gedanke ist, so schwierig ist es, ihn umzusetzen. Das *World Wide Web* ist längst ein Massenmedium geworden, der SGML-Standard aber ist in seinen Details äußerst kompliziert, und viele Techniken sind nur sehr schwer zu verstehen. Darüber hinaus hat sich ein undurchsichtiger SGML-Jargon entwickelt, der die Einarbeitung in diesen Standard zusätzlich erschwert, da er selbst in den meisten einführenden Werken nicht vermieden wird. Das größte Problem besteht aber darin, dass der Standard nicht nur kompliziert, sondern auch formal so komplex ist, dass Online-Anwendungen Schwierigkeiten bekommen, ihre Verarbeitung in akzeptabler Zeit durchzuführen. Viele Eigenschaften von SGML spiegeln noch den Stand der frühen achtziger Jahre wider, in denen noch nicht absehbar war, dass SGML-Anwendungen woanders als auf isolierten Einzelrechnern funktionieren könnten.

Das Hervortreten dieser Unzulänglichkeiten von SGML für Zwecke der Online-Anwendung war der Ursprung der *Extensible Markup Language*, die seit Anfang 1998 in einer vom *World Wide Web Consortium* verabschiedeten Fassung 1.0. vorliegt. XML ist nichts anderes als eine vereinfachte Version von SGML, denn alle in XML kodierte Information ist zugleich auch SGML-kodiert. Die Definition von XML ist jedoch viel konziser, knapper und logisch überzeugender, da alles das, was in SGML ohnehin kaum genutzt wird, weggelassen wurde, ohne dabei die Ausdrucksmöglichkeiten prinzipiell einzuschränken. Diese Reduktion ist so überzeugend gelungen, dass XML inzwischen auch dort eingesetzt wird, wo die Online-Fähigkeit der Daten gar nicht im Vordergrund steht. Die Entwicklung der nächsten Jahre wird zeigen, ob sich der voll ausgeformte SGML-Standard behaupten kann oder ob er in wenige Spezialbereiche zurückgedrängt wird. Aus diesem Grund basiert das vorliegende Einführungsbuch zur Informationsmodellierung auf XML, stellt aber an solchen Stellen, an denen SGML wichtige Erweiterungen aufweist, diese im einzelnen dar. Die esoterischen Bereiche von SGML werden dagegen in die Fußnoten oder ganz aus diesem Buch verbannt.[1]

1.2 Was ist ‚textuelle Informationsmodellierung'?

In diesem Buch geht es darum, wie SGML und XML genutzt werden können, um beliebige Informationen an der Leitlinie von Textstrukturen zu modellieren. Textuelle Informationsmodellierung ist also die Modellierung von Information anhand von Gesetzmäßigkeiten, die wir in der Sprache finden. Damit unterscheidet sich diese Herangehensweise von der bei Datenbanken: Datenbanken basieren auch in ihren neuesten Ausprägungen auf dem Konzept der Tabelle, durch die Daten in einen mehrdimensionalen Zusammenhang eingeordnet werden.

SGML und XML haben also nicht direkt etwas mit Textverarbeitung oder *Electronic Publishing* zu tun. SGML und XML sind vielmehr Instrumente für die Modellierung von strukturierter Information. Was ist nun strukturierte Information? Der Idee der strukturierten Information liegen verschiedenen Beobachtung an Texten zugrunde: In einem Text können erstens unterschiedliche Ebenen voneinander unterscheiden werden. Es gibt auf der einen Seite die Abfolge von Buchstaben z.B. in einer Überschrift oder als ein Zitat, es gibt aber auf der anderen Seite auch abstrakte Einheiten, die z.B. für die Kategorien ‚Überschrift' oder ‚Kapitel' stehen. Diese abstrakten Einheiten werden im Gegensatz zu den textuellen Einheiten nicht durch sprachliche Zeichen konkretisiert, sondern oftmals durch typografische: eine Überschrift ist größer als der folgende Text, abgesetzt und wird meistens numeriert, und auch für die Kennzeichnung eines zusammenhängenden Textteils als ein Kapitel gibt es verschiedene Darstellungsmittel.

Die zweite Beobachtung ist, dass die Anordnung der abstrakten und der konkreten Informationseinheiten nicht beliebig ist, sie hat vielmehr festen Regeln zu folgen, die denen zur Bildung von Sätzen ähneln. Die Regeln spezifizieren einerseits das hierarchische Verhältnis von abstrakten Informationseinheiten zu untergeordeten abstrakten oder konkreten Informationseinheiten, andererseits die li-

---

[1]   Dieses betrifft z.B. auch fast alles zum Thema Zeichensätze, Kodierung und Nutzung von Sonderzeichen usw. Zu Darstellungen zu diesem Themenbereich s. z.B. Rieger (1995).

neare Abfolge gleichrangiger Informationseinheiten. Man kann diese Regeln zu einer Grammatik der Informationseinheiten zusammenfassen.

Und die dritte Beobachtung: Eine solche Grammatik kann immer so gestaltet werden, dass sich die Informationseinheiten mit ihren hierarchischen und linearen Beziehungen zueinander in Baumform anordnen: ganz oben gibt es ein Wurzelelement, das den Text als Ganzes repräsentiert, die Töchter darunter repräsentieren die Teile, aus denen sich der Text auf oberer Ebene zusammensetzt, und diese Zerteilung wird solange fortgesetzt, bis man auf der Ebene der elementaren Texteinheiten angelangt ist.

In XML/SGML sind diese Beobachtungen in einen systematischen, formal definierten Zusammenhang gebracht worden:

- Eine XML/SGML-Anwendung gibt an, was für Typen von abstrakten und konkreten Informationseinheiten es gibt, gibt ihnen Namen zur eindeutigen Identifizierung und spezifiziert ggfs. weitere Beschreibungsmerkmale.
- Diese Informationstypen werden durch Regeln miteinander in Beziehung gesetzt.
- Diese Regeln werden zu einer Grammatik zusammengefasst.
- Reale Informationseinheiten werden mit diesen Typen in Beziehung gesetzt und in Baumform angeordnet.

Strukturierte Information ist also nichts anderes als die regelgeleitete Anordnung von Informationseinheiten, genauso wie wir korrekt strukturierte Sätze als regelgeleitete Anordnung von Wörtern verstehen können. Das vorliegende Buch hat das Ziel, Grundprinzipien und Techniken der Entwicklung von derartigen Regelmengen für die Strukturierung von Information zu vermitteln.

1.3 Zur Darstellung

Die Darstellung gliedert sich in zwei Teile. Im ersten Teil werden die Techniken der primären Informationsstrukturierung beschrieben. Diese Techniken bilden das Grundinstrumentarium von XML und SGML und stellen auch die weithin übliche Verwendungsweise dar. Im zweiten Teil geht es um die darauf aufsetzende Ebene der sekundären Informationsstrukturierung – diese neueren Techniken erlauben es, Information indirekter, abstrakter oder allgemeiner zu strukturieren, ohne dabei mit der primären Strukturierungsebene in Konkurrenz zu treten. Die sekundäre Strukturierung hat in letzter Zeit ganz erheblich an Bedeutung gewonnen und wird in der Zukunft die XML/SGML-basierte Informationsverarbeitung entscheidend mitbestimmen, weshalb ihr hier auch entsprechender Raum zugestanden wird.

Die Notation orientiert sich weitestgehend am XML-Standard, versucht aber zugleich auch wichtige Erweiterungen des SGML-Standards zu berücksichtigen.

Ein zentrales Ziel dieser Herangehensweise besteht darin, dass der Leser neben detaillierten Kenntnissen von XML auch so weitreichende SGML-Kenntnisse erwirbt, dass es ihm möglich wird, Vor- und Nachteile von XML- und SGML-Anwendungen abzuwägen. Insbesondere bei den im zweiten Teil dargestellten sekundären Strukturierungstechniken beziehen sich XML-Anwendungen voll und ganz auf die für SGML getroffenen Festlegungen, so dass die ausschließliche Bezugnahme auf XML für eine erschöpfende Darstellung der Informationsmodellierung nicht ausreichend ist.

Das vorliegende Buch versteht sich als eine Einführung in die Probleme der Informationsmodellierung, dargestellt anhand von XML und SGML. Insbesondere im ersten Teil hat deshalb die Vermittlung der Zusammenhänge Vorrang vor den Details, so wichtig diese bei der konkreten Anwendung auch sind. Im Anhang ist deshalb eine Aufstellung aller XML-Grammatikregeln enthalten, die überdies zur Standardversion von SGML in Bezug gesetzt sind.

Jedes Kapitel wird abgeschlossen von einer Zusammenstellung der Kernaussagen des Kapitels. Der Anhang enthält weiterführende Informationen zu den im Hauptteil erwähnten Standards, Software-Systemen und Spezifikationen.

Teil I
Primäre Strukturierung – Strukturgrammatiken

2 Elemente

2.1 Einheiten der Informationsmodellierung

Bei der Informationsstrukturierung können wir zunächst zwei verschiedene Ebenen unterscheiden, auf denen Informationseinheiten erscheinen können:

1. die Ebene der konkreten Daten
2. die Ebene der abstrakten Einheiten, die Daten Funktionen zuordnen oder gruppieren.

Die abstrakten Einheiten werden in XML/SGML als Elemente bezeichnet. Wir werden uns zunächst auf zwei verschiedene Typen von Elementen beziehen:

1. Daten-Elemente: Elemente dieses Typs enthalten unmittelbar die konkreten Daten;
2. Container-Elemente: Elemente dieses Typs enthalten selbst wiederum Elemente, wobei die enthaltenen Elemente Daten- oder Container-Elemente sein können.

Daten- und Container-Elemente können auch als Mischform auftreten, jedoch wird gewöhnlich empfohlen, bei der Definition von Elementen eine eindeutige Zuordnung zu einer der beiden Gruppen vorzusehen. Einen dritten Typ stellen die sog. leeren Elemente dar; diese werden wir uns erst im Abschnitt 2.3 ansehen.

Für Daten-Elemente muss selbstverständlich klar sein, um was für eine Art von Daten es sich handelt. Soweit nichts anderes vermerkt ist, wird davon ausgegangen, dass Daten-Elemente Zeichenfolgen enthalten, die aus den dafür zulässigen Zeichen gebildet sind. In XML und SGML sieht die Deklaration eines Daten-Elements folgendermaßen aus:

```
(1)    <!ELEMENT    autor    (#PCDATA)>
```

Diese Definition besagt, dass ein Element vom Typ `autor` Daten vom Typ `PCDATA`[2] enthalten kann. Das Zeichen # signalisiert dabei, dass es sich bei `PCDATA` um ein vordefiniertes Schlüsselwort handelt. Elemente erhalten also einen Namen, durch den es möglich wird, die Information, die in ihnen enthalten ist, zu klassifizieren und zu beschreiben. Durch die Benennung der Elemente wird es somit möglich, für verschiedene Typen von Informationen unterschiedliche Elemente vorzusehen:

```
(2)     <!ELEMENT    titel     (#PCDATA)>
        <!ELEMENT    stadt     (#PCDATA)>
        <!ELEMENT    verlag    (#PCDATA)>
        <!ELEMENT    jahr      (#PCDATA)>
```

Durch diese Benennungen ist allerdings nicht gewährleistet, dass die Elemente in SGML-Dokumenten diese Information auch tatsächlich enthalten. Ein `stadt`-Element kann durchaus auch Zeichenketten enthalten, die keine Städte bezeichnen, sogar ganze Sätze oder Textabschnitte. In der Grundform von XML und SGML gibt es keine Möglichkeit, den Inhalt von Daten-Elementen weiter einzuschränken. Allerdings heben zwei Erweiterungen, die wir uns im zweiten Teil dieses Buches ansehen werden, diesen Nachteil inzwischen auf.

Container-Elemente enthalten im Gegensatz zu Daten-Elementen nicht unmittelbar Daten, sondern organisieren Elemente:

```
(3)     <!ELEMENT    buch (autor, titel, verlag, jahr)>
```

Der Elementtyp `buch` ist hier als die Abfolge von vier Daten-Elementen definiert. Die Festlegung, in welcher Weise ein Container-Element im einzelnen andere Elemente organisiert, geschieht durch das *Inhaltsmodell*, der rund geklammerte Teil innerhalb der Element-Deklaration. Im Inhaltsmodell werden zum einen Angaben darüber gemacht, welchen Status die einzelnen Elementtypen haben, zum anderen werden die Elemente zueinander in Beziehung gesetzt. In (3) weisen alle Elemente den Status ‚obligatorisch' auf, da ihrem Namen kein weiteres Zeichen folgt. Insgesamt gibt es vier verschiedene Status von Elementen:

- `a` → a muss genau einmal auftreten (obligatorisch).
- `a?` → a kann einmal auftreten, kann aber auch ausgelassen werden (fakultativ).
- `a+` → a muss mindestens einmal, kann aber beliebig oft auftreten.

---

[2] Neben `PCDATA` gibt es in SGML noch zwei weitere Typen für Daten, `CDATA` und `RCDATA`. Diese Typen unterscheiden sich von `PCDATA` dadurch, dass in ihnen eingebettete Elemente oder Entitäten anders behandelt werden. Da sie aber äußerst selten für die Deklaration von Daten-Elementen verwendet werden, bleiben sie im weiteren unberücksichtigt.

- a* → a kann einmal oder beliebig oft auftreten, kann aber auch
  ausgelassen werden

In (3) können wir beispielsweise die folgenden Statusänderungen vornehmen:

```
(4)    <!ELEMENT    buch(autor+, titel, verlag?, jahr?)>
```

Durch diese Deklaration ist es nun möglich, mehrere Autoren für ein Buch anzugeben und die Verlags- und Jahresangaben fortzulassen.

Für die Festlegung der Beziehungen der Elemente zueinander stehen drei Konnektoren zur Verfügung:

- a, b   → b folgt auf a
- a | b   → entweder a oder b
- nur in SGML ist der Konnektor & erlaubt:
  a & b   → a folgt auf b, oder b folgt auf a; in XML kann & allerdings leicht nachgebildet werden: a & b = (a, b) | (b, a)

Wenn wir also beispielsweise offen lassen wollen, in welcher Reihenfolge die Elemente in (4) erscheinen, so können wir in SGML anstatt des Kommas den Konnektor & verwenden:

```
(5)    <!ELEMENT    buch  (autor+ & titel & verlag? & jahr?)>
```

Sollen allerdings nun weiterhin verlag und jahr am Ende erscheinen, ist eine zusätzliche Klammerung vonnöten:

```
(6)    <!ELEMENT    buch  ((autor+ & titel), verlag?, jahr?)>
```

Ein in einem Inhaltsmodell enthaltener Klammerausdruck wird auch als *Untermodell* bezeichnet. Untermodelle verhalten sich genauso wie ein Inhaltsmodell, können also selbst wiederum Untermodelle enthalten. Darüber hinaus können die Status-Festlegungen (?, + und *) ebenso auf Untermodelle und das Inhaltsmodell selbst bezogen werden:

```
(7)    a.    <!ELEMENT buch ((autor+ & titel), (verlag, jahr)?)>
       b.    <!ELEMENT katalog (buch)*>
```

In (7a) wird durch die Klammerung von verlag und jahr erreicht, dass beide Elemente nur gemeinsam erscheinen oder ausgelassen werden. In (7b) ist mit * das gesamte Inhaltsmodell spezifiziert, so dass katalog aus beliebig vielen Elementen vom Typ buch bestehen kann.

Eine ganz wichtige Einschränkung bei der Spezifikation von Inhaltsmodellen besteht darin, dass zusammengesetzte Inhaltsmodelle keine Ambiguitäten aufweisen dürfen. Ambige Inhaltsmodelle entstehen leicht im Zusammenhang mit oder-Konstruktionen:

```
(8)    <!ELEMENT    a    ((b, c) | (b, d))>
```

Bei diesem Inhaltsmodell kann für ein Element b nicht entschieden werden, ob es zu dem linken Glied der oder-Gruppe gehört oder zum rechten. Ein SGML-Parser müsste an dieser Stelle also zwei verschiedene Alternativen parallel berücksichtigen, was sowohl für SGML als auch für XML ausgeschlossen ist. Eine einfache Umformung vermag dieses ambige Inhaltsmodell eindeutig zu machen:

```
(9)    <!ELEMENT    a    (b, (c | d))>
```

Neben der oder-Konstruktion können auch andere Konstruktionen zu Ambiguitäten führen. In jedem Fall kann aber eine Umformung in eine nicht-ambige Variante vorgenommen werden.

2.2 Hierarchische Anordnung von Elementen

Die hierarchische Anordnung der Elemente ist das Grundprinzip von XML/SGML. Wollen wir z.B. das Element `autor` weiter untergliedern, so können wir dazu folgende Deklarationen verwenden:

```
(10)   <!ELEMENT    autor          (vorname+, familienname)>
       <!ELEMENT    vorname        (#PCDATA)>
       <!ELEMENT    familienname   (#PCDATA)>
```

Die Vornamen-Information zum Autor eines Buches erscheint dann eingeschachtelt in das `autor`-Element, dann in das `buch`-Element und dieses schließlich im `katalog`-Element.

Was wird nun aber durch eine Element-Deklaration definiert? Es ist bisher deutlich geworden, dass jede Element-Deklaration einer Regel entspricht, die angibt, aus welchen Informationseinheiten ein Element zusammengesetzt sein kann. Durch Element-Deklarationen werden also nicht Informationen direkt ausgedrückt, sondern sie sind strukturelle Information. Durch das Inhaltsmodell eines Elementes wird angegeben, welche Informationseinheiten in welcher Reihenfolge auftreten können. Wenn wir es also mit konkreten Informationseinheiten zu tun haben, können diese auf zwei verschiedene Arten miteinander zusammenhängen: zwei Informationseinheiten können eine Sequenz bilden, oder eine Informationseinheit kann der anderen untergeordnet sein. Wir können beides leicht grafisch darstellen:

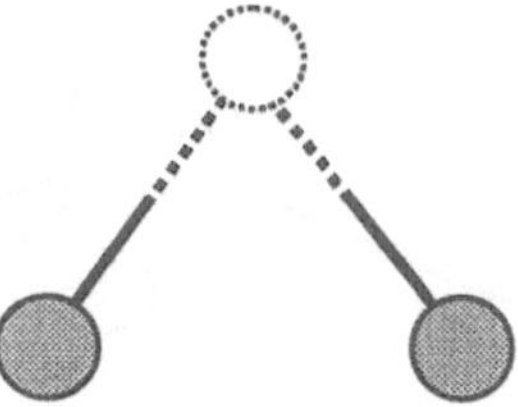

Abb. 2.1. Zwei sequenziell angeordnete Informationseinheiten

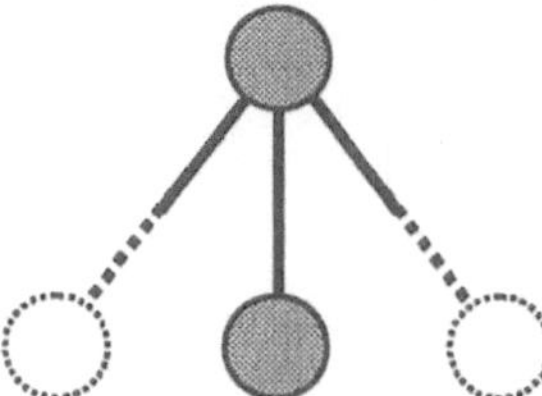

Abb. 2.2. Zwei hierarchisch angeordnete Informationseinheiten

In diesen beiden Abbildungen stellen die Kreise Informationseinheiten dar, die über eine Element-Deklaration in den dargestellten Zusammenhang gebracht werden. Wenn wir nun eine Vielzahl von Informationseinheiten auf der Grundlage von Element-Deklarationen auf diese Weise miteinander in Verbindung bringen, ergibt sich immer eine Baumstruktur. Die einzelnen Informationseinheiten können wir den Elementen zuordnen; Elemente sind somit als Typen konkreter Informationseinheiten zu verstehen. Auch PCDATA-Daten-Inhalt kann in diesem Sinne als der Typ einer terminalen Informationseinheit verstanden werden, nämlich eines konkreten Textstücks. Die Regeln (7a) und (8) erlauben dann die Spezifikation des Baumes in Abb. 2.3.

In diesem Baum hat jede Informationseinheit ihren eindeutigen Platz. Das Element titel etwa ist buch direkt untergeordnet, das zweite Element der von buch direkt abhängigen Elemente und erstes und zugleich letztes seiner Art. Strukturierte Information können wir also nun beschreiben als eine Menge von Informationseinheiten, komplexe oder elementare, die in Baumform organisiert ist, wobei alle in einem solchen Baum enthaltenen Teilbäume durch Element-Deklarationen beschrieben werden.

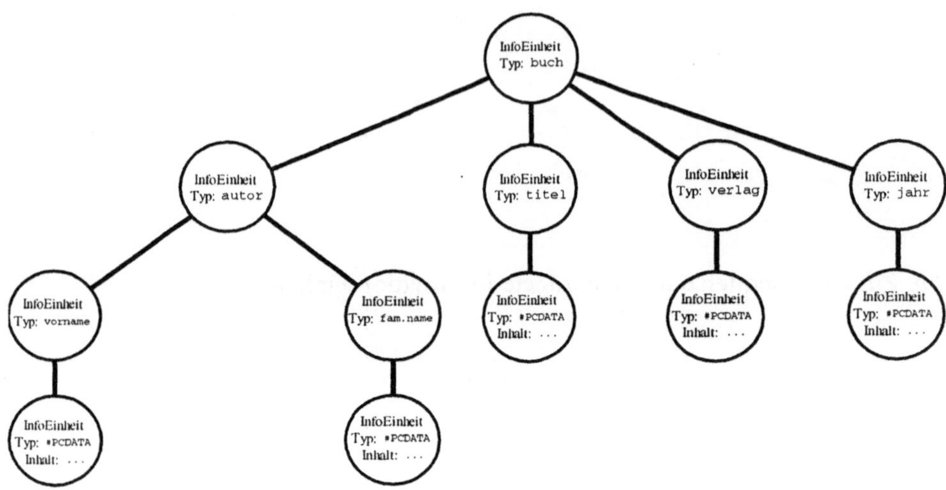

Abb. 2.3. Ein einfacher Informationsbaum

2.3 Leere Elemente und gemischte Elementtypen

Die oben aufgeführten Element-Deklarationen sind so aufgebaut, dass jeder Ast in einem Dateninhalt vom Typ #PCDATA ausläuft. Dieses muss nicht zwangsläufig so sein. Informationseinheiten können auch als solches sinnvoll sein, da sie durch ihr bloßes Vorhandensein die Existenz einer unveränderlichen Information signalisieren. Derartige Elemente können in ihrer Deklaration natürlich kein Inhaltsmodell aufweisen, stattdessen erscheint bei ihnen das leere Inhaltsmodell EMPTY:

```
(11)   <!ELEMENT    autor       ((vorname+, familienname)|
                                 unbekannt)>
       <!ELEMENT    unbekannt   EMPTY>
```

Durch das Element unbekannt, das hier alternativ zu Vornamen und Familienname erscheinen kann, wird im Teilbaum in Abb. 2.4 angezeigt, dass der Autor unbekannt ist.

Mit den leeren Elementen haben wir neben den Container-Elementen und den Daten-Elementen den dritten und letzten Typ von abstrakten Informationseinheiten kennengelernt, der in XML/SGML vorgesehen ist.

Es war bereits erwähnt worden, dass die Unterscheidung verschiedener Element-Typen ein idealisiertes Bild der in XML/SGML gegebenen Möglichkeiten ergibt. Es wird durch den Standard durchaus nicht ausgeschlossen, ein Element gleichzeitig als ein Container- und als ein Daten-Element zu deklarieren:

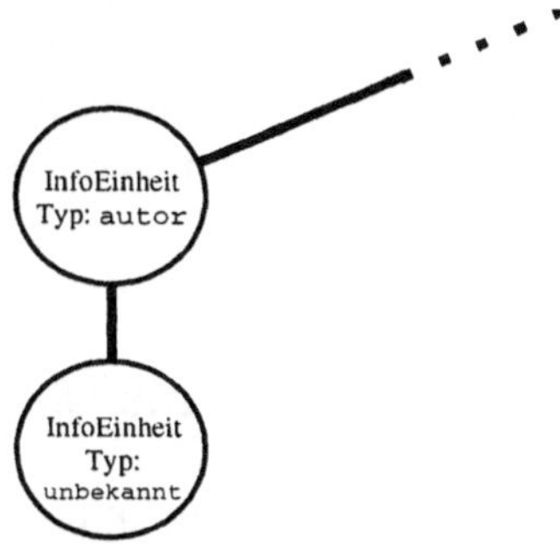

Abb. 2.4. Zweig mit leerem Element als Blatt

```
(12)   <!ELEMENT   autor   ((vorname+, name) | #PCDATA)>
```

In dieser Element-Deklaration wird eindeutig zwischen der Funktion als Container und der als Daten-Element unterschieden, eine Informationseinheit vom Typ `autor` ist entweder ein Abfolge weiterer Elemente oder enthält konkrete Daten. In der folgenden Deklaration liegt hingegen keine saubere Trennung mehr vor:

```
(13)   <!ELEMENT   buch   (autor, #PCDATA, verlag, jahr)>
```

In einem solchen Fall wird eindeutig eine zu schwache Strukturierung vorgenommen, da `#PCDATA` offensichtlich für den Titel des Buches stehen sollen und nicht für beliebige Daten zum Buch überhaupt. Da in jedem solchen Fall von ‚gemischtem Inhalt' (*mixed content*) zusätzliche Elemente deklariert werden können, die ein solches Element zu einem reinen Container machen, gilt eine Deklaration wie (11) als schlechter Strukturierungsstil und sollte deshalb vermieden werden. In XML werden deshalb die Möglichkeiten zur Bildung gemischter Inhaltsmodelle zusätzlich eingeschränkt. `#PCDATA` kann danach nur einmal innerhalb einer oder-Gruppe erscheinen, die beliebig oft wiederholt werden kann: `(#PCDATA|A|B|C)*`. Der Sinn, ausrechnet diese Konstruktion zuzulassen, liegt darin, dass auf diese Weise in `PCDATA`-Inhalt an beliebiger Stelle mit bestimmten Elementen angereichert werden kann.

Ein Mischung aus leerem Element und Daten-Element liegt dann vor, wenn aufgrund der Konnektoren ? oder * in einem Inhaltsmodell die Situation entsteht, dass überhaupt kein abhängiges Element mehr im Baum verbleiben braucht:

```
(14)   <!ELEMENT   katalog   (buch)*>
```

Anders als bei gemischtem Inhalt handelt es sich hier immer um zwei nicht miteinander vermischbare Alternativen: das Element `katalog` ist entweder Container und enhält ein oder mehrere buch-Elemente, oder es ist leer und enthält keinerlei eingebettete Information. Auch in Daten-Elementen ist diese Möglichkeit immer gegeben, da die Deklaration eines Inhaltsmodells als #PCDATA nicht ausschließen kann, dass in einem Baum als Datum eine leere Zeichenkette spezifiziert ist.

2.4 Inklusionen und Exklusionen als Metaregeln in SGML

Die bisher dargestellten Möglichkeiten der Deklaration von Elementen beschränkten sich auf die Spezifikation von Inhaltsmodellen, die eindeutig einem bestimmten Element zugeordnet sind und keine Auswirkung auf andere Element-Deklarationen haben. In SGML ist darüber hinaus vorgesehen, durch sog. Inklusionen und Exklusionen (*inclusion/exclusion exception*) komplette Teilbäume, die ein bestimmtes Element als Wurzel haben, an beliebiger Position und beliebig oft mit zusätzlichen Elementen anzureichern oder bestimmte Elemente in einem Teilbaum zu untersagen. Das folgende Beispiel zeigt Deklarationen für die Elemente a, b, c und d und der Inklusion von x bei a:

```
(15)    <!ELEMENT    a    (b, c) +(x)>
        <!ELEMENT    b    (#PCDATA)>
        <!ELEMENT    c    (b|d)>
        <!ELEMENT    d    (#PCDATA)>
```

Diese vier Deklarationen sind gleichbedeutend mit den folgenden Menge von modifizierten Deklarationen:

```
(16)    <!ELEMENT    a    (x*, b, x*, c, x*)>
        <!ELEMENT    b    (x|#PCDATA)*>
        <!ELEMENT    c    (x*, (b | d), x*))>
        <!ELEMENT    d    (x|#PCDATA)*>
```

Obwohl in (15) die Inklusion des Elements x definitorisch nur das Element a betrifft, sind bei der Umsetzung die Deklarationen aller untergeordneten Elemente betroffen. Die Deklarationen in (16) können als Normalisierung von (15) verstanden werden. Durch eine Inklusion wird also eine Metaregel spezifiziert, die aus einer Menge von Regeln eine abgeleitete Regelmenge zu generieren erlaubt. Diese Tatsache wird besonders deutlich, wenn die Inklusion sich nur auf einen bestimmten Element-Kontext bezieht:

```
(17)    <!ELEMENT    z    (a, c)>
        <!ELEMENT    a    (b, c) +(x)>
        <!ELEMENT    b    (#PCDATA)>
        <!ELEMENT    c    (b|d)>
        <!ELEMENT    d    (#PCDATA)>
```

Dasjenige Vorkommen des Elements c, das dem Element a mit der Inklusion von x untergeordnet ist, ist im Sinne von (16) zu spezifizieren. Für das Vorkommen von c unterhalb des Elements z gelten hingegen weiterhin die nicht-modifizierten Deklarationen. Die Inklusion führt also zur Anfertigung von Duplikaten der entsprechenden Elemente:

```
(18)   <!ELEMENT    z            (a, c)>
       <!ELEMENT    a            (x*, b-unter-a, x*,
                                  c-unter-a, x*)>
       <!ELEMENT    b-unter-a    (x|#PCDATA)*>
       <!ELEMENT    c-unter-a    ((x*, (b-unter-a |
                                     d-unter-a), x*))>
       <!ELEMENT    d-unter-a    (x|#PCDATA)*>
       <!ELEMENT    c            (b|d)>
       <!ELEMENT    b            (#PCDATA)>
       <!ELEMENT    d            (#PCDATA)>
```

Die Spezifikation von Exklusionen funktioniert nach dem gleichen Prinzip. Auch hier sind modifizierte Regeln zu generieren, wobei nicht-notwendige Vorkommen des exkludierten Elements aus den Regeln getilgt werden. Im folgenden Beispiel wird das Element x aus a exkludiert:

```
(19)   <!ELEMENT    a            (b, c) -(x)>
       <!ELEMENT    b            (#PCDATA)>
       <!ELEMENT    c            ((b, x?)|(d, x*))>
       <!ELEMENT    d            (#PCDATA) +(x)>
```

(17) kann so modifiziert werden, dass die Exklusion entfernt wird und alle Inhaltsmodelle, auf die sie sich auswirkt, modifiziert werden:

```
(20)   <!ELEMENT    a            (b, c)>
       <!ELEMENT    b            (#PCDATA)>
       <!ELEMENT    c            (b|d)>
       <!ELEMENT    d            (#PCDATA)>
```

Das Beispiel zeigt, dass untergeordnete Inklusionen durch Exklusionen aufgehoben werden können. Auch hier ist es notwendig, die Regeln ebenfalls in unveränderter Form weiterhin verfügbar zu haben, da die Exklusion in einem anderen hierarchischen Kontext nicht zwangsläufig zu gelten braucht. Die Nutzung der Element-Deklarationen erfordert also zuvor die Anwendung der Metaregeln, weshalb ihre Verwendung z.B. in SGML-Editoren einen vorherigen Kompilierungsschritt notwendig macht. XML verzichtet aus diesem Grunde auf Inklusionen und Exklusionen und behält so von vornherein die Standard-Regelform bei.

Kernaussagen von Kapitel 2

- Für die Informationsstrukturierung werden in XML und SGML zwei Ebenen von Informationseinheiten unterschieden: die Ebene der Daten und die Ebene der Elemente.
- Elemente werden abstrakt durch Element-Deklarationen definiert, wobei sie jeweils einen Namen erhalten.
- Elemente sind entweder Daten-Elemente, Container-Elemente oder leere Elemente.
- Daten-Elemente enthalten Daten und beschreiben deren Funktion.
- Container-Elemente enthalten wiederum Elemente. In der Element-Deklaration kann das kombinatorische Verhalten dieser Elemente durch verschiedene Konnektoren im einzelnen festgelegt werden.
- Die Konnektoren legen das Vorkommen eines Elements (obligatorisch/fakultativ), seine Häufigkeit, die Abfolge mehrerer Elemente oder das alternative Vorkommen mehrerer Elemente fest.
- Leere Elemente enthalten weder Daten noch Elemente; sie markieren durch ihr bloßes Vorhandensein eine Informationseinheit.
- Die Informationseinheiten – Daten und Elemente – werden immer in einen solchen hierarchischen und sequenziellen Zusammenhang gebracht, dass sich eine Baumstruktur ergibt.
- In SGML können darüber hinaus Inklusionen und Exklusionen definiert werden. Durch eine Inklusion werden Elemente bezeichnet, die in Teilbäumen beliebig oft und an jeder Stelle vorkommen dürfen.
- Exklusionen verbieten in bestimmten Teilbäumen das Vorkommen einzelner Elemente.
- Inklusionen und Exklusionen können durch Normalisierung aus den Deklarationen entfernt werden.

3 Attribute

3.1 Attribute als Information über Information

Im vorangegangenen Abschnitt haben wir gesehen, wie aus Elementen und Daten als Informationseinheiten Baumstrukturen gebildet werden. In den Knoten solcher Bäume wird vermerkt, um welchen Typ von Information es sich handelt (Name eines Elements oder `#PCDATA` für Daten) sowie, im Falle von Daten, welche konkreten Daten die Informationseinheit enthält. In XML/SGML ist es möglich, Elemente mit weiterer Information zu versehen, also gewissermaßen zusätzliche Information in die Knoten des Baumes zu legen. Da aber ja ausschließlich die Element-Deklarationen für die Spezifikation möglicher Bäume zuständig sind, fragt es sich, welchen Zweck Zusatzinformationen in den Knoten haben können.

In einem Baum hat jede Informationseinheit einen eindeutig beschreibbaren Platz inne. In Abb. 2.3 können wir beispielsweise das Element `familienname` durch einen Pfad von der Spitze des Baum identifizieren, wobei für jede folgende Ebene angegeben wird, um das wievielte Elemente im Teilbaum es sich handelt: Das Element `familienname` ist dann durch einen Pfad beschreibbar, der vom obersten Element zum ersten untergeordneten Element verläuft und von dort das zweite untergeordnete Element wählt.

Die Einheiten im Baum erscheinen uns also aus dieser Perspektive als Individuen. Zugleich ist allen Informationseinheiten ein Typ zugeordnet, der sie in Teilmengen gliedert. Sehen wir uns die folgenden Element-Deklarationen an:

```
(21)    <!ELEMENT    belegschaft    (person)*>
        <!ELEMENT    person         (name, funktion)>
        <!ELEMENT    name           (#PCDATA)>
        <!ELEMENT    funktion       (#PCDATA)>
```

Ein aufgrund dieser Deklarationen gebildeter Baum kann z.B. folgendermaßen aussehen:

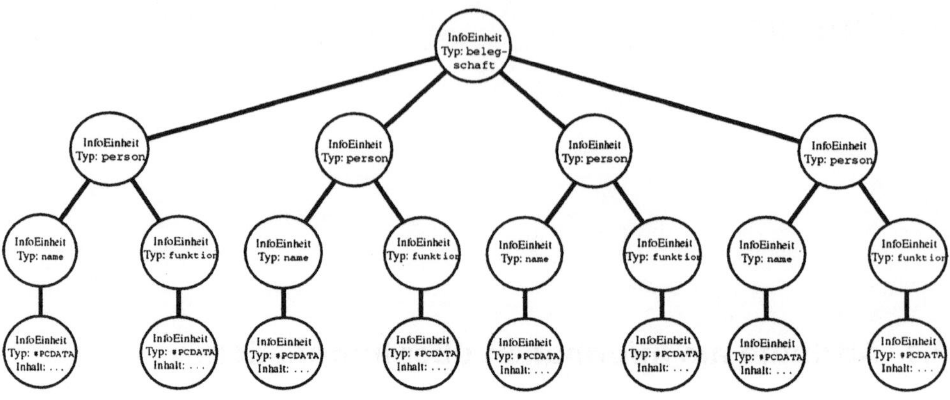

Abb. 3.1. Ein möglicher Baum zu (21)

In diesem Baum sind jeweils vier Elemente vom Typ `person`, `name` oder `funktion` enthalten sowie eines vom Typ `belegschaft`. Darüber hinaus gibt es acht Daten-Elemente und acht Informationseinheit mit Daten. Die verschiedenen Typen der Informationseinheiten werden nicht nur bei der Konstruktion von Bäumen verwendet, sondern erlauben es auch, die weitere Verarbeitung des Baumes zu bestimmen. So kann bei der Überführung in eine gedruckte Fassung festgelegt werden, dass Daten, die unterhalb eines `name`-Knotens erscheinen, anders darzustellen sind als Daten unterhalb eines `funktion`-Knotens. Die Typen der Informationseinheiten gliedern den Baum also dadurch, dass sie Mengen von Knoten zu bilden erlauben, denen dann insgesamt für die Verarbeitung oder bei der Abfrage von Informationen Eigenschaften zugesprochen werden können.

Die Hinzufügung weiterer Information in die einzelnen Knoten ermöglicht es nun, die jeweiligen Teilmengen von Informationseinheiten gleichen Typs weiter zu untergliedern. Wollen wir nicht nur die Personen der Belegschaft insgesamt betrachten können, sondern Männer und Frauen getrennt, so kann dieses durch eine entsprechende Attributlisten-Deklaration erreicht werden:

```
(22)    <!ATTLIST    person
        geschlecht    (m|f)     #REQUIRED>
```

Das neue Attribut erhält durch diese Deklaration den Namen `geschlecht`, die beiden möglichen Werte `m` (Mann) und `f` (Frau) sowie den Status-Hinweis `#REQUIRED`, was besagt, dass dieses Attribut beim Element `person` immer mit einem Wert versehen sein muss. Die Menge der Personen in der Belegschaft lässt sich nun in den männlichen und den weiblichen Teil der Belegschaft aufteilen, d.h. es lässt sich eine Menge von Informationseinheiten vom Typ `person` mit der Attributbelegung `geschlecht="f"` bilden sowie eine Menge desselben Typs mit der Attributbelegung `geschlecht="m"`. Definieren wir für unseres Beispiel ein weiteres Attribut bei einem anderen Element:

```
(23)    <!ATTLIST    funktion
            abteilung     (a|b|c)        #REQUIRED>
```

Diese Deklaration erlaubt es, die von einer Person eingenommene Position einer von drei Abteilungen zuzuordnen. Zusammen mit diesen Attributlisten-Deklarationen haben wir nun die folgende Menge von Deklarationen zur Verfügung:

```
(24)    <!ELEMENT    belegschaft        (person)*>
        <!ELEMENT    person             (name, funktion)>
        <!ATTLIST    person
            geschlecht    (m|f)          #REQUIRED>
        <!ELEMENT    name               (#PCDATA)>
        <!ELEMENT    funktion           (#PCDATA)>
        <!ATTLIST    funktion
            abteilung     (a|b|c)        #REQUIRED>
```

Ein Baum, der auf der Grundlage dieser Regeln gebildet wird, sieht beispielsweise so aus:

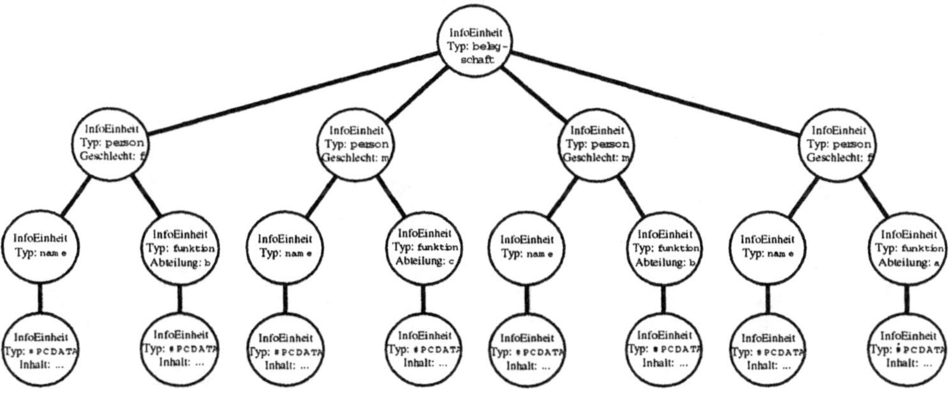

Abb. 3.2. Ein möglicher Baum zu (22)

Obwohl dieser Baum den gleichen Aufbau hat wie der in Abb. 3.1, enthält er aufgrund der Attribut-Belegungen mehr Information. Wir können diese zusätzliche Information dazu nutzen, aus dem Baum Elemente mit gleicher Attribut-Belegung herauszugreifen. Die folgende Abbildung zeigt etwa alle `person`-Elemente mit der Belegung `geschlecht="f"`, also alle Frauen:

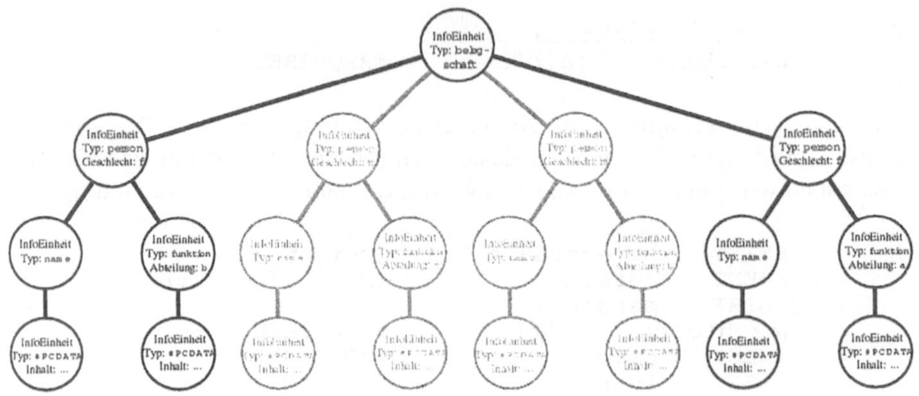

Abb. 3.3. Weibliches Personal

Die `funktion`-Elemente befinden sich auf einer tieferen Stufe im Baum. Wenn wir für diesen Typ alle solchen Informationseinheiten herausfiltern, die nicht einer bestimmten Attribut-Belegung entsprechen, ergibt sich beispielsweise die folgende Teilstrukur:

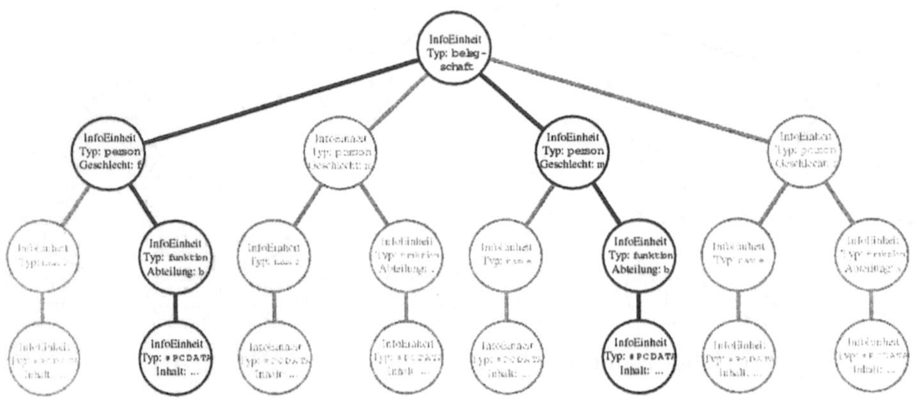

Abb. 3.4. Personal der Abteilung b

Hier sind nun alle Personen in Abteilung b herausgegriffen worden. Wenn wir nun in einem weiteren Schritt Attribut-Belegungen bei unterschiedlichen Elementen miteinander kombinieren, so können immer feinere Teilbäume gebildet werden. Im folgende Beispiel sind zunächst alle Belegungen in `person`-Elementen mit `geschlecht="f"` herausgegriffen worden, dann bei den `funktion`-Elementen die mit der Belegung `abteilung="b"`. Es ergibt sich ein Baum, der die Funktionen aller Frauen in Abteilung b enthält, in diesem Fall genau eine:

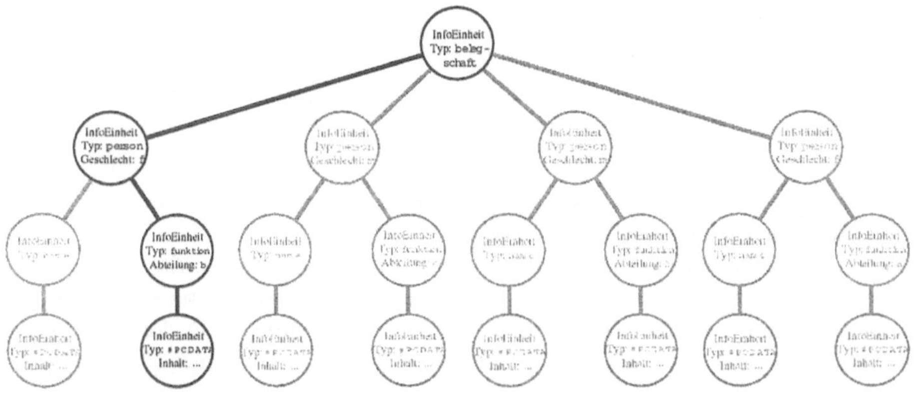

Abb. 3.5. Funktionen des weiblichen Personals in der Abteilung b

Es wird an diesem Beispiel deutlich, dass Attribute als ‚Information über Information' zu verstehen sind, da sie es erlauben, die im Baum enthaltene Information weitergehend zu filtern oder zu manipulieren. Bei der Verwendung von XML und SGML für die Zwecke des *Electronic Publishing* werden Attribute dazu genutzt, Untergruppen von Elementtypen mit besonderen Layout-Merkmalen zu versehen. Beispielsweise kann bei diesem Vorgang bewirkt werden, dass die Mitarbeiter der drei Abteilungen jeweils durch unterschiedliche Schriftfarbe kenntlich gemacht werden.

3.2 Weitergehende Möglichkeiten der Attribut-Deklaration

Selbstverständlich ist die Attributverwendung nicht auf ein Attribut pro Element beschränkt. Die Verwendung von mehreren Attributen bewirkt, dass jede Kombination von Attribut-Werten eine Untergruppe des betreffenden Elements konstituiert:

```
(25)    <!ELEMENT    person          (name, funktion)>
        <!ATTLIST    person
           geschlecht          (m|f)          #REQUIRED
           abteilung           (a|b|c)        #REQUIRED>
```

Hier können für das Element `person` Untergruppen mit den Attribut-Belegungen `geschlecht="m"`, `abteilung="a"`, `geschlecht="m"`, `abteilung="b"` usw. gebildet werden. Während das Schlüsselwort `#REQUIRED` festlegt, dass das Attribut zwingend belegt werden muss, ist es auch möglich, das Attribut mit einem Wert vorzubelegen. Dieses ist immer dann sinnvoll, wenn eine Attribut-Belegung zwingend sein soll, zugleich aber einer der Werte mit größerer Wahrscheinlichkeit als andere auftritt:

```
(26)    <!ELEMENT    person          (name, funktion)>
        <!ATTLIST    person
           geschlecht        (m|f)           #REQUIRED
           abteilung         (a|b|c)         "b">
```

In (26) ist eine Belegung des Attributs abteilung weiterhin erforderlich, doch
ist als Standardbelegung bereits b vorgesehen. Sofern dieser Wert beim Element
im Baum nicht verändert wird, braucht die Attribut-Belegung dort nicht auftreten, da sie ja schon durch die Element-Deklaration vollzogen worden ist. Nur ein
von der Standardbelegung abweichender Wert muss explizit vermerkt werden.

Eine scheinbar paradoxe Möglichkeit von SGML besteht darin, Standardwerte
für Attribute in der Deklaration zu fixieren. Alle Elemente eines Typs erhalten
im Baum bei einem solchen Attribut den gleichen fixierten Wert:

```
(27)    <!ELEMENT    ueberschrift-1       (#PCDATA)>
        <!ATTLIST    ueberschrift-1
           typ          (ueberschrift)       #FIXED "ueberschrift">
```

Worin liegt der Sinn einer solchen Attributverwendung? Zwei Gründe können
hier genannt werden. Erstens kann über fixierte Attribute einem Element Zusatzinformation mit auf den Weg gegeben werden, die im Elementnamen allein
nicht ausgedrückt werden kann. Fixierte Attribute werden in diesem Sinne dazu
verwendet, Verarbeitungsanweisungen für eine bestimmte Anwendung zu spezifizieren oder Zeichenketten anzugeben, die beim Layout des Dokuments bei diesem Element in den Text eingesetzt werden sollen.

Die zweite Verwendungsweise lässt sich stärker mit der bisherigen Sichtweise
auf Elemente und Attribute begründen. Wenn Attribute Information über Information enthalten, die bislang als Bildung von Teilmengen von Elementen eines
Typs in einem Baum gewertet worden ist, so können durch fixierte Attribute
auch Obermengen von Elementen unterschiedlichen Typs gebildet werden. Das
Beispiel (27) deutet dieses schon an. Wenn durch die Element-Deklarationen
festgelegt ist, dass die Überschriften in einem Text unterschiedlichen Elementen
zugeordnet sind (dieses kann sinnvoll sein, da in gedruckten Texten die Überschriften auf den verschiedenen Ebenen meistens unterschiedlich dargestellt
werden), so wird durch die Deklarationen nicht mehr zum Ausdruck gebracht,
dass es sich bei den verschiedenen Überschrift-Elementen weiterhin um Ausprägungen des Obertypus "Überschrift" handelt:

```
(28)    <!ELEMENT    ueberschrift-2       (#PCDATA)>
        <!ELEMENT    ueberschrift-3       (#PCDATA)>
```

Ein fixiertes Attribut kann diese Elemente wie zuvor schon ueberschrift-1
einem übergreifenden Typ zuordnen:

```
(29)  <!ELEMENT     ueberschrift-2           (#PCDATA)>
      <!ATTLIST     ueberschrift-2
         typ        (ueberschrift)        #FIXED "ueberschrift">
      <!ELEMENT     ueberschrift-3           (#PCDATA)>
      <!ATTLIST     ueberschrift-3
         typ        (ueberschrift)        #FIXED "ueberschrift">
```

In einer XML/SGML-Anwendung kann diese Obermenge – ähnlich der Nutzung von Teilmengen von Elementen eines Typs – für spezifische Verarbeitungszwecke genutzt werden. In Teil II dieses Buches werden wir eine besonders wichtige Anwendung davon kennenlernen, bei der der Wert eines fixierten Attributs als der Name eines übergeordneten Elements verstanden wird.

Eine Variante der Standardbelegung eines Attributs bildet seine Deklaration als fakultatives Attribut. Ein fakultatives Attribut wird durch das Schlüsselwort #IMPLIED gekennzeichnet:

```
(30)  <!ELEMENT     person              (name, funktion)>
      <!ATTLIST     person
         abteilung         (a|b|c)          #IMPLIED>
```

Ähnlich einem voreingestellten Attribut braucht ein als fakultativ definiertes Attribut nicht im Baum belegt zu werden, allerdings bleibt es dann unspezifiziert. SGML-Parser behandeln dieses Attribute so, als ob ihr Wertebereich um den Wert unspecified erweitert ist und dieser Wert als die Standardbelegung des Attributs fungiert:

```
(31)  <!ELEMENT     person              (name, funktion)>
      <!ATTLIST     person
         abteilung     (unspecified|a|b|c)       "unspecified">
```

Die Deklaration eines fakultativen Attributs wie in (30) führt also zur Bildung der Gruppe der hinsichtlich dieses Elements unspezifierten Elemente im Baum, die ebenso herausgegriffen werden können wie die mit Belegungen.

Neben den obligatorischen, den vorbelegten und den fakultativen Attributen gibt es nur in SGML noch einen vierten Typ. Sofern ein Element im Baum keine Belegung für ein solches Attribut aufweist, wird der Wert des letzten Attributs des gleichen Typs verwendet. Für dieses Vorgehen wird vorausgesetzt, dass zwischen den Informationseinheiten im Baum eine Reihenfolgebeziehung herrscht. Bei der Festlegung dieser Reihenfolge wird folgendermaßen verfahren: Das erste Element ist das Spitzenelement des Baumes. Wenn unter einem Element mehrere noch nicht eingeordnete Töchter erscheinen, ist die am weitesten links stehende das nächste Element, von da aus geht man unter den Töchtern nach rechts. Wenn alle Töchter eines Elements eingeordnet sind, geht man solange aufwärts, bis man zu einem Element gelangt, unterhalb dem noch nicht eingeordnete Töchter erscheinen. Auf diese Weise können alle Elemente eines Baumes in eine eindeutige Reihenfolge gebracht werden. Für unseren Beispielbaum (3.2) ergibt sich die folgende Reihenfolge der Knoten:

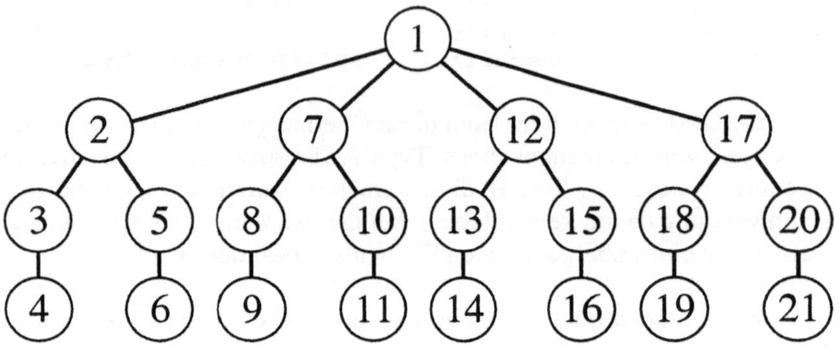

Abb. 3.6. Reihenfolge der Informationseinheiten im Baum

Eine Attribut-Definition, die auf diese Reihenfolge Bezug nimmt, ist die folgende:

```
(32)    <!ELEMENT     person          (name, funktion)>
        <!ATTLIST     person
           abteilung          (a|b|c)        #CURRENT>
```

Wenn das Element `person` in Knoten 2 mit `abteilung="c"` belegt ist, wird für die Ermittlung der Belegung dieses Attributs im `person`-Element in Knoten 7 so lange die Vorgängerknoten schrittweise zurückverfolgt, bis ein Element gleichen Typs gefunden ist, das eine Belegung aufweist. Das `abteilung`-Attribut in Knoten 7 erhält dadurch ebenfalls den Wert c. Wird in Knoten 12 eine andere Belegung vorgenommen, gilt diese für alle nachfolgenden Elemente dieses Typs ohne explizite Attribut-Belegung. Sofern ein Element keinen Vorgänger aufweist, bei dem die Belegung eines solchen `#CURRENT`-Attributs vorgenommen ist, gilt das Attribut als nicht belegt und kann somit als `unspecified` gewertet werden.

Wir haben bislang als Werte eines Attributs nur Elemente einer vorgegebenen Menge vorgesehen. Auf diese Weise wird von vornherein festgelegt, in wie viele Teilmengen die Elemente eines Typs in einem Baum zerlegt werden können sollen. In XML und SGML ist aber auch vorgesehen, Attribut-Werte im Baum *ad hoc* zu kreieren, wodurch beliebig viele Teilmengen von Elementen gebildet werden können. Zu diesem Zweck gibt es vier Kategorien von Werten, die anstatt einer vorgegeben Menge in der Attribut-Definition erscheinen können:

- NAME – eine Zeichenkette, die mit einem Buchstaben beginnt, dem weitere Buchstaben, Ziffern oder festgelegte Zeichen (Standard: Punkt und Bindestrich) folgen (nur in SGML);
- NUMBER – eine Zeichenkette, die aus den Ziffern 0 bis 9 zusammengesetzt ist (nur in SGML);
- NMTOKEN – wie NAME, nur dass auch Ziffern am Anfang erscheinen können (in XML und SGML);
- NUTOKEN – wie NAME, nur dass zu Beginn eine Ziffer erscheinen muss (nur in SGML).

Alle vier Typen von Werten können auch als Sequenzen erscheinen, wofür sie dann als NAMES, NUMBERS, NMTOKENS und NUTOKENS deklariert werden. Um das Geburtsjahr einer Person als Attribut dem person-Element beizugeben, kann dann die folgenden Deklaration verwendet werden:

```
(33)   <!ELEMENT    person          (name, funktion)>
       <!ATTLIST    person
          geburtsjahr      NUMBER        #IMPLIED>
```

Durch diese Deklaration werden Belegungen wie geburtsjahr="1957" zugelassen. Wollen wir das exakte Geburtsdatum – etwa geburtstag="28.4.1957" – vermerken, muss NUTOKEN oder NMTOKEN als Typ des Attribut-Wertes deklariert werden:

```
(34)   <!ELEMENT    person          (name, funktion)>
       <!ATTLIST    person
          geburtstag       NMTOKEN       #IMPLIED>
```

Bei der Spezifikation von Sequenzen müssen die einzelnen Werte durch Zwischenraum (*white space*; Leerzeichen und Tabulatoren) voneinander getrennt und von Anführungsstricken eingeschlossen sein, z.B.:

```
(35)   feiertage="13.4.1998 1.5.1998 21.5.1998 25.12.1998"
```

3.3 Identifikatoren und Verweise

Einen wichtigen Spezialfall bei der Deklaration von Attribut-Werten bildet die Möglichkeit der Festlegung eines eindeutigen Identifikators für ein Element im Baum. Der dafür vorgesehene Typ ist ID:

```
(36)   <!ELEMENT    person              (name, funktion)>
       <!ATTLIST    person
          personalnummer       ID        #IMPLIED>
```

Erhält ein Attribut diesen Typ, so muss das Attribut mit einem Wert vom Typ NAME belegt werden, der bei keinem anderen Element im gesamten Baum als ID-Wert erscheint. Wenn wir also ein person-Element mit

(37)   `personalnummer="J984-07071964"`

belegen, so ergibt sich ein Fehler, wenn dieser Wert auch bei einem Element anderen Typs im gleichen Baum bei einem ID-deklarierten Attribut erscheint, selbst wenn dieses Attribut nicht personalnummer benannt ist. Die Verwendung dieses Attributwert-Typs erlaubt es also, einelementige Teilmengen von Elementen des Baums zu bilden, ohne dabei den Element-Typ berücksichtigen zu müssen. Selbstverständlich werden ID-Attribute dazu genutzt, eine eindeutige Identifikation der so benannten Informationseinheiten im Baum vornehmen zu können.

Eine besondere Stellung nimmt der Attributwert-Typ IDREF ein. Durch die Belegung von Attributen mit einem Wert dieses Typs können Gruppen von Elementen beliebigen Typs gebildet werden. Als Wert eines IDREF-Attributs ist der Wert irgendeines ID-Attributs desselben Baumes zu spezifizieren. Diese Gruppe von Elementen zeichnet also semantisch irgendein Zusammenhang mit dem durch den ID-Namen identifizierbaren Element aus. In vielen XML/SGML-Anwendungen wird dieser Zusammenhang als ein Hyperlink auf ein Element interpretiert, so dass die Verwendung von ID- und IDREF-Attributen eine zusätzliche Strukturierungsebene eröffnet. Grundsätzlich konstituiert ein IDREF-Attribut aber ebenso eine Teilmenge von Elementen wie alle anderen Arten von Attributen. Solche Teilmengen bilden jedoch besonders häufig die Grundlage für eine über die reine Darstellung hinausgehende Nutzung von Elementen in XML/SGML-Systemen.

Sehen wir uns abschließend an, in welcher Weise ID- und IDREF-Attribute in unserem Beispielbaum zusammenwirken können. Bislang sind alle person-Elemente gleichrangig unter belegschaft angeordnet. Wenn wir zusätzlich zu dieser reinen Aufzählung der Belegschaft auch die hierarchische Struktur im Baum repräsentieren wollen, so können die person-Elemente um ein fakultatives IDREF-Attribut angereichert werden, das die Personalnummer des Vorgesetzten, einen Identifikator, als Wert enthält:

```
(38)    <!ELEMENT    person          (name, funktion)>
        <!ATTLIST    person
           pn             ID             #IMPLIED
           chef           IDREF          #IMPLIED>
```

Werden in einem Baum diese Attribute belegt, können einzelne Personen anderen zugeordnet werden:

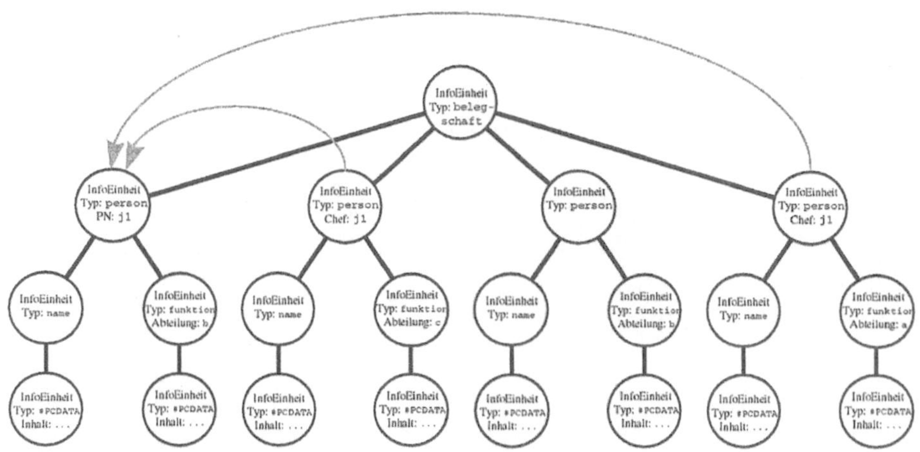

Abb. 3.7. Verweise im Baum

Anders jedoch als innerhalb des Baums, wo aufgrund der fehlenden Richtungs-markierung der Kanten für jede Informationseinheit angegeben werden kann, welche anderen von ihr abhängig sind und welcher sie selbst untergeordnet ist, sind die durch IDREF-Attribute hergestellte Verweise gerichtet, da das Element, auf das sie verweisen, keine Information darüber enthalten muss, es also nicht ‚weiß‘, dass es Zielelement für Verweise ist. Dieser Nachteil kann dadurch behoben werden, dass von dem Zielelement des Verweises zurückverwiesen wird auf die Ausgangselemente. In unserem Beispiel muss dafür ein Attribut mitarbeiter vom Typ IDREFS in die Deklaration eingefügt werden:

```
(39)    <!ELEMENT    person          (name, funktion)>
        <!ATTLIST    person
            pn              ID            #IMPLIED
            chef            IDREF         #IMPLIED
            mitarbeiter     IDREFS        #IMPLIED>
```

Dadurch wird es nun möglich, von der Person, die als Chef der zwei anderen Personen fungiert, auf diese Personen als die Mitarbeiter zurückzuverweisen (Abb. 3.8)

Auf diesem Wege können also unabhängig von der Baumstruktur weitere Strukturierungen über die Informationseinheiten gelegt werden, die für bestimmte Nutzungsweisen von Bedeutung sind. In Anhang A.2.1 wird gezeigt, wie dieser Grundgedanke in HyTime zu einer allumfassenden Verweissystematik ausgebaut worden ist.

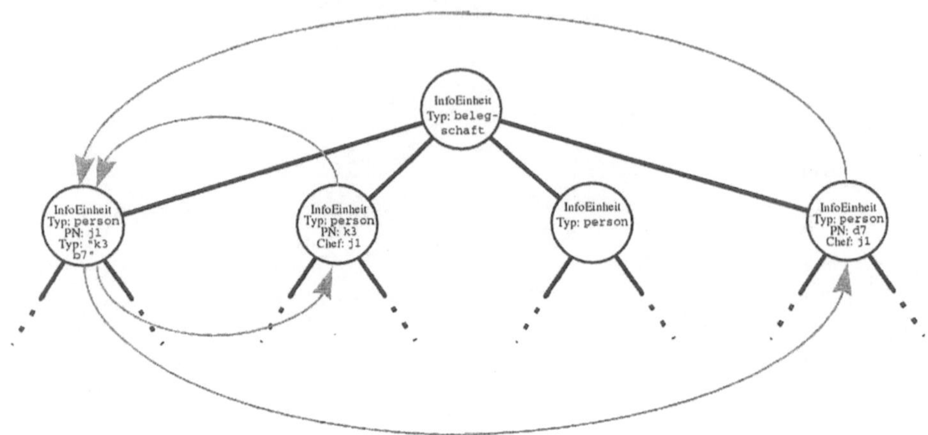

Abb. 3.8. Verweise und Rückverweise

3.4 Information in Elemente oder Attribute?

Die Verteilung der Information auf die Elemente und der Zusatzinformation auf die Attribute kann zuweilen schwieriger sein, als die bisherigen Beispiele gezeigt haben. Dieses liegt vor allem daran, dass neben einzelnen Werten oder festgelegten Folgen von Werten auch beliebige Zeichenketten als Attribut-Werte spezifiziert werden können. Das führt dazu, dass Informationen statt als #PCDATA-Daten auch als Attribut-Werte spezifiziert werden können. Wenn wir also Element-Deklarationen für die Spezifikation von Adressen haben wie

```
(40)   <!ELEMENT    adresse      (strasse, nummer, plz, ort)>
       <!ELEMENT    strasse      (#PCDATA)>
       <!ELEMENT    nummer       (#PCDATA)>
       <!ELEMENT    plz          (#PCDATA)>
       <!ELEMENT    ort          (#PCDATA)>
```

, so kann das `adresse`-Element mit dem gleichen Informationsgehalt auch folgendermaßen deklariert werden:

```
(41)   <!ELEMENT    adresse      EMPTY>
       <!ATTLIST    adresse
          strasse       CDATA         #REQUIRED
          nummer        NMTOKEN       #REQUIRED
          plz           NMTOKEN       #REQUIRED
          ort           CDATA         #REQUIRED>
```

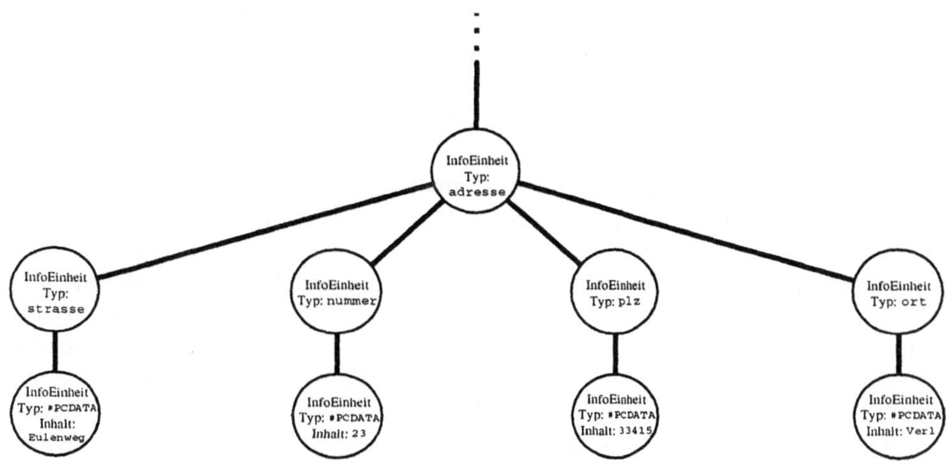

Abb. 3.9. Beispiel-Baum zu (38)

Der allgemeinste Attribut-Werte-Typ CDATA bezeichnet dabei beliebig aufgebaute Zeichenketten von beliebiger Länge. Die erste Variante führt dann zu einem (Teil-)Baum wie in Abb. 3.9, die zweite zu einem einzigen Knoten, der vier Attribute-Werte enthält (Abb. 3.10).

Abb. 3.10. Beispiel-Baum zu (39)

Es stellt sich nun die Frage, welche Strukturierung der anderen vorzuziehen ist. Diese Frage kann nicht generell beantwortet werden. Sowohl für die eine wie für die andere Lösung gibt es Vorteile und Nachteile. Der Repräsentation der Information als Element-Inhalt erlaubt es, im Inhaltsmodell weitergehende Reihenfolgebeziehungen oder Auftretenshäufigkeiten der Elemente festzulegen. Darüber hinaus können in SGML in einem Daten-Element auch solche Elemente, die auf einer übergeordneten Ebene als Inklusion definiert sind, integriert werden. Dagegen ist es nicht möglich, den Inhalt selbst weiter einzuschränken in der

Weise, dass nur bestimmte Ausdrücke zugelassen sind. Vor- und Nachteile verteilen sich für die Attribut-orientierte Lösung konträr. Die Anzahl und die Eigenschaften ihres Auftretens (obligatorisch/fakultativ) kann nur einmal festgelegt werden. Auf der anderen Seite erlauben sie Spezifikation von festgelegten Wertemengen oder Werttypen.

Die Auffassung von Attributen als Information über Information erleichtert im konkreten Fall oftmals die Entscheidung über die Strukturierung. Wenn die zu repräsentierende Information in den verschiedenen Nutzungen des Baumes als gedruckter Text, als digitaler Text, als elektronisches Buch oder in anderen Verwendungsweisen immer oder meistens erscheint, so handelt es sich nicht um Metainformation, sondern um Information aus der zentralen Ebene. In diesem Fall wäre die Strukturierung durch Elemente wie in (38) zu wählen. Erscheint sie dagegen nie oder eher selten, so scheint sie eher als Hintergrund- oder Steuerungsinformation zu fungieren und sollte somit eher als Attribut-Wert repräsentiert werden.

3.5 Unterschiedliche Datentypen

In den vorangegangenen Abschnitten haben Elemente als Informationseinheiten im Vordergrund gestanden. Wir haben gesehen, dass Elemente in einem Informationsbaum durch Attribute flexibel untergliedert werden können. Was die konkreten Daten als Informationseinheiten betrifft, so haben wir bislang lediglich den XML/SGML-Standardtyp berücksichtigt. Auch bei den Daten ist es jedoch möglich, zwischen mehreren Typen zu unterscheiden. Neben den Standard-Datentypen #PCDATA und CDATA können beliebige weitere Datentypen definiert und als Informationseinheiten in den Baum eingefügt werden. Überdies können in SGML diese unterschiedlichen Datentypen auch mit Attributen ausgestattet werden, so dass die Datentypen in ähnlicher Weise wie Elemente gruppiert werden können.

Bei der Verwendung unterschiedlicher Datentypen stellt sich allerdings ein zentrales Problem: Wie wird deutlich gemacht, dass Zeichenketten, die als Daten auftreten, einem bestimmten Datentyp angehören? In XML/SGML wird dazu zwischen dem Standard-Datentyp (#PCDATA oder CDATA) und anderen Datentypen unterschieden. Standard-Datentypen brauchen nicht als solche deklariert zu werden, für alle anderen Datentypen müssen sog. Notationen deklariert werden. Das GIF-Format für Grafiken und Bilder ist z.B. in folgender Weise zu definieren:

```
(42)    <!NOTATION GIF PUBLIC
           "+//ISBN 0-7923-9432-1::Graphic Notation//NOTATION
           CompuServe Graphic Interchange Format//EN">
```

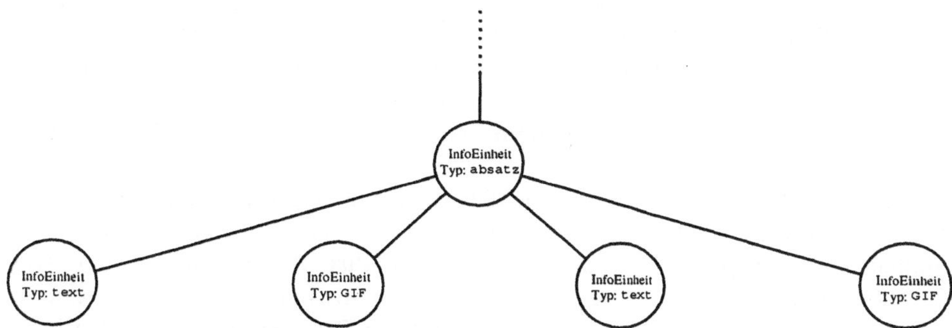

Abb. 3.11. Daten unterschiedlichen Typs innerhalb eines Elements

Diese Deklaration besagt, das eine Notation GIF verwendet werden können soll, die durch das Dokument mit der Bezeichnung "+//ISBN 0-7923-9432-1::Graphic Notation//NOTATION CompuServe Graphic Interchange Format//EN" definiert wird. Es wird hier also keineswegs eine Festlegung getroffen, auf was für eine Art und Weise GIF-Dateien zu betrachten oder zu bearbeiten sind, es wird lediglich ein Verweis angegeben auf die detaillierte Beschreibung dieser Notationsweise. Das Schlüsselwort PUBLIC signalisiert dabei, dass es sich bei dem nachfolgenden Dokument um einen nach den Regeln des SGML-Standards aufgebauten Identifikator für allgemein zugängliche Dokumente handelt. Private Notationsdefinitionen können selbstverständlich durch den Verweis auf eine System-Datei definiert werden; dann ist PUBLIC durch SYSTEM zu ersetzen.[3] Um XML/SGML-Daten und Daten anderer Typen nicht miteinander zu vermischen, ist es allerdings nicht erlaubt, in einer Element-Deklaration #PCDATA z.B. durch GIF zu ersetzen. Daten eines anderen Typs müssen stattdessen grundsätzlich als externe Datei vorliegen, auf die im SGML-Zusammenhang unter Hinweis auf die verwendete Notation Bezug genommen wird. Externe Dateien werden in XML/SGML als sog. Entitäten eingeführt:

(43)   `<!ENTITY bild-3 SYSTEM "bild-3.gif" NDATA GIF>`

Durch diese Deklaration wird ein Datenstück mit der Bezeichnung bild-3 beliebig oft im Baum verfügbar. Die eigentlichen Daten sind dabei in der Datei "bild-3.gif" enthalten und entsprechen der zuvor eingeführten Notation (NDATA

---

[3]   Zu den Details des intenen Aufbaus von *public identifiers* s. z.B. Rieger (1995, 193-198). Wird ein Public-Bezeichner gewählt, kann zusätzlich auch eine System-Datei angegeben werden. Wird nur auf eine System-Datei verwiesen, genügt es in SGML auch, lediglich das Schlüsselwort SYSTEM ohne einen konkreten Dateinamen anzugeben.

GIF). In analoger Weise wie bei der Notationsdeklaration kann auch hier anstatt oder zusätzlich zur System-Datei ein Public-Bezeichner verwendet werden.

Eine auf diese Weise definierte Entität kann in SGML nun überall dort vorkommen, wo auch `#PCDATA` erscheinen darf. Das bedeutet auch, das besondere Datentypen mit dem Standard-Datentyp `#PCDATA` im Baum vermischt auftreten dürfen (Abb. 3.11).

XML erfordert einen weniger liberalen Umgang mit Daten anderen Typs. Derartige Entitäten dürfen nicht dort auftreten, wo `#PCDATA`-deklarierter Dateninhalt vorgesehen ist, sie sind stattdessen über Attribute einzuführen. Ebenso, wie auch Standard-Daten (`CDATA`) als Werte von Attributen deklariert werden können, können dazu nämlich auch Daten anderen Typs herangezogen werden. Da diese Daten allerdings nicht direkt eingetragen werden können, sondern auch hier erst über den Umweg der Entitäten verfügbar gemacht werden, gibt es einen besonderen Typ für derartige Attribute:

```
(44)   <!ELEMENT    bild       EMPTY>
       <!ATTLIST    bild
          quelle        ENTITY          #REQUIRED>
```

Als Wert von `quelle` darf aufgrund dieser Deklaration nur eine im gleichen Dokument definierte Entität eingetragen werden. Auch dieses kann allerdings zu liberal sein, wenn man bedenkt, dass alle Arten externer Daten – also z.B. auch Audio- oder Video-Files, Daten bestimmter Anwendungsprogramme usw. – durch Entitäten in den Baum eingeführt werden. Um für ein `ENTITY`-Attribut nur ganz bestimmte Notationen zuzulassen, kann deshalb auch eine Auswahlliste von erlaubten Notationen angegeben werden:

```
(45)   <!ELEMENT    bild       EMPTY>
       <!ATTLIST    bild
          quelle    ENTITY                          #REQUIRED
          typ       #NOTATION (GIF|BMP|JPG)         "GIF">
```

Durch diese Deklaration eines Notationstyps ist es sichergestellt, dass als Entitäten nur solche mit einer zu der Bedeutung des `bild`-Elements passenden Notation eingesetzt werden dürfen.

Es mag erstaunen, dass in SGML auch Daten mit Attributen belegt werden können. Der Sinn der Deklaration von Attributlisten für Notationen ist der gleiche wie bei den Elementen. Attribute erlauben es, von Informationseinheiten eines bestimmten Typs in einem Baum Teilmengen zu bilden. Solche Teilmengenbildung ist immer dann sinnvoll, wenn sie Auswirkungen auf die weitere Verarbeitung oder Darstellung des Baumes hat. Bezogen auf Datentypen stellen Attribute demnach Instrumente dar, die Behandlung der Daten von bestimmten Attributwerten abhängig zu machen. Sehen wir uns an, wie zu unserer GIF-Notation Attribute zu deklarieren sind:

```
(46)    <!NOTATION GIF PUBLIC
            "+//ISBN 0-7923-9432-1::Graphic Notation//NOTATION
            CompuServe Graphic Interchange Format//EN">
        <!ATTLIST #NOTATION GIF
            max-hoehe            NUMBER          #IMPLIED
            max-breite          NUMBER          #IMPLIED>
```

Die Attributlisten-Deklaration unterscheidet sich also nur durch das zusätzliche Schlüsselwort #NOTATION von einer Attributlisten-Deklaration für Elemente. Die Belegung dieser Attribute geschieht, sofern keine Standardwerte in der Deklaration vorgegeben werden, bei der Deklaration einer Daten-Entität dieses Notationstyps:

```
(47)    <!ENTITY bild-3   SYSTEM "bild-3.gif" NDATA GIF
            [ max-hoehe=300
              max-breite=400 ]>
```

Durch diese Deklaration wird für die Entität bild-3 vom Typ GIF festgelegt, dass bei seiner Darstellung die maximale Höhe 300 Pixel, seine maximale Breite 400 Pixel nicht überschreiten soll. Es handelt sich also um Meta-Information, die ein diesen Datentyp verarbeitendes Hilfsprogramm nutzen soll.

Kernaussagen von Kapitel 3

- Durch Attribute werden Zusatzinformationen in die Knoten des Informationsbaums integriert, die es erlaubt, Gruppen von Elementen zu bilden.
- Attribute werden für Element-Typen in Attributlisten deklariert. Jedes Attribut erhält einen Namen.
- Für Attribute können potentielle Werte bei der Deklaration in Auswahllisten zur Verfügung gestellt werden.
- Ein Attribut kann als obligatorisch, fakultativ oder mit einem Standardwert definiert werden.
- Die Fixierung von Attribut-Belegungen schon bei der Definition erlaubt es, Elementtypen-übergreifende Mengen von Elementen zu bilden.
- Nur in SGML kann ein Attribut auch so definiert werden, dass es den Wert des gleichen Attributs bei einem vorangehenden Element desselben Typs annimmt.
- Werte können auch frei eingetragen werden, wenn die Attribute mit einem der dafür vorgesehenen Attributtypen definiert sind.
- Einzelne Attribute bei einem Elementtyp können als Identifikatoren definiert werden. Der Wert eines solchen Attributs kann an anderen Stellen des Informationsbaums als ein Verweis auf das dazugehörige Element verwendet werden.
- Für besondere Datentypen müssen Notationen deklariert werden.
- Daten eines anderen Typs werden in Entitäten eingekapselt.
- Entitäten mit Daten eines fremden Typs können in SGML an beliebiger Stelle verwendet werden, in XML nur als Werte von Attributen eines speziellen Typs.
- In SGML können für Notationen auch Attributlisten deklariert werden.

4 Dokumente

4.1 Repräsentation von Informationsbäumen

Wir haben gesehen, dass XML/SGML verstanden werden kann als ein Mittel, Grammatiken zu definieren, die Informationsbäume beschreiben. Wir hatten uns diese Informationsbäume bislang grafisch veranschaulicht, um deutlich zu machen, dass sie die Basis jeder XML/SGML-Anwendung darstellen. Selbstverständlich werden Strukturbäume üblicherweise nicht in dieser Weise verwendet, sondern sie werden in eine eindimensionale Form überführt. Die hierarchische Anordnung der Informationseinheiten wird dabei durch eine geeignete Klammerung zum Ausdruck gebracht. Der Baum in Abb. 2.3 kann beispielsweise folgendermaßen in eine lineare Form gebracht werden kann:

```
(48)    [BUCH [AUTOR [VORNAME Fritz] [FAMILIENNAME Bärmann]]
        [TITEL Probleme der SGML-Strukturierung] [VERLAG Plagiat
        Press] [JAHR 1997]]
```

Diese Form der Klammerung wird auch als ‚indizierte Klammerung' bezeichnet, da die Typen der Knoten des Baums als Klammerindices erscheinen. Das allgemeine Vorgehen besteht also darin, bei jedem Knoten die abhängigen Knoten vorne und hinten durch Klammern zu begrenzen, es sei denn, es handelt sich um einen Daten-Knoten. In diesem Fall werden die Daten aufgeführt.

Die strikt eindimensionale Darstellung eines Baumes wie in (48) ist nicht besonders gut lesbar. Aus diesem Grunde wird trotz der eindimensionalen Repräsentation die Baumstruktur oft durch Einrückung wiedergespiegelt:

```
(49)    [BUCH
          [AUTOR
              [VORNAME Fritz]
              [FAMILIENNAME Bärmann]
          ]
          [TITEL Probleme der SGML-Strukturierung]
          [VERLAG Plagiat Press]
          [JAHR 1997]
        ]
```

In XML/SGML ist für die Repräsentation von Informationsbäumen ein ganz ähnlicher Weg gewählt worden. Ein Unterschied besteht allerdings darin, dass auch die schließende Klammer mit dem Elementtyp bezeichnet ist. Darüber hinaus werden als öffnende und schließende ‚Klammer' nicht tatsächliche Klammern verwendet, sondern etwas längere Gebilde, die als ‚Anfangs-' und ‚Endtag' bezeichnet werden:

```
(50)    <buch><autor><vorname>Fritz</vorname><familienname>
        Bärmann</familienname></autor><titel>Probleme der
        SGML-Strukturierung</titel><verlag>Plagiat Press
        </verlag><jahr>1997</jahr></buch>
```

Auch hier kann eine eingerückte Darstellung Klarheit über die Baumstruktur verschaffen:

```
(51)    <buch>
            <autor>
                <vorname>Fritz</vorname>
                <familienname>Bärmann</familienname>
            </autor>
            <titel>Probleme der SGML-Strukturierung</titel>
            <verlag>Plagiat Press</verlag>
            <jahr>1997</jahr>
        </buch>
```

Bei einer ebenfalls oft anzutreffenden Variante wird zwar auf die Einrückung der Tags verzichtet, die Entags von Container-Elementen werden aber weiterhin allein in eine Zeile geschrieben:

```
(52)    <buch>
        <autor>
        <vorname>Fritz</vorname>
        <familienname>Bärmann</familienname>
        </autor>
        <titel>Probleme der SGML-Strukturierung</titel>
        <verlag>Plagiat Press</verlag>
        <jahr>1997</jahr>
        </buch>
```

Dieses Beispiel lässt deutlich erkennen, warum im Zusammenhang von XML/SGML auch oft von ‚struktureller Annotation' die Rede ist. Die Klammerungskonvention erlaubt es uns, einen gewöhnlichen Text mit Tags zu versehen, sofern wir entsprechende Elemente deklariert haben. Der Text selbst muss dazu nicht verändert werden, die einzelnen Textabschnitte erscheinen weiterhin in der üblichen Reihenfolge. Durch die Tags werden einzelne Textabschnitte als Strukturelemente markiert, die in einen baumförmigen hierarchischen Zusammenhang gebracht werden, ohne dass dieses in der Vordergrund tritt. Obwohl also durch die Annotation ein Text faktisch in einen Informationsbaum überführt wird, erscheint er uns weiterhin als ein durchlaufender Text. Nehmen wir an, wir haben die folgenden vier Deklarationen:

```
(53)   <!ELEMENT    gedicht      (titel, strophe+)>
       <!ELEMENT    titel        (#PCDATA)>
       <!ELEMENT    strophe      (vers+)>
       <!ELEMENT    vers         (#PCDATA)>
```

Ein Gedicht kann damit in folgender Weise annotiert werden:

```
(54)   <gedicht>
       <titel>Weltende</titel>
       <strophe>
       <vers>Dem Bürger fliegt vom spitzen Kopf der
       Hut,</vers>
       <vers>In allen Lüften hallt es wie Geschrei.</vers>
       <vers>Dachdecker stürzen ab und gehn entzwei,</vers>
       <vers>Und an den Küsten - liest man - steigt die
       Flut.</vers>
       </strophe>
       <strophe>
       <vers>Der Sturm ist da, die wilden Meere hupfen</vers>
       <vers>An Land, um dicke Dämme zu zerdrücken</vers>
       <vers>Die meisten Menschen haben einen Schnup-
       fen.</vers>
       <vers>Die Eisenbahnen fallen von den Brücken.</vers>
       </strophe>
       </gedicht>
```

Auch bei einem so annotierten Text handelt es sich also um baumartig strukturierte Information.

Attribut-Wert-Paare für ein Element werden, durch Zwischenraum voneinander abgegrenzt, im Anfangstag aufgeführt. Die in der Deklaration festgelegte Attributliste

```
(55)   <!ELEMENT    gedicht         (titel, strophe+)>
       <!ATTLIST    gedicht
           autor               CDATA       #REQUIRED
           entstehungsjahr     NUMBER      #IMPLIED
           version             (a|b|c)     "a">
```

kann dann im annotierten Text folgendermaßen konkretisiert sein:

```
(56)   <gedicht autor="Jakob van Hoddis"
               entstehungsjahr="1911">
       ...
       </gedicht>
```

Fakultative Attribute oder Attribute mit Standardwerten können im Anfangstag auch ausgelassen werden:

```
(57)   <gedicht autor="Jakob von Hoddis">
       ...
       </gedicht>
```

Eine besondere Art der Verkürzung ist in SGML für Attribute mit Auswahllisten vorgesehen. Wenn ein Wert in einer solchen Liste eindeutig einem Attribut zugeordnet ist, genügt es, im Anfangstag lediglich den Wert ohne den dazugehörigen Attributnamen anzugeben:

```
(58)   <gedicht autor="Jakob von Hoddis" "b">
       ...
       </gedicht>
```

Hier wird für das Attribut `version` der Wert b festgelegt. Dieses hat allerdings zur Folge, dass die Wertelisten verschiedener Attribute keine gemeinsamen Elemente aufweisen dürfen. Eine Deklaration wie

```
(59)   <!ELEMENT     gedicht        (titel, strophe+)>
       <!ATTLIST     gedicht
          autor                     CDATA          #REQUIRED
          entstehungsjahr           NUMBER         #IMPLIED
          manuskript-vorhanden      (ja|nein)      #IMPLIED
          erstdruck-vorhanden       (ja|nein)      #IMPLIED >
```

ist also fehlerhaft, da die Werte `ja` und `nein` jeweils zweimal erscheinen.[4] Stattdessen müssen die Attribute so deklariert werden, dass eindeutige Werte möglich werden:

```
(60)   <!ELEMENT     gedicht        (titel, strophe+)>
       <!ATTLIST     gedicht
          autor                CDATA     #REQUIRED
          entstehungsjahr      NUMBER    #IMPLIED
          manuskript           (man-erhalten|man-nicht-erhalten)
                                         #IMPLIED
          erstdruck       (edr-verfuegbar|edr-nicht-verfuegbar)
                                         #IMPLIED>
```

Das Anfangstag des Gedichts kann nun folgendermaßen aussehen:

```
(61)   <gedicht autor="Jakob von Hoddis" "man-erhalten"
                                   "edr-nicht-verfuegbar">
       ...
       </gedicht>
```

---

[4] In der aktuellen Revision des SGML-Standards wird diese Beschränkung aufgehoben werden.

Diese Möglichkeit der Verkürzung von Attribut-Wert-Paaren in Anfangstags
zeigt deutlich eine generelle Tendenz in SGML. Auch die Markierung von Elementen durch Anfangs- und Endtags kann auf verschiedene Weise verkürzt, im
SGML-Jargon ‚minimiert‘ werden. Die deutlichste Ausprägung dessen findet
sich in einer Element-Deklaration in Gestalt der Zeichenfolge "- -". Das erste
"-"-Zeichen steht für das Anfangstag, das zweite für das Endtag. Beide Zeichen
besagen, dass Anfangs- bzw. Endtag nicht minimiert werden können, also bei
der Annotation eines Textes erscheinen müssen. Falls eines der Tags ausgelassen
werden können soll, wird dieses durch das Zeichen "o" (für *ommitable*) gekennzeichnet. Eine Deklaration wie

```
(62)   <!ELEMENT   vers      - o      (#PCDATA)>
```

besagt dann also, das zusätzlich zu

```
(63)   <vers>Dem Bürger fliegt vom spitzen Kopf der
       Hut,</vers>
```

auch

```
(64)   <vers>Dem Bürger fliegt vom spitzen Kopf der Hut,
```

eine korrekte Annotation darstellt. Bei Elementen, die durch das leere Inhaltsmodell `EMPTY` zu leeren Elementen deklariert werden, kann das Endtag auch
dann ausgelassen werden, wenn als Minimierung "- -" angegeben ist. Die Minimierung stößt allerdings dort auf Grenzen, wo sie zu strukturellen Unklarheiten
führt. Die folgenden drei Deklarationen definieren für einen Abschnitt zwei
Elemente, die dort nebeneinander erscheinen können, `zitat` und `absatz`:

```
(65)   <!ELEMENT   abschnitt    - -      (absatz|zitat)+>
       <!ELEMENT   zitat        - -      (absatz)+>
       <!ELEMENT   absatz       - o      (#PCDATA|zitat)+>
```

Wenn `absatz` wie hier aber ebenfalls Elemente des Typs `zitat` beinhalten
kann, so ergibt sich bei der folgenden Annotation eine strukturelle Mehrdeutig-
keit, die nicht zulässig ist:

```
(66)   <absatz>Alschuler schreibt:
       <zitat>If there is one single aspect that characteri-
       zes SGML [...] it is that it puts the computing power
       of information technology behind the all-encompassing
       descriptive power of human language.</zitat>
```

In dieser Annotation bleibt unklar, ob das `absatz`-Element bereits beendet ist,
wenn `zitat` beginnt (67), oder ob `absatz zitat` umschließt (68):

```
(67)   <absatz>Alschuler schreibt:</absatz>
       <zitat>If there is one single aspect...
       </zitat>


(68)   <absatz>Alschuler schreibt:
       <zitat>If there is one single aspect...
       </zitat>
       </absatz>
```

Die Minimierungstechniken bilden innerhalb des SGML-Standards einen Archaismus, der aus den Rahmenbedingungen der Datenverarbeitung zu Beginn der achtziger Jahre zu erklären ist. Im vorliegenden Buch wird von Möglichkeiten der Minimierung keinerlei Gebrauch gemacht, da SGML-basierte Informationsverarbeitung heute durch Editier- und Manipulationssoftware geschieht, die den Annotationsvorgang auf verschiedene Weise unterstützt. XML sieht vollständig davon ab, Minimierung von irgendwelchen Annotationsteilen zuzulassen, da hier das Grundprinzip der eindeutigen Annotation und möglichst einfachen Verarbeitung grundlegend ist. In XML erhalten deshalb auch die leeren Elemente ein eigenes Tag. Auf der Grundlage von

```
(69)   <!ELEMENT    bild       EMPTY>
       <!ATTLIST    bild
          quelle        ENTITY          #REQUIRED>
```

ist danach ein leeres Element in der folgenden Weise zu annotieren:

```
(70)   <bild quelle="bild-15"/>
```

Die schließende Zeichensequenz /> erlaubt es einem Verarbeitungssystem, dieses Tag eindeutig und sofort als Tag eines leeren Elementes zu erkennen, selbst wenn dazu die entsprechende Deklaration nicht zur Verfügung steht.

4.2 Modularisierung und Flexibilisierung

In Abschnitt 2.3 haben wir gesehen, dass Entitäten genutzt werden, Daten anderen Typs in XML/SGML-Dokumente einzubeziehen. Der Kapselungsgedanke von Daten, der dahinter steht, kann aber auch auf XML/SGML-Daten selbst angewandt werden. Wird in einer Entitätsdeklaration keine Notation angegeben, ist der Inhalt der Entität als XML bzw. SGML zu interpretieren:

```
(71)   <!ENTITY    definition-13    SYSTEM    "def-13.data">
```

Diese Deklaration erlaubt es nun, im Dokument in bestimmter Weise auf die Entität Bezug zu nehmen, so dass der Inhalt der Datei "def-13.sgml" eingesetzt wird:

```
(72)    <absatz>&definition-13;</absatz>
```

Aufgrund der Referenz auf die Entität `definition-13`, die zusammen mit dem Entitätsnamen durch die Zeichen `&` und `;` hergestellt wird, ist (70) gleichwertig etwa mit dem folgenden Teil-Dokument:

```
(73)    <absatz>Die Hypophyse geht aus einer Ausstülpung des
        Zwischenhirnbodens hervor. Sie unterteilt sich in die
        Adenohypophyse und die Neurohypophyse.</absatz>
```

Die aus einer externen Datei eingesetzten Textstücke können dabei durchaus auch Annotationen aufweisen. In der Datei "def-13.data" kann also beispielsweise folgendes Teil-Dokument enthalten sein:

```
(74)    <definition>
        <def-head>Hypophyse</def-head>
        <def-body>Die Hypophyse geht aus einer Ausstülpung des
        Zwischenhirnbodens hervor. Sie unterteilt sich in die
        Adenohypophyse und die Neurohypophyse.</def-body>
        </definition>
```

Die Entitätsreferenz in (70) führt dann zu folgender Struktur:

```
(75)    <absatz>
        <definition>
        <def-head>Hypophyse</def-head>
        <def-body>Die Hypophyse geht aus einer Ausstülpung des
        Zwischenhirnbodens hervor. Sie unterteilt sich in die
        Adenohypophyse und die Neurohypophyse.</def-body>
        </definition>
        </absatz>
```

Es handelt sich natürlich nur dann um ein korrektes XML/SGML-Dokument, wenn die Deklaration des Elements `absatz` seine Ausprägung durch das Element `definition` zulässt.

Bei der Deklaration von Attributen kann in SGML eine auf diese Modularisierungsmöglichkeit abgestimmte Technik verwendet werden. Dabei wird festgelegt, dass ein Element alternativ durch Daten einer externen Entität konkretisiert werden kann oder direkt. Die entsprechenden Deklarationen sehen folgendermaßen aus:

```
(76)    <!ELEMENT    absatz    (#PCDATA|definition)>
        <!ATTLIST    absatz
             inhalt        ENTITY         #CONREF>
```

Das Schlüsselwort #CONREF als Statusangabe beim Attribut inhalt bewirkt, dass eine Entität, die als Attributwert angegeben wird, als Element-Inhalt genutzt wird. Eine Annotation wie

```
(77)    <absatz inhalt="definition-13">
```

besagt das gleiche wie (72).[5] Das Element absatz wird bei derartiger Verwendung quasi zu einem leeren Element, dass kein Endtag und keine weiteren Daten oder Unterelemente enthalten darf. Die Verwendung von einem #CONREF-Attribut führt also gleichsam zu zwei alternativ anwendbaren Element-Deklarationen:

```
(78)    <!ELEMENT    absatz-1        (#PCDATA|definition)>
```

```
(79)    <!ELEMENT    absatz-2        EMPTY>
        <!ATTLIST    absatz-2
             inhalt            ENTITY            #REQUIRED>
```

(78) zeigt die Variante, bei der die Daten oder Unterelemente direkt im Element enthalten sind, (79) die Variante, bei der der Inhalt aus einer externen Datei-Entität eingefügt wird. Wichtig bei der Verwendung eines #CONREF-Attributs ist es, dass als Minimierungsmöglichkeit – sofern Minimierung zugelassen ist – "-o" in der Element-Deklaration angegeben wird, da ein leeres Element resultieren kann. Weiterhin muss natürlich gewährleistet sein, dass es nur ein #CONREF-Attribut bei einem Element gibt und dass im Dokument bei einem so deklarierten Element nicht gleichzeitig das #CONREF-Attribut und Element-Inhalt angegeben wird. Das eigentliche Einfügen von #CONREF-Daten in das Element als Inhalt geschieht erst auf der nächsten Verarbeitungsstufe; ein SGML-Parser etwa muss bei allen Attributen, die im Dokument gefunden werden, berücksichtigen, ob sie nicht aufgrund einer #CONREF-Angabe zum Element-Inhalt werden sollen.[6]

Die letzte Reduktionsstufe von Entitäten besteht darin, die Daten, die in der Entität eingekapselt sind, direkt in der Entitätsdeklaration anzugeben:

---

[5]   Ein Parser macht zwischen beiden Strukturen jedoch einen Unterschied: Die externe Entität in (75) wird nicht validiert.

[6]   Mit dem Status #CONREF können nicht nur Attribute vom Typ ENTITY versehen werden, sondern auch Attribute aller anderen Typen außer ID. Die Verwendung von #CONREF-Attributen bildet also eine generelle Technik, Element-Inhalte durch die feineren Typisierungsmöglichkeiten von Attributen einzuschränken.

```
(80)  <!ENTITY    HyTime    "Hypermedia/Time-based Structuring
                            Language">
```

Auf die Entität `HyTime` kann nun in der bekannten Weise Bezug genommen werden, was bei der weiteren Verarbeitung des SGML-Dokuments zum Einsetzen der in der Deklaration enthaltenen Zeichenkette führt:

```
(81)  <absatz>Die &HyTime; ist 1997 in einer revidierten
      Fassung erschienen.</absatz>
```

Das gleiche Prinzip kann auch für die Einbringung von Sonderzeichen verwendet werden, sofern der im Dokument verwendete Zeichensatz diese Zeichen nicht kennt.

4.3 Die Dokumenttyp-Deklaration (DTD)

Wir haben bislang in informeller Weise von ‚XML-' und ‚SGML-Dokumenten' gesprochen und uns Deklarationen von Elementen, Attributen, Notationen und Entitäten nur hinsichtlich spezieller Ausdrucksaspekte angesehen. In diesem Abschnitt soll nun der Blick auf die Menge der Deklarationen als solches und die formal korrekte Bestimmung des Begriffs des XML/SGML-Dokuments gelenkt werden. Da SGML dabei die Festlegungen in allgemeinerer Weise vornimmt, wollen wir uns zunächst diese ansehen.

Ein SGML-Dokument setzt sich im wesentlichen aus drei Teilen zusammen: der SGML-Deklaration, die die Rahmenbedingungen der SGML-Verwendung festlegt, die Dokumenttyp-Deklaration (DTD)und dem eigentlichen annotierten Text, der Dokument-Instanz:[7]

```
<!SGML ...      >            <!-- SGML-Deklaration           -->
<!DOCTYPE buch SYSTEM "book.dtd">
                             <!-- Dokument-Typ-Deklaration   -->
<buch>                       <!-- Beginn des annotierten Textes -->
...                          <!-- = Dokument-Instanz          -->
</buch>                      <!-- Ende des annotierten Textes -->
```

Schema 4.1. SGML-Dokument schematisch

---

[7] Das folgende Beispiel demonstriert auch die Deklaration von Kommentaren in XML/ SGML. Kommentare, die sich zwischen anderen Deklaration befinden, werden durch `<!--` eingeleitet und durch `-->` beendet. In SGML können darüber hinaus auch innerhalb von Deklarationen Kommentare vorkommen. In diesem Fall werden sie durch die Zeichenfolge `--` begrenzt.

```
<!SGML ... >                    <!-- SGML-Deklaration              -->
<!DOCTYPE buch SYSTEM "book.dtd"
                                -- Dokument-Typ-Deklaration       --
  [<!ELEMENT ... >              <!-- Beginn des Declaration Subset -->
   ...
   <!ATTLIST ... >
   ...
   <!ENTITY ... >
   ...
   <!NOTATION ... >
 ]>                             <!-- Ende des Declaration Subset   -->
<buch>                          <!-- Beginn des annotierten Textes -->
 ...
</buch>                         <!-- Ende des annotierten Textes   -->
```

Schema 4.2. Schematisches SGML-Dokument mit *declaration subset*

Die Wirkung der SGML-Deklaration sehen wir uns in Abschnitt 5.2 gesondert an. Die DOCTYPE-Deklaration hat hier die Aufgabe, eine Datei dem Dokument zuzuordnen. In 4.1 ist diese Datei "book.dtd"; in ihr befinden sich alle für dieses Dokument notwendigen Element-, Attribut-, Notations- und Entitäten-Deklarationen. Die DOCTYPE-Deklaration bildet somit zusammen mit diesen Deklarationen die strukturelle Spezifikation für die nachfolgende Dokument-Instanz, sie wird meistens kurz als DTD bezeichnet.

Es ist evident, dass einige zusätzliche Bedingungen zu stellen sind. Jedes im Dokument vorkommende Element muss in der DTD durch eine ELEMENT-Deklaration eingeführt sein, und für alle Attribute eines jeden Elements im Dokument muss es eine entsprechende ATTLIST-Deklaration geben. Die hierarchische und sequenzielle Anordnung der Elemente im Dokument muss selbstverständlich vollständig durch die Deklarationen legitimiert sein, gleiches gilt für die Werte von Attributen. Für jeden Verweis auf eine Entität im Dokument muss es eine ENTITY-Deklaration geben, für jede verwendete Notation eine NOTATION-Deklaration. Ist alles dieses und einiges andere[8] sichergestellt, so wird das SGML-Dokument als bezüglich der DTD ‚validierbar' bezeichnet, der Vorgang selbst als Validierung. Ein Programm, das diese Validierung vornehmen kann, wird als SGML-Parser bezeichnet.

Eine wichtige Rolle spielt in der DOCTYPE-Deklaration der hier erscheinende Element-Typ, im vorliegenden Fall buch. Dieses Element wird als das *document element* bezeichnet, da es das Wurzelelement des Informationsbaums bildet. Die DTD kann durchaus so gestaltet sein, dass verschiedene Elemente diese Rolle übernehmen können. In der DOCTYPE-Deklaration wird somit nicht nur die DTD

---

[8]   So müssen z.B. die Minimierungen im Dokument eindeutig und entsprechend der DTD korrekt sein.

```
<!SGML ... >              <!-- SGML-Deklaration           -->
<!DOCTYPE buch [          <!-- Dokument-Typ-Deklaration    -->
  ...                     <!-- Deklarationen               -->
]>
<buch>                    <!-- Beginn des annotierten Textes -->
...
</buch>                   <!-- Ende des annotierten Textes   -->
```

Schema 4.3. Schematisches SGML-Dokument mit DTD im *declaration subset*

angegeben, sondern auch bestimmt, mit welchem Element in der DTD die Validierung beim vorliegenden Dokument zu beginnen hat.

Während es einen Fehler darstellt, wenn eine im Dokument erscheinende Entität in der DTD nicht deklariert ist, ist es durchaus erlaubt, für eine Entität *mehrere* Deklarationen aufzuführen. Ein Instrument, mit dem diese scheinbar sinnlose Regelung ausgenutzt werden kann, bildet das sog. *declaration subset*. Beim Declaration Subset handelt es sich um eine Menge von Deklarationen, die bei der DOCTYPE-Deklaration direkt aufgeführt werden. Alle diese Deklaration gelten als der DTD-Datei vorangestellt, wodurch Deklarationen, die die gleichen Entitäten betreffen, unwirksam werden. Elemente, Attribute und Notationen müssen im Gegensatz dazu genau einmal deklariert werden. Allerdings ist es freigestellt, diese Deklaration in der DTD oder im *declaration subset* aufzuführen (Schema 4.2).

Das *declaration subset* kann somit dazu genutzt werden, eine bestehende DTD für ein bestimmtes Dokument partiell abzuändern oder zu ergänzen, ohne dazu gleich die DTD als solche verändern zu müssen. Im Extremfall enthält das *declaration subset* die gesamt DTD; in diesem Fall kann natürlich der Verweis auf eine externe Datei in der DOCTYPE-Deklaration entfallen (Schema 4.3).

Während die fakultative SGML-Deklaration in SGML-Dokumenten von beträchtlichem Umfang sein kann (s. Anhang D), besteht in XML-Dokumenten die ebenfalls fakultative XML-Deklaration im einfachsten Fall lediglich aus einer Versionsangabe. Ihr folgt die DOCTYPE-Deklaration, die genau wie bei SGML anstatt oder zusätzlich zu einer externen Datei einen *declaration subset* enthalten kann (Schema 4.4).

Anders als bei SGML-Dokumenten kann bei XML-Dokumenten die DOCTYPE-Deklaration allerdings auch fehlen. Ein durch Anfangs- und Endtag markiertes Element mit Unterelementen und Dateninhalten kann also durchaus als ein vollständiges XML-Dokument fungieren. Die unterschiedlichen Auffassung, die sich daraus hinsichtlich der Korrektheit von strukturierten Dokumenten ergeben, werden ausführlicher im nachfolgenden Kapitel dargestellt.

```
<?XML version="1.0"?>       <!-- XML-Deklaration               -->
<!DOCTYPE buch SYSTEM "book.dtd"
  [<!ELEMENT ... >          <!-- Beginn des Declaration Subset -->
   ...
   <!ATTLIST ... >
   ...
   <!ENTITY ... >
   ...
   <!NOTATION ... >
  ]>                        <!-- Ende des Declaration Subset   -->
<buch>                      <!-- Beginn des annotierten Textes -->
...
</buch>                     <!-- Ende des annotierten Textes   -->
```

Schema 4.4. Schematisches SGML-Dokument mit *declaration subset*

Die wichtigste Verwendungsweise des *declaration subset* besteht allerdings nicht in der Erweiterung einer bestehenden DTD, sondern vielmehr in der Setzung von Parametern, durch die die DTD in geeigneter Weise für den aktuellen Gebrauch eingestellt werden kann. Parameter, die als ein bestimmter Typus von Entitäten verstanden werden und deshalb auch als ‚Parameter-Entitäten' bezeichnet werden, sind dabei im Zusammenhang zu sehen mit gekennzeichneten Abschnitten in der DTD, auf die sie sich beziehen, die sog. *marked sections. Marked sections* erlauben es, Teile einer DTD, z.B. zwei Element-Deklarationen, als einen Abschnitt zusammenzufassen und für diesen Abschnitt anzugeben, ob er berücksichtigt oder nicht berücksichtigt werden soll. Das Schlüsselwort INCLUDE besagt dabei, dass die markierten Deklarationen in gewöhnlicher Weise gelten:

```
(82)   <![ INCLUDE [
          <!ELEMENT    zitat     (#PCDATA)>
          <!ELEMENT    bild      EMPTY>
          <!ATTLIST    bild
             quelle       ENTITY          #REQUIRED>
       ]]>
```

Wird als Schlüsselwort IGNORE verwendet, sind die in der Marked Section enthaltenen Deklarationen unsichtbar und werden bei der Validierung nicht berücksichtigt:

```
(83)   <![ IGNORE [
          <!ELEMENT    zitat     (#PCDATA)>
          <!ELEMENT    bild      EMPTY>
          <!ATTLIST    bild
             quelle       ENTITY          #REQUIRED>
       ]]>
```

Mit *marked sections* kann man also vor allem Teile von DTDs ‚unsichtbar' machen, ohne diese Teile gleich löschen zu müssen. Interessant werden *marked sections* aber erst, wenn die Status-Kennwörter IGNORE und INCLUDE nicht direkt eingefügt werden, sondern indirekt über Parameter-Entitäten. Die Definition von Parameter-Entitäten gleicht der anderer Arten von Entitäten, nur dass ihre unmittelbare Verwendbarkeit in der DTD durch % kenntlich gemacht wird:

```
(84)    <!ENTITY %    bild-zitat   "IGNORE">
```

Der Verweis auf eine Parameter-Entität wird anstatt durch & entsprechend durch % eingeleitet:

```
(85)    <![ %bild-zitat; [
          <!ELEMENT     zitat     (#PCDATA)>
          <!ELEMENT     bild      EMPTY>
          <!ATTLIST     bild
              quelle        ENTITY        #REQUIRED>
        ]]>
```

Aufgrund der Tatsache, dass die im *declaration subset* enthaltenen Deklarationen vor die Deklarationen in der DTD gesetzt werden, ist es nun möglich, einen in der DTD auf IGNORE gesetzen Abschnitt für das aktuelle Dokument auf IN-CLUDE zu setzen. Dazu ist lediglich die Deklaration für eine gleichbenannte Parameter-Entität mit dem Wert INCLUDE in das *declaration subset* aufzunehmen:

```
(86)    <!DOCTYPE buch SYSTEM "book.dtd" [
          <!ENTITY %    bild-zitat    "INCLUDE">
        ]>
        <buch>
        ...
        </buch>
```

Die in der DTD enthaltene Deklaration (84) wird dadurch überdeckt und folglich unwirksam, die durch `bild-zitat` parametrisierten *marked sections* sind somit in der DTD enthalten. Da beliebig viele *marked sections* durch eine Parameter-Entität parametrisiert werden können, können auf diese Weise auch unabhängig voneinander erscheinende DTD-Teile funktional miteinander verknüpft werden:

```
(87)    <![ %bild-zitat; [
          <!ELEMENT     zitat      (#PCDATA)>
        ]]>

        ...

        <![ %bild-zitat; [
          <!ELEMENT     bild       EMPTY>
          <!ATTLIST     bild
              quelle        ENTITY        #REQUIRED>
        ]]>
```

Wenn Parameter-Entitäten und *marked sections* auf geschickte Weise miteinander verbunden sind, können sich recht raffinierte Konstruktionen ergeben. Beispielsweise kann durch eine einzige Parameter-Entität bewirkt werden, dass zwei *marked sections* wechselweise auf INCLUDE bzw. IGNORE gesetzt werden:

```
(88)    <!ENTITY %  zitat-komplex      "IGNORE">
        <![ %zitat-komplex; [
           <!ENTITY % zitat-einfach  "IGNORE">
        ]]>
        <!ENTITY % zitat-einfach  "INCLUDE">
```

Die Deklaration von zitat-komplex als IGNORE bewirkt, dass die *marked section* mit der darin enthaltenen Deklaration unsichtbar ist und damit die untere Deklaration für zitat-einfach (INCLUDE) greift. Wird zitat-komplex im *declaration subset* dagegen auf INCLUDE gesetzt, wird dadurch die *marked section* sichtbar und somit die erste Deklaration von zitat-einfach (IGNORE) maßgeblich. zitat-komplex und zitat-einfach weisen also immer gegensätzliche Werte auf. Diese Eigenschaft der beiden Parameter-Entitäten kann somit genutzt werden, um alternative Deklarationen zu aktivieren bzw. zu deaktivieren:

```
(89)    <![ %zitat-komplex; [
           !ELEMENT zitat     (text, referenz, abschnitt)>
        ]]>
        <![ %zitat-einfach; [
           <!ELEMENT    zitat    (#PCDATA)>
        ]]>
```

Nach der Deklaration in (88) wäre hier die zweite Deklaration des Elements zitat sichtbar, wird im *declaration subset* zitat-komplex entsprechend gesetzt, ist nur die erste Deklaration für zitat in der DTD enthalten.

Vorsicht ist geboten bei der Verschachtelung von *marked sections*. Wir haben im vorangegangenen Beispiel gesehen, dass schon eine recht einfache Konstruktion aus drei Entitätsdeklarationen und einer *marked sections* ausreicht, eine neue Funktionalität zu erzielen. Werden *marked sections* ineinander verschachtelt und kommen weitere Deklarationen von Parameter-Entitäten hinzu, kann schnell eine unüberschaubare Konstruktion resultieren, bei der nur mit großer Mühe festgestellt werden kann, unter welcher Parameter-Setzung welche *marked sections* sichtbar, welche unsichtbar sind. Insbesondere kann die Tatsache, dass *marked sections*, die innerhalb von auf IGNORE gesetzten *marked sections* liegen und somit nicht sichtbar sind, bei der Setzung auf INCLUDE nicht zum gewünschten Resultat führen – die tiefer eingebetteten *marked sections* bleiben weiterhin unsichtbar.

Die hier dargestellte Verwendungsweise von *marked sections* ist nicht die einzig mögliche. Sie können auch direkt im Dokument angewendet werden, um Textstücke gewissermaßen an- und auszuschalten. Da aber diese Verwendungsweise durch die Einführung von Architekturen (s. Teil II dieses Buches) obsolet geworden ist, wollen wir auf diese und andere Verwendungsweisen von *marked sections* nicht weiter eingehen.[9]

4.4 Flexibilisierung der DTD

Die Nutzung von Parameter-Entitäten beschränkt sich keineswegs nur auf die Parametrisierung von *marked sections*. Parameter-Entitäten werden auch dazu genutzt, DTDs durchsichtiger zu strukturieren und Deklarationen zu flexibilisieren.[10] Der Bedarf an besserer DTD-Strukturierung ergibt sich insbesondere dann, wenn einzelne Deklarationsteile, sowohl Inhaltsmodelle von Elementen als auch Attribute, bei verschiedenen Elementen in immer gleicher Form erscheinen. Sie bilden dann eine Art Strukturmuster in der DTD, das durch eine Parameter-Entität an einer zentralen Stelle definiert werden kann. Nehmen wir an, in einer DTD werden zwei Elemente para (ein gewöhnlicher Absatz) und zitat (für einen zitierte Textabschnitt) deklariert. Beide Elemente können neben Textdaten auch hervogehobenen Text (hervorgehoben) und spezielle Begriffe (begriff) enthalten, zitat darüber hinaus noch Markierungen für Auslassungen:

```
(90)   <!ELEMENT     para        (#PCDATA|begriff|hervorgehoben)*>
       <!ELEMENT     zitat
                     (#PCDATA|begriff|hervorgehoben|auslassung)*>
       <!ELEMENT     begriff         (#PCDATA)>
       <!ELEMENT     hervorgehoben   (#PCDATA)>
       <!ELEMENT     auslassung      EMPTY>
```

Offensichtlich können die Elemente begriff und hervorgehoben als eine Gruppe von Elementen verstanden werden, die spezielle Texteigenschaften markieren. Wir können den entsprechenden Ausschnitt aus den Inhaltsmodellen von para und zitat deshalb als Inhalt einer Parameter-Entität definieren:

```
(91)   <!ENTITY %  m.spec-text       "begriff|hervorgehoben">
```

In den Inhaltsmodellen genügt nun ein Verweis auf diese Entität:

```
(92)   <!ELEMENTpara      (#PCDATA|%m.spec-text;)*>
       <!ELEMENTzitat     (#PCDATA|%m.spec-text;|auslassung)*>
```

---

[9] Hinzuweisen wäre noch auf die Möglichkeit, durch *marked sections* mit dem Status-Kennwort CDATA beliebige Zeichenfolgen – auch solche, die eigentlich Annotationen oder Entitätsreferenzen enthalten – innerhalb eines PCDATA-Dateninhalts erscheinen zu lassen. Dieses ist vor allem dann notwendig, wenn ein XML/SGML-Dokument von XML/SGML selbst handelt.

[10] Zur folgenden Darstellung vgl. TEI und Maler/El Andaloussi 1996.

Es tritt bei diesen beiden Deklarationen aber noch ein weiterer Zusammenhang
zutage. Das Element `zitat` umfasst offensichtlich alles, was im Inhaltsmodell
von `para` enthalten ist, und zusätzlich zitat-spezifische Textelemente. Wir können deshalb eine Parameter-Entität `m.para` definieren, die das Inhaltsmodell
von `para` definiert, sowie eine Parameter-Entität `m.spec-zitat`, wodurch die
für das Element `zitat` spezifischen Elemente zusammengefasst werden, im
vorliegenden Fall nur das Element `auslassung`:

```
(93)    <!ENTITY %   m.para        "#PCDATA|%spec-text;">
        <!ENTITY %   m.spec-zitat "auslassung">
        <!ENTITY %   m.zitat       "%m.para;  |  %m.spec-zitat;">
```

Die Deklarationen für `para` und `zitat` reduzieren sich damit in folgender Weise:

```
(94)    <!ELEMENT    para          (%m.para;)*>
        <!ELEMENT    zitat         (%m.zitat;)*>
```

Parametrisierungen erlauben es also, strukturelle Abhängigkeiten zwischen den
Deklarationen in einer DTD zum Ausdruck zu bringen. Dieses führt zugleich zur
leichteren Wartbarkeit und Veränderbarkeit der DTD, da sich beispielsweise die
Hinzunahme eines weiteren Elements, etwa eines Elements `name` für Personen-
namen, in die Gruppe der ‚speziellen Text-Elemente' (`m.spec-text`) automatisch auf alle Elemente auswirkt, die direkt oder indirekt von dieser Parameter-
Entität Gebrauch machen, hier also auf `para` und `zitat`:

```
(95)    <!ELEMENT    name          (#PCDATA)>
        <!ENTITY %   m.spec-text   "name|begriff|hervorgehoben">
```

Die Abänderung einer derartigen Parameter-Entität kann natürlich auch im *declaration subset* geschehen, ohne dabei die ursprüngliche Parameter-Entität zu
verändern:

```
(96)    <!DOCTPYE buch SYSTEM "book.dtd" [
            <!ELEMENT    name          (#PCDATA)>
            <!ENTITY %   m.spec-text
                               "name|begriff|hervorgehoben">
        ]>
        <buch>
        ...
        </buch>
```

Dieses setzt allerdings voraus, dass die ursprüngliche Parameter-Entität in der
DTD unverändert enthalten ist. Hat es bereits dort Veränderungen geben (beispielsweise kann `begriff` entfernt worden sein), werden sie durch die Deklaration (94) zunichte gemacht. Dieser unerwünschte Effekt kann dadurch verhindert

```
<!ENTITY  %   x.para            " ">
<!ENTITY  %   m.para            "%x.para;  #PCDATA|%spec-text;">
<!ENTITY  %   x.zitat           " ">
<!ENTITY  %   m.zitat           "%x.zitat;  %m.para; |%m.spec-zitat;">
<!ENTITY  %   x.spec-text       " ">
<!ENTITY  %   m.spec-text       "%x.spec-text;begriff|
                                  hervorgehoben">
<!ENTITY  %   x.spec-zitat      " ">
<!ENTITY  %   m.spec-zitat      "%x.spec-zitat; auslassung">

<!ELEMENT     para                 (%m.para;)*>
<!ELEMENT     zitat                (%m.zitat;)*>
<!ELEMENT     begriff              (#PCDATA)>
<!ELEMENT     hervorgehoben        (#PCDATA)>
<!ELEMENT     auslassung           EMPTY>
```

DTD 4.5. Parametrisierte Element-Deklarationen

werden, dass im *declaration subset* nicht die betreffende Parameter-Entität direkt
verändert wird, sondern stattdessen eine im Normalfall leere Parameter-Entität,
die alle Erweiterungen aufnimmt:

```
(97)    <!ENTITY  %   x.spec-text   " ">
        <!ENTITY  %   m.spec-text   "%x.spec-text; begriff|
                                      hervorgehoben">
        <!ENTITY  %   x.spec-zitat  " ">
        <!ENTITY  %   m.spec-zitat  "%x.spec-zitat; auslassung">
```

Der Effekt dieser vier Deklarationen ist kein anderer als von `m.spec-text` und
`m.spec-zitat` in (91) und (93); eine Erweiterung dieser Inhaltsmodelle über
`x.spec-text` und `x.spec-zitat` wirkt sich nun aber auf `m.spec-text` und
`m.spec-zitat` aus, ohne dass deren Inhalt unveränderlich bleiben muss:

```
(98)    <!DOCTPYE buch SYSTEM "book.dtd" [
            <!ELEMENT     name          (#PCDATA)>
            <!ENTITY  %   x.spec-text   "name|">
        ]>
        <buch>
        ...
        </buch>
```

Wenn wir diesen Ansatz auch auf die Parameter-Entitäten `m.para` und `m.zitat`
anwenden, so erhalten wir für das eingangs dargestellte Problem die in 4.5 aufgeführten Deklarationen.

Auch bei der Deklaration von Attributen kann das dargestellte Vorgehen von
Nutzen sein. In vielen DTDs treten einige Attribute bei allen oder sehr vielen

Elementen auf. Derartige Attribute können als globale Attribute verstanden werden und durch eine Parameter-Entität definiert werden:[11]

```
(99)    <!ENTITY %   a.global "
            id        ID              #IMPLIED
            spec      CDATA           #IMPLIED">
```

In einer ATTLIST-Deklaration können dann – neben der Definition lokaler Attribute – diese globalen Attribute durch eine Entitätsreferenz integriert werden:

```
(100)   <!ELEMENT    zitat           (%m.zitat;)*>
        <!ATTLIST    zitat
            %a.global;
            typ       (block|inline)    "inline">
```

In ähnlicher Weise wie bei den Inhaltsmodellen können wir auch durch eine leere Parameter-Entität eine standardisierte Schnittstelle für Erweiterungen vorsehen:

```
(101)   <!ENTITY %   x.global "">
        <!ENTITY %   a.global "
            %x.global;
            %a.linking;
            id        ID              #IMPLIED
            spec      CDATA           #IMPLIED"
```

In (101) ist darüber hinaus ein Verweis auf eine weitere Parameter-Entität a.linking eingefügt, die spezielle (hier nicht aufgeführte) Attribute für die hypermediale Verlinkung des Textes beinhaltet.

Abschließend sei noch die Statusfestlegung von Attributen thematisiert. DTDs für große Benutzerkreise müssen hinsichtlich dieser Statusfestlegungen oft sehr liberal formuliert sein, um breite Anwendbarkeit sicherzustellen. In konkreten Anwendungen kann es dagegen notwendig sein, die Eintragung bestimmter Attribute, etwa von Identifikatoren oder Kommentaren, zu erzwingen, da die annotierten Daten ohne diese Information nicht vollständig wären. In diesem Fall ist es sinnvoll, auch die Statusangabe zu parametrisieren und so im *declaration subset* die Möglichkeit zu schaffen, einen fakultativen Attribut-Status in einen obligatorischen abzuändern. Die Deklaration für a.global würde damit beispielsweise die folgende Gestalt bekommen:

---

[11] Die unterschiedlichen Typen von Parameter-Entitäten können, wie hier dargestellt, anhand von Benennungskonventionen deutlich gemacht werden:

m...: Entitäten für die Parametrisierung von Inhaltsmodellen

x...: Entitäten für die Aufnahme von Erweiterungen (*extensions*)

a...: Entitäten für die Parametrisierung von Attributlisten

```
(102)  <!ENTITY %   id-status      "#IMPLIED">
       <!ENTITY %   spec-status    "#IMPLIED">
       <!ENTITY %   x.global       "">
       <!ENTITY %   a.global       "
           %x.global;
           %a.linking;
           id        ID             %id-status;
           spec '    CDATA          %spec-status;">
```

Im Declaration Subset kann dann der Status von id und spec folgendermaßen abgeändert werden:

```
(103)  <!DOCTYPE buch SYSTEM buch [
           <!ENTITY %   id-status      "#REQUIRED">
           <!ENTITY %   spec-status    "#REQUIRED">
       ]>
       <buch>
       ...
       </buch>
```

Aufgrund der Einbettung dieser beiden Parameter-Entitäten in a.global, worauf wiederum von allen Elementen Bezug genommen wird, die entsprechende Attribute aufweisen sollen, kann so mit nur geringem Aufwand eine Vielzahl von Attribut-Deklarationen modifiziert werden.

Es wäre naheliegend, auch bei der Festlegung von Namen – Element-Namen wie Attribut-Namen – Parameter-Entitäten zur Flexibilisierung einzusetzen. Mit der im zweiten Teil dieses Buches dargestellten Technik der Architekturen steht dafür jedoch ein weitaus besseres Instrument zur Verfügung. Bei der Abänderung von Namen ist zu bedenken, dass anders als bei Varianten von Inhaltsmodellen oder dem Status von Attributen die Annotation selbst verändert wird, so dass ein Dokument dann auch nur noch zusammen mit der abgeänderten DTD verarbeitet werden kann. Architekturen bieten u.a. die Möglichkeit, ein Dokument mit unterschiedlichen Namen für Elemente und Attribute zu verarbeiten, ohne dass eine Abänderung der Basis-DTD erfolgen muss.

4.5 Besondere Informationsstrukturen

Das Grundprinzip einer XML/SGML-Kodierung von Information besteht, wie wir gesehen haben, darin, Baumstrukturen aufzubauen. Dabei besteht zwischen einem Knoten und einem abhängigen Knoten eine Teil-Ganzes-Relation; ein Buch wie das vorliegende etwa setzt sich aus Einleitung, Kapiteln und Anhang zusammen, die einzelnen Kapitel aus Überschriften und Abschnitten, die Abschnitte wiederum aus Unterüberschriften und Absätzen. Die einzelnen einem Knoten gemeinsam untergeordneten Knoten bilden dabei eine Sequenz, so dass neben der Teil-Ganzes-Relation auch die lineare Abfolge von Elementen in

XML/SGML-Dokumenten direkt zum Ausdruck gebraucht wird. Was aber soll geschehen, wenn die zu strukturierende Information schon eine eigene Struktur aufweist, die *nicht* der Baumstruktur entspricht? Im Rahmen des XML/SGML-Ansatzes ist dann nur ein Weg möglich: auch diese Information muss in Baumform strukturiert werden. Wir wollen uns deshalb in diesem Abschnitt einige derartige Informationsstrukturen und ihre Überführung in XML/SGML-Struktur ansehen.

4.5.1 Zweidimensionale Strukturen (Tabellen)

Tabellen bilden den Standardfall zweidimensionaler Informationsstrukturen. Jede Informationseinheit bezieht sich, anders als in einem Baum, auf *zwei* übergeordnete Informationseinheiten, auf die Spalte und auf die Zeile:

	Spalte 2	Spalte 3	Spalte 4
Zeile 2	Wert 1	Wert 2	Wert 3
Zeile 3	Wert 4	Wert 5	Wert 6
Zeile 4	Wert 7	Wert 8	Wert 9

Abb. 4.6. Eine exemplarische Tabelle

Um eine Tabelle durch eine Baumstruktur zu repräsentieren, müssen wir somit die einzelnen Zellen – in diesem Fall 16 Stück – eine der beiden Dimensionen, den Spalten und den Zeilen, zuordnen und die andere Dimension lediglich indirekt repräsentieren. Wir können die Zellen beispielsweise zeilenweise zusammenfassen; dann stellt sich die Tabelle als eine Liste von vier Zeilen mit jeweils vier Zellen dar:[12]

```
(104)  <tblrows>
          <tblrow>
             <tblcell></tblcell>
             <tblcell>Spalte 2</tblcell>
             <tblcell>Spalte 3</tblcell>
             <tblcell>Spalte 4</tblcell>
          </tblrow>
          <tblrow>
             <tblcell>Zeile 2</tblcell>
             <tblcell>Wert 1</tblcell>
             <tblcell>Wert 2</tblcell>
```

---

[12] Die in diesem Abschnitt dargestellte Strukturierung einschließlich der verwendeten Element- und Attribut-Namen orientiert sich an der ‚canontbl.dtd‘ für Tabellen von Softquad.

```
        <tblcell>Wert 3</tblcell>
    </tblrow>
    <tblrow>
        <tblcell>Zeile 3</tblcell>
        <tblcell>Wert 4</tblcell>
        <tblcell>Wert 5</tblcell>
        <tblcell>Wert 6</tblcell>
    </tblrow>
    <tblrow>
        <tblcell>Zeile 4</tblcell>
        <tblcell>Wert 7</tblcell>
        <tblcell>Wert 8</tblcell>
        <tblcell>Wert 9</tblçell>
    </tblrow>
</tblrows>
```

In dieser Darstellung sind auch die Zellen mit den Bezeichnungen für die Spalten sowie die Spalte mit den Bezeichnungen der Zeilen enthalten. Die einzelnen Zellen sind (tblcell) nun eindeutig einer der vier Zeilen-Elemente tblrow zugeordnet, die Zuordnung zu den vier Spalten erfolgt dagegen nur implizit: die jeweils ersten Zellen jeder Zeile bilden die erste Spalte, die zweiten Zellen die zweite Spalte usw. Die Anzahl der Zeilen der Tabelle ergibt sich damit aus der Anzahl der tblrow- Elemente, die Anzahl der Tabellenspalten aus der Anzahl der tblcell-Elemente in tblrow. Die zum Aufbau der Struktur (104) notwendigen Element-Deklarationen sehen folgendermaßen aus:

```
(105)   <!ELEMENT     tblrows      (tblrow)+
        <!ELEMENT     tblrow       (tblcell)+>
        <!ELEMENT     tblcell      (#PCDATA)>
```

Komplizierter wird die Lage allerdings, wenn die Zellen der Tabelle sich wie in Abb. 4.7 über mehrere Spalten oder Zeilen erstrecken können: Das Problem, das sich nun stellt, besteht darin, dass die Auflistung der Zellen in ihren Zeilen es nicht mehr zulässt, die Zuordnung zu den Spalten eindeutig vorzunehmen. Die Zellen müssen deshalb mit weiterer Information angereichert werden. Wenn wir für jede Tabelle eine zugrundeliegende Anzahl von Spalten annehmen – gleichgültig, wie einzelne Zellen realisiert sind – können wir eine Zelle wie die ‚Wert 4'-Zelle dadurch charakterisieren, dass sie in Spalte 2 beginnt und sich, anders als die ‚normalen' Zellen, insgesamt über zwei Spalten erstreckt. In anloger Weise kann ‚Wert 3'-Zelle dadurch charakterisiert werden, dass sie zwar wie gewöhnliche Zellen sich nur über eine Spalte erstreckt, aber anders als diese zwei Zeilen überdeckt. Diese jede Zelle eindeutig in ihrem Umfang charakterisierende Information können wir beim Element tblcell als Werte entsprechender Attribute vermerken:

	Spalte 2	Spalte 3	Spalte 4
Zeile 2	Wert 1	Wert 2	Wert 3
Zeile 3	Wert 4		
Zeile 4	Wert 5	Wert 6	

Abb. 4.7. Exemplarische Tabelle mit untypischen Zellen

```
(106)   <tblrows>
            <tblrow>
                <tblcell colstart="1"></tblcell>
                <tblcell colstart="2">Spalte 2</tblcell>
                <tblcell colstart="3">Spalte 3</tblcell>
                <tblcell colstart="4">Spalte 4</tblcell>
            </tblrow>
            <tblrow>
                <tblcell colstart="1">Zeile 2</tblcell>
                <tblcell colstart="2">Wert 1</tblcell>
                <tblcell colstart="3">Wert 2</tblcell>
                <tblcell colstart="4" rowspan="2">Wert
                3</tblcell>
            </tblrow>
            <tblrow>
                <tblcell colstart="1">Zeile 3</tblcell>
                <tblcell colstart="2" colspan="2">Wert
                4</tblcell>
            </tblrow>
            <tblrow>
                <tblcell colstart="1">Zeile 4</tblcell>
                <tblcell colstart="2">Wert 7</tblcell>
                <tblcell colstart="3" colspan="2">Wert
                6</tblcell>
            </tblrow>
        </tblrows>
```

Das Attribut `colstart` steht in (106) für diejenige Spalte, in der eine Zelle beginnt, `rowspan` für die Anzahl von Zeilen, über die sich eine Zelle erstreckt, und `colspan` für eine entsprechende Anzahl von Spalten. `tblcell` muss demnach die folgende Attributlisten-Deklaration erhalten:

```
(107)   <!ELEMENT      tblcell          (#PCDATA)>
        <!ATTLIST      tblcell
            colstart          NMTOKEN          #REQUIRED
            colspan           NMTOKEN          "1"
            rowspan           NMTOKEN          "1">
```

Als eine strukturelle Eigenschaft der Tabelle kann auch aufgefasst werden, in welcher Weise die Spalten, Zeilen und einzelnen Zellen voneinander abgegrenzt sind und welche anderen besonderen grafischen Unterscheidungsmerkmale sie aufweisen. Für die vorhandenen Elemente ist es nicht weiter schwierig, dafür Attributlisten-Deklarationen einzufügen, in denen derartige Attribute – im folgenden lediglich durch Verweise auf Parameter-Entitäten realisiert – definiert werden. Derartige Attribute spezifieren beim Element tblrows somit Eigenschaften, die alle Zeilen aufweisen sollen, bei tblrow Eigenschaften, die nur einzelne Zeilen haben sollen und die Vorrang vor den tblrows-Eigenschaften haben sollen, sowie in tblcell die Eigenschaften, die nur eine bestimmte Zelle haben soll und in denen sie sich von den anderen Zellen der Zeile unterscheidet:

```
(108)  <!ELEMENT    tblrows        (tblrow)+>
       <!ATTLIST    tblrows
          %a.format-alle-zeilen;>
       <!ELEMENT    tblrow         (tblcell)+>
       <!ATTLIST    tblrow
          %a.format-eine-zeile;>
       <!ELEMENT    tblcell        (#PCDATA)>
       <!ATTLIST    tblcell
          %a.format-zelle;
          colstart     NMTOKEN        #REQUIRED
          colspan      NMTOKEN        "1"
          rowspan      NMTOKEN        "1">
```

Wenn nun die Eigenschaften der Zeilen überhaupt, einzelner Zeilen sowie einzelner Zellen festgelegt werden können, stellt sich nun die Frage, wie die Eigenschaften einzelner Spalten und der Spalten der Tabelle überhaupt festgelegt werden könnnen. Da wir uns für eine Aufteilung der Tabelle in Zeilen entschieden haben, gibt es keine Informationseinheiten, die die Spalten unserer Tabelle repräsentieren. Die einzige Möglichkeit, diese Information in die Tabellenstruktur zu integrieren, liegt in der Aufnahme zusätzlicher Elemente. Dazu wird neben das tblrows-Element noch ein Element tblcdefs gestellt und beide durch ein zusammenfassendes table-Element umgeben. tblcdefs beinhaltet genau so viele leere Elemente tblcdef, wie es Spalten in der Tabelle gibt. Die Eigenschaften der Spalten überhaupt und einzelner Spalten können dann tblcdefs bzw. tblcdef zugeordnet werden. Die dafür notwendigen Deklarationen sehen folgendermaßen aus:

```
(109)  <!ELEMENT    table          (tblcdefs, tblrows)>
       <!ELEMENT    tblcdefs (tblcdef)+>
       <!ATTLIST    tblcdefs
          %a.format-alle-spalten;>
       <!ELEMENT    tblcdef        EMPTY>
       <!ATTLIST    tblcdef
          %a.format-eine-spalte;>
```

Für unsere Tabelle ergibt sich damit folgende XML/SGML-Struktur:

```
(110)  <table>
         <tblcedfs>
             <tblcedf/>
             <tblcedf/>
             <tblcedf/>
             <tblcedf/>
         </tblcedfs>
          <tblrowS>
             <tblrow>
                 <tblcell colstart="1"></tblcell>
                 <tblcell colstart="2">Spalte 2</tblcell>
                 <tblcell colstart="3">Spalte 3</tblcell>
                 <tblcell colstart="4">Spalte 4</tblcell>
             </tblrow>
             <tblrow>
                 <tblcell colstart="1">Zeile 2</tblcell>
                 <tblcell colstart="2">Wert 1</tblcell>
                 <tblcell colstart="3">Wert 2</tblcell>
                 <tblcell colstart="4" rowspan="2">Wert
                 3</tblcell>
             </tblrow>
             <tblrow>
                 <tblcell colstart="1">Zeile 3</tblcell>
                 <tblcell colstart="2" colspan="2">Wert
                 4</tblcell>
             </tblrow>
             <tblrow>
                 <tblcell colstart="1">Zeile 4</tblcell>
                 <tblcell colstart="2">Wert 7</tblcell>
                 <tblcell colstart="3" colspan="2">Wert
                 6</tblcell>
             </tblrow>
          </tblrowS>
       </table>
```

Alle Element- und Attribut-Deklarationen ergeben dann zusammengenommen
die DTD 4.8 für Tabellen.

Die Verwendung der Elemente `tblcdefs` und `tblcdef` zeigt deutlich, dass
die Umsetzung besonderer Informationsstrukturen in eine Baumstruktur darauf
angewiesen ist, dass die SGML-Strukturen in bestimmter Weise interpretiert
werden. Für XML/SGML-kodierte Tabellen besteht diese Interpretation darin,
dass Editoren und Viewer sie in grafische Tabellendarstellungen umsetzen. Wir
werden in den folgenden beiden Abschnitten sehen, dass es auch bei der Umsetzung anderer Typen von Informationsstrukturen immer darauf hinauslaufen wird,
eine XML/SGML-Strukturierung in besonderer Weise semantisch zu interpretieren.

```
<!ELEMENT    table         (tblcdefs, tblrows)>
<!ELEMENT    tblcdefs      (tblcdef)+>
<!ATTLIST    tblcdefs
        %a.format-alle-spalten;>
<!ELEMENT    tblcdef       EMPTY>
<!ATTLIST    tblcdef
        %a.format-eine-spalte;>
<!ELEMENT    tblrows       (tblrow)+
<!ATTLIST    tblrows
        %a.format-alle-zeilen;>
<!ELEMENT    tblrow        (tblcell)+>
<!ATTLIST    tblrow
        %a.format-eine-zeile;>
<!ELEMENT    tblcell       (#PCDATA)>
<!ATTLIST    tblcell
        %a.format-zelle;
        colstart      NMTOKEN      #REQUIRED
        colspan       NMTOKEN      "1"
        rowspan       NMTOKEN      "1">
```

DTD 4.8. DTD für Tabellen

4.5.2 Gerichtete Graphen

Ein anderer Typ von Informationsstrukturen, die für die XML/SGML-Kodierung
erst in Baumstrukturen übersetzt werden müssen, sind gerichtete Graphen. Zwar
stellen auch Bäume einen Sonderfall von gerichteten Graphen dar, allgemein
kann in gerichteten Graphen aber ein Tochter-Knoten mehrere Mutter-Knoten
aufweisen. Von einem oder mehreren Spitzenelementen können also verschiedene Wege zu einem bestimmten Zielknoten führen. Darüber hinaus kann ein gerichteter Graph auch Zyklen enthalten, wenn die Graphen nicht auf die azykli-
schen Fälle eingeschränkt sind. Ein Knoten kann dann entwder auf sich selbst
verweisen oder in einem Pfad durch den Graphen liegen, der wieder zu diesem
Knoten zurückführt. Einen Sonderfall bilden wiederum solche Graphen, bei denen die Kanten zwischen den Knoten typisiert sind, es also unterschiedliche
Kantentypen gibt.

Ein Beispiel für einen gerichteten Graphen ohne getypte Kanten, in dem Zyklen erlaubt sind, stellt das *World Wide Web* dar. Von einem Dokument gehen
Links zu anderen Dokumenten aus, die ihrerseits nichts davon ‚wissen‘, dass sie
Ziel eines Links sind. Natürlich ist es oft möglich, ein Dokument von mehreren
anderen aus über Links anzusteuern, und indirekte oder direkte Zyklen werden
nicht ausgeschlossen.

Sehen wir uns aber zunächst ein einfaches Beispiel für einen gerichteten azy-
klischen Graphen (GAG) an. Die Richtung der Kanten wird in diesem Beispiel –
ähnlich wie in einem Baum – durch die vertikale Anordnung der Knoten ausgedrückt:

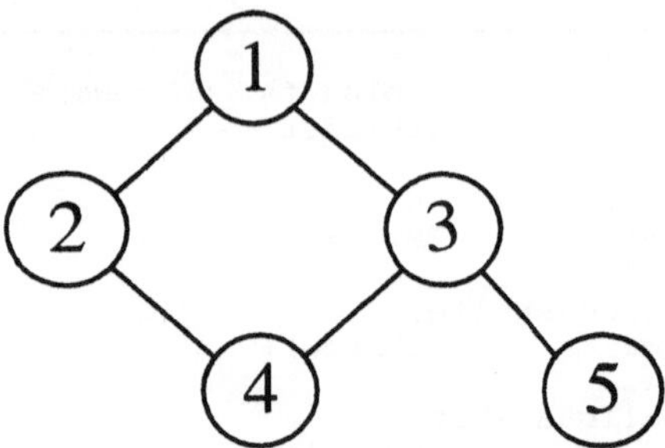

Abb. 4.9. Ein exemplarischer gerichteter azyklischer Graph

Dieser Graph unterscheidet sich nicht sehr stark von einem Baum. Nur die im vierten Knoten zusammenlaufenden Kanten lassen sich nicht direkt repräsentieren. Es ist deshalb am einfachsten, soweit wie möglich die in XML/SGML vorgesehene Baumstrukturierung zu nutzen, um dann nur an den Stellen des Graphs, in denen zusammenlaufende Kanten vorkommen, eine spezielle Repräsentationen vorzunehmen. Für Abb. 4.9 kann das beispielsweise in folgender Weise geschehen:

```
(111)  <knoten ID="k1" inhalt="knoten-1">
          <knoten ID="k2" inhalt="knoten-2">
             <knoten ID="k4" inhalt="knoten-4"></knoten>
          </knoten>
          <knoten ID="k3" inhalt="knoten-3">
             <verweis zu-knoten="k4"/>
             <knoten ID="k5" inhalt="knoten-5"></knoten>
          </knoten>
       </knoten>
```

Das Problem der zusammenlaufenden Kanten wird in dieser Repräsentation durch die Verwendung eines Elementes verweis gelöst, das einzig und allein die Aufgabe hat, auf einen bereits bestehenden Knoten zu verweisen und überall dort auftreten kann, wo auch knoten-Elemente erscheinen können. Für die Validierung des Dokuments (111) sind somit die folgenden Deklarationen erforderlich:

```
(112)  <!ELEMENT    knoten          (knoten|verweis)*>
       <!ATTLIST    knoten
          id             ID              #REQUIRED
          inhalt         ENTITY          #REQUIRED>
       <!ELEMENT    verweis         EMPTY>
       <!ATTLIST    verweis
          zu-knoten      IDREF           #REQUIRED>
```

In GAGs können jedoch auch mehrere Knoten als Startknoten fungieren:

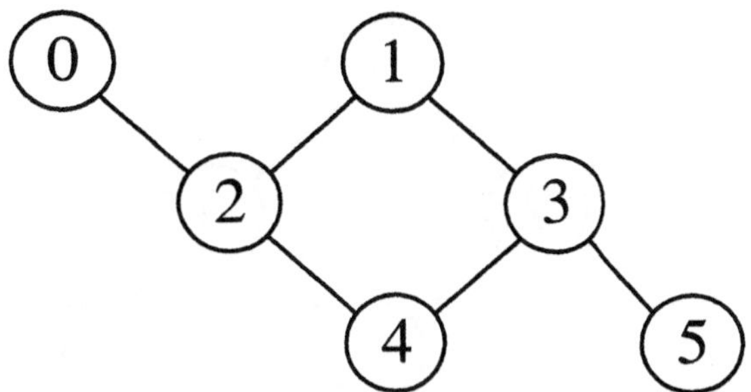

Abb. 4.10. Ein gerichteter azyklischer Graph mit zwei Startknoten

Für diesen Fall müssen auf oberer Ebene in der SGML-Struktur mehrere Knoten nebeneinander erscheinen können, so dass wir ein weiteres Element, hier gag, brauchen, das diese zusammenfasst:

```
(113)   <gag>
            <knoten ID="k0" inhalt="knoten-0">
                <verweis zu-knoten="k2"/>
            </knoten>
            <knoten ID="k1" inhalt="knoten-1">
                <knoten ID="k2" inhalt="knoten-2">
                    <knoten ID="k4" inhalt="knoten-4"></knoten>
                </knoten>
                <knoten ID="k3" inhalt="knoten-3">
                    <verweis zu-knoten="k4"/>
                    <knoten ID="k5" inhalt="knoten-5"></knoten>
                </knoten>
            </knoten>
        </gag>
```

Zusätzlich zu den Deklarationen in (112) ist somit noch die folgende Deklaration in die DTD aufzunehmen:

```
(114)  <!ELEMENT   gag      (knoten)+>
```

Betrachten wir nun den Fall, dass die Kanten in einem GAG Bezeichnungen aufweisen, die sie unterschiedlichen Klassen zuordnen. In einem Hypertext-System beispielsweise können auf diese Weise Links qualifiziert werden: führt ein Link zu einem Bild, zu einem Beispiel, zu einer ausführlicheren Erklärung eines Sachverhalts? Wir wollen das bisherige Beispiel um drei Kantentypen, a, b und c, ergänzen

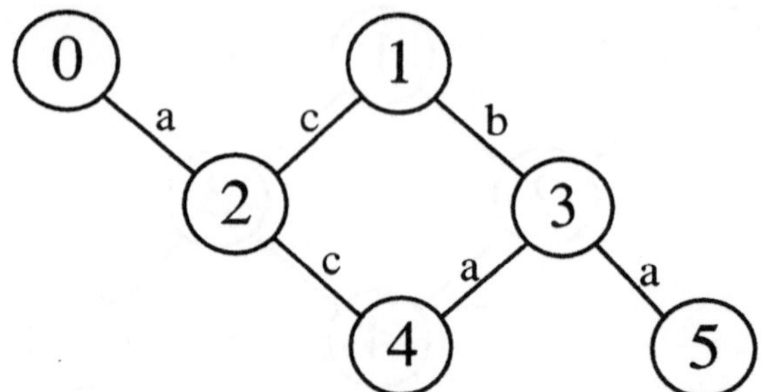

Abb. 4.11. Ein gerichteter azyklischer Graph mit getypten Kanten

Eine naheliegende Lösung dieses Repräsentationsproblems besteht darin, in der vorhandenen Struktur Kantentypen als Attribute einzufügen, da jedes tiefer eingebettete `knoten`- und jedes `verweis`-Element auch eindeutig für eine Kante steht:

```
(115)   <gag>
            <knoten ID="k0" inhalt="knoten-0">
                <verweis zu-knoten="k2" kantentyp="a"/>
            </knoten>
            <knoten ID="k1" inhalt="knoten-12>
                <knoten ID="k2" inhalt="knoten-2"
                                kantentyp="c">
                    <knoten ID="k4" inhalt="knoten-4"
                                    kantentyp="c"></knoten>
                </knoten>
                <knoten ID="k3" inhalt="knoten-3"
                                kantentyp="b">
                    <verweis zu-knoten="k4"
                            kantentyp="a"/>
                    <knoten ID="k5" inhalt="knoten-5"
                                    kantentyp="a"></knoten>
                </knoten>
            </knoten>
        </gag>
```

Unser DTD-Fragment wäre dafür auf die folgende Weise zu modifizieren:

```
(116)   <!ELEMENT     gag             (knoten)+>
        <!ELEMENT     knoten          (knoten|verweis)*>
        <!ATTLIST     knoten
            id              ID              #REQUIRED
            inhalt          ENTITY          #REQUIRED
            kantentyp       (a|b|c)         #IMPLIED>
        <!ELEMENT     verweis         EMPTY>
        <!ATTLIST     verweis
            zu-knoten       IDREF           #REQUIRED
            kantentyp       (a|b|c)         #IMPLIED>
```

```
<!ELEMENT    gagk              (knoten)+>
<!ELEMENT    knoten            (kante)*>
<!ATTLIST    knoten
        id              ID              #REQUIRED
        inhalt          ENTITY          #REQUIRED>
<!ELEMENT    kante             (knoten|verweis)>
<!ATTLIST    kante
        typ             (a|b|c)         #REQUIRED>
<!ELEMENT    verweis           EMPTY>
<!ATTLIST    verweis
        zu-knoten       IDREF           #REQUIRED >
```

DTD 4.12. Gerichtete azyklische Graphen mit getypten Kanten

Der Nachteil diese Lösung liegt in der nur sehr schwachen und versteckten Repräsentation der im Graphen sehr wichtigen Information. Für einen Knoten kann nicht direkt angegeben werden, welcher Art die herausgehenden Kanten sind. Darüber hinaus spiegelt (116) nicht exakt die syntaktischen Verhältnisse in einem GAG mit typisierten Kanten wider – es können auch Startknoten mit Kantentypen versehen oder abhängige Knoten ohne Kantentyp-Bezeichnungen erscheinen. Da sowohl Knoten als auch Kanten den Graphen konstituieren, ist es angemessener, auch die Kanten als eigene Elemente zu repräsentieren:

```
(117)  <gagk>
          <knoten id="k0" inhalt="knoten-0">
              <kante typ="a">
                  <verweis zu-knoten="k2"/>
              </kante>
          </knoten>
          <knoten id="k1" inhalt="knoten-1">
              <kante typ="c">
                  <knoten id="k2" inhalt="knoten-2">
                      <kante typ="c">
                          <knoten id="k4"
                            inhalt="knoten-4"></knoten>
                      </kante>
                  </knoten>
              </kante>
              <kante typ="b">
                  <knoten id="k3" inhalt="knoten-3">
                      <kante typ="a">
                          <verweis zu-knoten="k4"/>
                      </kante>
                      <kante typ="a">
                          <knoten id="k5"
                            inhalt="knoten-5"></knoten>
                      </kante>
                  </knoten>
              </kante>
          </knoten>
       </gagk>
```

Diese Repräsentation ermöglicht es, nur dort durch die DTD Kanten zu erlauben, wo sie auch tatsächlich vorkommen können (DTD 4.12).

Wenn in einem GAG mit getypten Kanten darauf verzichtet wird, zusammenlaufende Kanten zuzulassen, so erhalten wir natürlich wieder einen Baum, diesmal allerdings mit getypen Kanten. Derartige Bäume werden vor allem dazu genutzt, um innerhalb einer Menge von Elementen eindeutige Abhängigkeitsbeziehungen darzustellen. Wir können somit aus den Deklarationen in Abb. 4.12 alles das, was `verweis` betrifft, entfernen; weiterhin ist auch das Auftreten mehrerer Startelemente auszuschließen:

```
(118)   <!ELEMENT    knoten          (kante)*>
        <!ATTLIST    knoten
            id            ID              #REQUIRED
            inhalt        ENTITY          #REQUIRED>
        <!ELEMENT    kante           (knoten)>
        <!ATTLIST    kante
            typ           (a|b|c)         #REQUIRED>
```

Sehen wir uns nach dieser Einschränkung von GAGs nun die Verallgemeinerung an: gerichtete Graphen, die nicht dem Zyklizitätsverbot unterliegen. Ein Beispiel für einen solchen Graphen zeigt die folgende Abbildung. Startknoten und Zielknoten sind durch eingehende bzw. ausgehende Pfeile markiert:

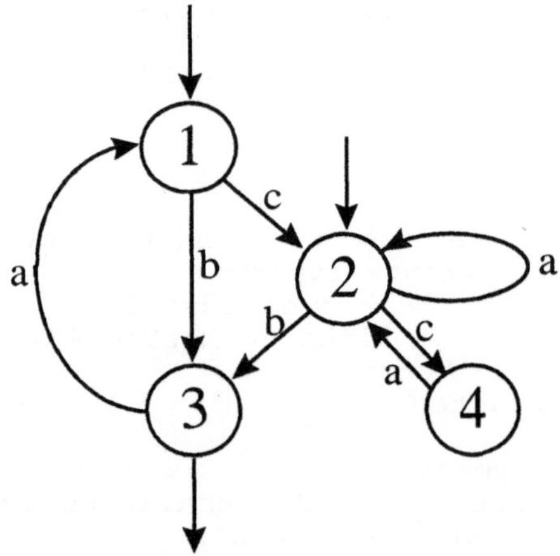

Abb. 4.13. Ein gerichteter Graph mit Zyklen

Es ist evident, dass ein solcher Graph nicht mehr sinnvoll von der Baumform ausgehend strukturiert werden kann. Wir haben es hier stattdessen mit einem Netzwerk von Knoten zu tun, zwischen denen Übergänge festgelegt sind, so dass wir die Knoten auch als Zustände beim Durchlaufen des Netzwerkes interpretieren können. Derartige Graphen werden deshalb auch als ‚endliche Übergangsnetzwerke' bezeichnet. Die Repräsentation eines solchen Netzwerkes geschieht üblicherweise vollkommen unabhängig von seiner grafischen Topologie, indem neben der Menge der Anfangs- und Endzustände lediglich die im Netzwerk vorkommenden Zustände und Kanten aufgelistet werden. Wir können dieses leicht in XML/SGML ausdrücken und umgeben diese Angaben dazu mit einem Container-Element `fsn` (*finite state network*):

```
(119)  <fsn>
           <startzustaende ids="z1 z2"/>
           <endzustaende ids="z3"/>
           <zustaende>
               <zustand name="1" id="z1"/>
               <zustand name="2" id="z2"/>
               <zustand name="3" id="z3"/>
               <zustand name="4" id="z4"/>
           </zustaende>
           <kanten>
               <kante typ="c" von="z1" nach="z2"/>
               <kante typ="b" von="z1" nach="z3"/>
               <kante typ="a" von="z2" nach="z2"/>
               <kante typ="b" von="z2" nach="z3"/>
               <kante typ="c" von="z2" nach="z4"/>
               <kante typ="a" von="z3" nach="z1"/>
               <kante typ="a" von="z4" nach="z2"/>
           </kanten>
       </fsn>
```

Die folgenden Deklarationen erlauben es, eine solche Struktur zu validieren:

```
<!ELEMENT     fsn                (startzustaende,
                                  endzustaende,
                                  zustaende,
                                  kanten)>
<!ELEMENT     startzustaende EMPTY>
<!ATTLIST     startzustaende
        ids        IDREFS           #REQUIRED>
<!ELEMENT     endzustaende EMPTY>
<!ATTLIST     endzustaende
        ids        IDREFS           #REQUIRED>
<!ELEMENT     zustaende        (zustand)+>
<!ELEMENT     kanten           (kante)+>
<!ELEMENT     zustand          EMPTY>
<!ATTLIST     zustand
        name       NMTOKEN          #IMPLIED
        id         ID               #REQUIRED>
<!ELEMENT     kante            EMPTY>
<!ATTLIST     kante
        typ        (a|b|c)          #REQUIRED
        von        IDREF            #REQUIRED
        nach       IDREF            #REQUIRED>
```

DTD 4.14. Endliche Automaten

Damit haben wir die Grundformen spezieller Informationsstrukturen in bezug auf ihre XML/SGML-Repräsentation dargestellt. In der konkreten Anwendung werden natürlich verschiedene Modifikationen notwendig sein. So müssen beispielsweise die Zellen der Tabelle nicht auf ein #PCDATA-Inhaltsmodell beschränkt werden, und auch die Knoten können reichhaltigere innere Informationsstrukturen aufweisen. Wichtig bleibt aber, dass die Nutzung von XML/SGML in jedem Fall die Erstellung baumartig strukturierter Information erfordert, so dass die Kodierung anderer Informationsstrukturen zwangsläufig einer besonderen Interpretation bedarf.

Kernaussagen von Kapitel 4

- Die Baumstruktur von XML- und SGML-Dokumenten wird durch verschachtelte Klammerung repräsentiert.
- Die Klammerung geschieht durch Anfangs- und Endtags, die jeweils den Namen des entsprechenden Elementtyps enthalten (Annotation oder *markup*).
- Im Anfangstag werden auch die Attribute mit ihrem jeweiligen Wert aufgeführt, sofern es sich nicht um mit Standardwert versehene oder fakultative Attribute handelt.
- SGML verfügt über die Möglichkeit, verschiedene Aspekte der Annotation zu reduzieren, sofern dadurch keine Unklarheiten entstehen (Minimierung).
- Anfangstags von leeren Elementen haben in XML eine besondere Form, um von vornherein die Suche nach einem passenden Endtag auszuschließen. In SGML können diese speziellen Endtags verwendet werden, müssen es aber nicht.
- Entitäten können auch XML/SGML-Daten enthalten. Dann können sie im Dokument zur Modularisierung und zur Einbindung externer Dateien verwendet werden.
- Ein XML/SGML-Dokument besteht im wesentlichen aus einer Dokumenttyp-Deklaration (DTD), die sämtliche Deklarationen für Elemente, Attributlisten, Notationen und Entitäten enthält sowie die durch Anfangs- und Endtags geklammerte Information, die Dokument-Instanz.
- Sowohl XML- als auch SGML-Dokumente können überdies durch spezielle XML- bzw. SGML-Deklarationen eingeleitet werden.
- Parameter-Entitäten sind Entitäten, die schon in der DTD auftreten dürfen und dort für Modularisierungs- und Flexibilisierungszwecke verwendet werden. Dieses geschieht oftmals in Zusammenspiel mit in besonderer Weise markierten Abschnitten im XML/SGML-Dokument (*marked sections*)

5 SGML-Versionen

5.1 XML und SGML

Die bisherige Darstellung hat gezeigt, dass SGML, wenn auch im Ansatz nicht grundsätzlich anders als XML, durch eine Vielzahl von zusätzlichen Möglichkeiten größere Komplexität besitzt, was sich auch in der Verarbeitung niederschlägt. Diese Probleme werden bei der online-Anwendung von SGML in noch größerem Maße virulent. Ist es beispielsweise in komplexe Dokumentationsprojekten weniger wichtig, wieviel Zeit die Validierung einer mehrere hundert Seiten umfassenden technischen Beschreibung in Anspruch nimmt, wird dieses beim Datenaustausch im *World Wide Web* zu einer zentralen Frage. Aus diesem Grunde hat das *World Wide Web Consortium* XML als eine stark vereinfachte Version von SGML entwickelt, wodurch die schnelle und einfache Verarbeitung von SGML-Dokumenten im Web möglich wird. XML ist somit – anders als die *Hypertext Markup Language* HTML – keine Anwendung von SGML, sondern eine echte Teilmenge (s. Abb. 5.1).[13]

Es gilt also:

1. Alle XML-Dokumente sind auch SGML-Dokumente, wenn sie eine DTD aufweisen und eine bestimmte, auf XML bezogene SGML-Deklaration Anwendung findet.
2. SGML-Dokumente sind nur dann XML-Dokumente, wenn sie einer bestimmten, auf XML bezogenen SGML-Deklaration unterliegen und eine Reihe weiterer Voraussetzungen erfüllt sind.

Aus 1. geht hervor, dass XML-Dokumente nicht zwingend eine DTD aufweisen müssen. Ein XML-Dokument kann hinsichtlich zweier verschiedener Eigenschaften charakterisiert werden: die erste ist, wie bei SGML-Dokumenten, die

---

[13] Die in diesem Kapitel enthaltenen Diagramme setzten die verschiedenen SGML-Versionen auf der Ebene der DTDs miteinander in Beziehung. 5.1 besagt danach, dass die Menge aller möglichen XML-DTDs in der Menge der SGML-DTDs enthalten ist. Auf der Ebene der Dokument-Instanzen sind die verschiedenen Versionen weit weniger klar festzumachen, da sich die meisten Unterschiede nicht auf die Annotation, sondern auf die Deklarationen beziehen.

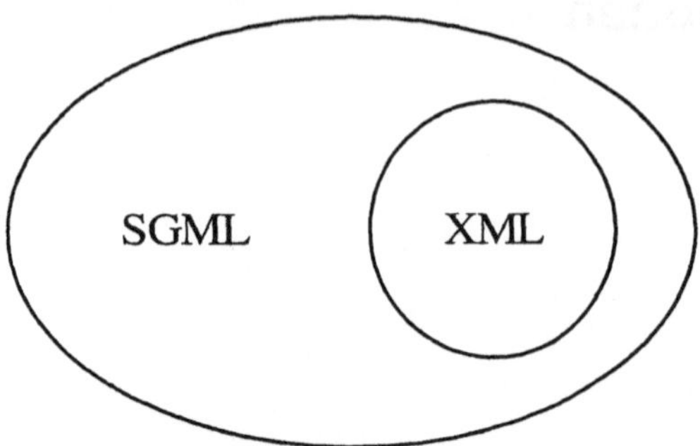

Abb. 5.1. Verhältnis von XML zu SGML

Validierbarkeit in Bezug auf eine bestimmte DTD, die zweite sein Wohlgeformtheit (*well-formedness*). Wohlgeformtheit ist eine schwächere Eigenschaft als die Validierbarkeit, da auch nicht validierbare SGML-Dokumente – sei es dass sie bezüglich einer DTD falsch sind, sei es dass für sie keine DTD vorhanden ist – wohlgeformt sein können. Wohlgeformte Dokumente weisen eine korrekte Baumstruktur auf und sind nicht mehrdeutig oder fehlerhaft annotiert. Während bei SGML also die Validierbarkeit zum absoluten Maßstab erhoben wird, trägt das Konzept der Wohlgeformtheit in XML der Tatsache Rechnung, dass gerade bei online-Anwendungen auch ohne DTD viele sinnvolle Verarbeitungstechniken Anwendungen finden können. Dieses hat insbesondere die Erfahrung mit HTML gezeigt – HTML-Seiten werden oftmals auch dann wie beabsichtigt von Web-Browsern angezeigt, wenn sie gemäß der HTML-DTD nicht validierbar sind; die Browser erwarten keine globale Korrektheit hinsichtlich der DTD, sondern lediglich lokale hinsichtlich der Annotation, um die gewünschten Element-Darstellungen vornehmen zu können.

Sehen wir uns an, in welchen Bereichen SGML über XML im einzelnen hinausgeht:

1. Generell:
    - Das SGML-Dokument unterliegt immer den Festlegungen einer SGML-Deklaration.
    - Dokumente werden lediglich als validierbar oder nicht-validierbar kategorisiert, nicht aber als wohlgeformt/nicht-wohlgeformt.
    - Neben Dateinamen (SYSTEM "...") für externe Objekte sind auch *Public*-Bezeichner (PUBLIC "...") allein möglich (und nicht nur in Kombination mit konkreten Dateinamen).
2. Dokument-Struktur:
    - Es ist zwingend (mindestens) eine DOCTYPE-Deklaration erforderlich, die auf eine externe DTD verweist oder im *declaration subset* alle notwendigen Deklarationen enthält.

- Zu Beginn kann eine SGML-Deklaration (s. nachfolgenden Abschnitt) erscheinen.
- Nach der oder den DOCTYPE-Deklaration(en) können eine oder mehrere LINKTYPE-Deklarationen (s. dazu Kapitel 8) folgen.

3. Minimierbarkeit der Annotation: verschiedene Formen der Minimierung sind in SGML möglich, sofern dieses in der SGML-Deklaration vorgesehen ist. Im einzelnen sind dieses
   - die Element-Minimierung: Anfangs- und Endtags können verkürzt oder ausgelassen werden;
   - die Attribut-Minimierung: Attribute können lediglich durch den Wert spezifiziert werden, ohne dass zuvor der Attribut-Name angegeben ist. Bedingung dafür ist, dass es sich um einen Wert aus eine deklarierten Werte-Gruppe handelt. Attribut-Werte können darüber hinaus in manchen Fällen auch ohne Anführungszeichen erscheinen;
   - die Minimierung von Entitätsreferenzen: Die rechte Begrenzung von Entitätsreferenzen (, ; ') kann ausgelassen werden, wenn andere Begrenzungszeichen folgen;
   - DATATAG: Die Element-Struktur kann an bestimmte Zeichenfolgen innerhalb der Daten gekoppelt sein, so dass die eigentlichen Tags entfallen können;
   - RANK: Element-Namen können aus einem Stamm und einem Suffix zusammengesetzt sein.

4. Elemente:
   - Für die Bildung von gemischten Inhaltsmodellen gibt es keine Beschränkungen.
   - In Inhaltsmodellen kann der &-Konnektor verwendet werden.
   - Dem Inhaltsmodell kann eine Inklusions- und/oder eine Exklusionsgruppe folgen.
   - Element-Deklarationen können nach dem Element-Typ Information zu Minimierung enthalten.
   - Als Inhalt eines Elements kann auch CDATA und RCDATA deklariert werden (s. Anhang B.3.3).
   - Element-Deklarationen können für eine Gruppe von Element-Typen simultan durchgeführt werden. Statt eines Elementnamens kann dazu in der Element-Deklaration eine Elementnamen-Gruppe (a|b|c) erscheinen.
   - Für leere Elemente gibt es keine speziellen Tags.

5. Attribute:
   - Zur Deklaration von Attributen stehen zusätzliche Werte-Typen zur Verfügung: NAME(S), NUMBER(S), NUTOKEN(S).
   - Als Statusangabe sind auch #CURRENT und #CONREF möglich.
   - Attributlisten-Deklarationen können für eine Gruppe von Element-Typen simultan durchgeführt werden.

6. Notationen:
   - Für Notationen können Attribute deklaratiert werden (Daten-Attribute), die bei der Deklaration von Entitäten für diese Notation mit Werten belegt werden können.
7. Entitäten:
   - Entitäten können für verschiedene vordefinierte Datentypen deklariert werden (CDATA und SDATA; s. Anhang B.6.2).
   - Externe Entitäten können allein durch einen *Public*-Bezeichner deklariert werden.
   - Schon bei ihrer Deklaration mit Notationen versehene Entitäten können an beliebiger Stelle im Dokument erscheinen (also auch als Dateninhalt).
   - Externe Entitäten können eine DOCTYPE-Deklaration mit eigener DTD enthalten (SUBDOC-Entitäten).
   - Es kann eine Entität mit dem Standardnamen #DEFAULT deklariert werden, die für alle nicht-deklarierten Entitäten verwendet wird.
   - Text-Entitäten können ineinander verschachtelt werden.
8. Weiteres:
   - *Marked sections* können als Status-Kennwort auch RCDATA und TEMP aufweisen. Sie können darüber hinaus an beliebiger Stelle im Dokument erscheinen.
   - Kommentare können auch innerhalb von Deklarationen erscheinen. Beginn und Ende sind dann durch ,--' zu markieren.
   - CONCUR: Eine Instanz kann gleichzeitig in Bezug auf mehrere DTDs annotiert sein (Bedingung in der SGML-Deklaration: CONCUR YES). Diese Möglichkeit wird mittlerweise durch das allgemeinere und flexiblere Konzept der Architektur ersetzt (s. nachfolgenden Teil).
   - LINK: Für ein Dokument können durch eine oder mehrere LINKTYPE-Deklarationen einfache Transformationen definiert werden (Bedingung in der SGML-Deklaration: LINK YES; s. Kapitel 8).

Es ist deutlich zu erkennen, dass es bei der Herleitung von XML aus SGML vor allem auf eine Vereinfachung angekommen ist, die sowohl der maschinellen Verarbeitung als auch der menschlichen Erlernung zugute kommt. Viele der in SGML vorgesehenen Möglichkeiten werden seit längerem kaum oder gar nicht mehr genutzt, andere sind noch nie in SGML-Systemen realisiert worden. Es ist es deshalb nicht unangebracht, zu vermuten, dass sich längerfristig eine konziser definierte Teilmenge von SGML wie XML als Substandard durchsetzen wird.

5.2 Die SGML-Deklaration: Versionsdefinition durch den Benutzer

Anders als der Eindruck, der vielleicht bislang entstanden ist, handelt es sich bei SGML nicht um eine in allen Einzelheiten festgelegte Sprache zur Informationsmodellierung. SGML ist vielmehr auf eine sehr allgemeine Weise als ein abstraktes Regelwerk formuliert, das erst bei der eigentlichen Anwendung konkretisiert wird. Die zentrale Rolle bei diesem Konkretisierungsvorgang spielt die schon erwähnte SGML-Deklaration, die in SGML-Dokumenten der DOCTYPE-Deklaration vorangestellt sein kann. Bei der Konkretisierung der in einem Dokument verwendeten SGML-Version können verschiedene Festlegungen getroffen werden, so dass recht unterschiedliche konkrete SGML-Versionen resultieren können. Wir wollen uns im folgenden über die Einstellungsmöglichkeiten in der SGML-Deklaration zunächst einen Überblick verschaffen.

Der allgemeine Aufbau der SGML-Deklaration sieht folgendermaßen aus (als Beispiel für eine vollständige SGML-Deklaration s. Anhang D):

```
(120)  <!SGML
         CHARSET   -- die Zeichensatz-Spezifikation --
         CAPACITY  -- quantitative Obergrenzen des Dokuments --
         SCOPE     -- Erstreckungsbereich der SGML-Deklaration --
         SYNTAX    -- Festlegung von DTD- und Dokument-Eigenschaften --
         FEATURES  -- Konfigurierung der SGML-Version --
         APPINFO   -- Zusatzinformationen für bestimmte Anwendungen --
       >
```

Alle Einzelheiten einer SGML-Deklaration zu verstehen ist eine Wissenschaft für sich. Viele darin enthaltene Informationsarten spiegeln dabei den Stand der Informationstechnologie in der frühen achtziger Jahren wieder. Wir werden uns im folgenden deshalb nicht die Details der SGML-Deklaration ansehen, sondern uns auf diejenigen Aspekte beschränken, die auch heute noch von Bedeutung sind.[14] Alles andere soll nur kurz angerissen werden.

Die SGML-Deklaration muss glücklicherweise nicht immer die gesamte Konkretisierung der SGML-Verwendung in einem Dokument definieren; auch der Standard enthält eine Konkretisierung, die als *reference concrete syntax* oder Referenz-Syntax bezeichnet wird. Sie legt eine SGML-Version fest, die der bislang in allen Beispielen verwendeten entspricht. Will man exakt dieser Referenz-Syntax folgen, ist es nicht notwendig, einer DOCTYPE-Deklaration eine SGML-Deklaration voranzustellen. Soll sie aber nur in einem Detail abgeändert werden, gilt die Struktur in (118) obligatorisch mit allen Unterstrukturen. Um auch hier nicht alles erneut definieren zu müssen, was in der Referenz-Syntax festgelegt

---

[14] Als ausführliche Darstellungen zum Thema SGML-Deklarationen s. Rieger (1995, 191–229).

ist, können an vielen Stellen durch Verweis auf diese Verkürzungen vorgenommen werden.

In der CHARSET-Spezifikation wird der oder die Zeichensätze spezifiziert, auf dem das Dokument beruht. Dabei wird zwischen der Deklaration des Zeichensatzes als solchem und der Angabe derjenigen Zeichen unterschieden, aus denen das SGML-Dokument tatsächlich besteht. Die Probleme der verschiedenen sprachbezogenen Sonderzeichen wurden bislang an dieser Stelle gelöst, indem mehrere Zeichensätze kombiniert wurden. Die heutige Verwendung des Unicode-Zeichensatzes vereinfacht die Probleme der Zeichensatz-Zuordnung nunmehr allerdings ganz erheblich.

Auch die CAPACITY-Spezifikation ist aus dem Geist der knappen Rechner-Ressourcen entstanden. Hier können für eine ganze Reihe von Eigenschaften des SGML-Dokuments – etwa die Anzahl der Attribute oder die Anzahl von Exklusions- und Inklusionsgruppen – Kapazitätsobergrenzen festgelegt werden, die über ein Punktesystem aus DTD und Dokument berechnet werden.

Das Schlüsselwort SCOPE kann nur zwei Werte aufweisen, DOCUMENT und INSTANCE. Diese Werte bezeichnen den Wirkungsbereich der SGML-Deklaration. Ist er auf DOCUMENT gesetzt, bezieht er sich auf die DTD und die Dokument-Instanz, ist er auf INSTANCE gesetzt, nur auf die Dokument-Instanz.

Die SYNTAX-Spezifikation ist der interessanteste und auch am ehesten konkret nutzbare Teil der gesamten SGML-Deklaration. Sie besitzt eine eigene, relativ komplexe Untergliederung:

```
(121)   SYNTAX
            SHUNCHAR
            <<Zeichensatz-Spezifikation>>
            FUNCTION
            NAMING
            QUANTITY
```

In der SHUNCHAR-Spezifikation werden zunächst die im System verwendeten Kontrollzeichen angegebenen. Die darauf folgende Zeichensatz-Spezifikation – sie folgt dem gleichen Schema wie auch die Spezifikation in CHARSET, wird aber durch kein eigenes Schlüsselwort eingeleitet – bezeichnet denjenigen Zeichensatz, auf den sich die SYNTAX-Spezifikation der SGML-Deklaration bezieht, naheliegenderweise derselbe, der auch im Dokument verwendet wird. Im FUNCTION-Teil werden obligatorisch die auf den verwendeten Zeichensatz bezogen Kodierungen von Zeilenanfang und -ende sowie Leerzeichen vorgenommen. Fakultativ können hier auch andere Steuerzeichen zur Verwendung innerhalb des SGML-Dokuments festgelegt werden, beispielsweise Escape-Sequenzen.

Der NAMING-Teil erlaubt es, die im Dokument verwendeten Namen, Schlüsselwörter und SGML-relevanten Zeichensequenzen zu definieren. Eine typische NAMING-Spezifikation sieht beispielsweise folgendermaßen aus:

```
(122) NAMING
          LCNMSTRT "_"
          UCNMSTRT "_"
          LCNMCHAR "-._"
          UCNMCHAR "-._"
          NAMECASE
               GENERAL  YES
               ENTITY   NO
          DELIM
               GENERAL  SGMLREF
               SHORTREF NONE
          NAMES    SGMLREF
```

Die ersten vier Attribute bezeichnen Eigenschaften von Benutzer-definierten Namen. LCNMSTRT (*lowercase name start character*) enthält alle Zeichen, die zusätzlich zu Buchstaben am Anfang von Namen erscheinen können und dabei als Kleinbuchstaben gelten sollen. In UCNMSTRT (*uppercase name start character*) sind diese Zeichen als ‚Großbuchstaben' aufgeführt. Besondere Zeichen wie ‚_' werden sinnvollerweise in ihrer jeweiligen Version als Klein- und Großbuchstaben nicht wie Buchstaben unterschieden. LCNMCHAR (*lowercase name character*) und UCNMCHAR (*uppercase name character*) beinhalten in ähnlicher Weise alle Zeichen, die zusätzlich zu Buchstaben und Ziffern nach dem ersten Zeichen erscheinen dürfen. Durch die Spezifikation in (120) sind somit auch alle folgenden Zeichenketten korrekt gebildete Namen:

```
(123)  a.    _77
       b.    A.4.7.12
       c.    ____--
       d.    XXX...
```

Das Attribut NAMECASE enthält Angaben darüber, wie bei Namen generell und bei Entitätsnamen im Besonderen hinsichtlich der Groß-klein-Auswertung zu verfahren ist. Ist GENERAL wie in (120) auf YES gesetzt, ist damit gemeint, dass die Kleinbuchstaben in Namen bei der Validierung so behandelt werden, als seien sie Großbuchstaben. Sich in Groß-klein-Schreibung bei einzelnen Zeichen voneinander unterscheidende Namen werden demnach nicht als unterschiedliche Name verstanden. Anders bei den Namen von Entitäten: hier soll keine Überführung in Großbuchstaben vorgenommen werden (ENTITY NO), so dass auf eine Entität Inhalt nur durch &Inhalt;, nicht aber durch &inhalt; referiert werden kann. Dieses ist vor allem deshalb sinnvoll, weil üblicherweise Sonderzeichen, die in Groß- und Kleinversion vorliegen und nicht im Zeichensatz enthalten sind, durch Entitäten in den Text eingeführt werden, die sich nur durch die Groß-klein-Schreibung des Anfangszeichens voneinander unterscheiden, z.B. aring und Aring.

Beim Attribut DELIM ist es nun möglich, die Zeichen für alle in SGML vorkommenden Konnektoren und Begrenzungszeichenketten zu verändern. In (120) wird an dieser Stelle durch GENERAL SGMLREF lediglich auf die Referenz-Syntax Bezug genommen. Soll darüber hinaus der Sequenz-Konnektor „‚‘, der in Inhaltsmodellen von Element-Deklarationen vorkommt, in ‚=>‘ umgeändert werden, so kann ihm nun hier über seinen abstrakten Namen SEQ (*sequence connector*) diese neue Zeichenkette zugeordnet werden:

```
(124)   DELIM
            GENERAL         SGMLREF
            SEQ             "=>"
            SHORTREF        NONE
```

Die abstrakte SGML-Syntax kennt insgesamt 29 derartige Namen. Das Ende eines Tags wird beispielsweise durch TAGC (*tag close*; ‚>‘), der Beginn eines Endtags durch ETAGO (*end tag open*; ‚</‘) bezeichnet. So abseitig die Möglichkeit der Abänderung derartig wichtiger Zeichenfolgen auch erscheinen mag, genau davon wird für die SGML-konforme Definition von XML Gebrauch gemacht (s. die XML-SGML-Deklaration in Anhang D).

Durch das SHORTREF-Attribut wird markiert, ob frei definierte Zeichenfolgen oder Zeichen stellvertretend für bestimmte Tags genutzt werden dürfen, etwa ein satzabschließender Punkt als Endtag eines satz-Elements. Diese undurchsichtige Annotationstechnik wird heute kaum noch angewendet und soll hier deshalb in ihren Einzelheiten unberücksichtigt bleiben. Allerdings ist auch der Einsatz dieser Technik notwendig, um XML als SGML-Version zu definieren.

Der letzte Bereich der NAMING-Unterstruktur erlaubt es, auch die in der Referenz-Syntax vorgesehenen Schlüsselwörter wie ELEMENT, ATTLIST oder EMPTY auszutauschen. Auch dieses ist eine aus heutiger Sicht – vor allem hinsichtlich unterstützter Annotationstechniken in SGML-Editoren – überflüssige Möglichkeit der Spezifikation von SGML-Versionen.

Die letzte Unterstruktur in SYNTAX, QUANTITY, legt quantitative Obergrenzen für einzelne Deklarationen, Namen und andere Objekte im SGML-Dokument fest. Eine typische Spezifikation sieht folgendermaßen aus:

```
(125)   QUANTITY    SGMLREF
                    ATTCNT 100    NAMELEN  64
                    LITLEN 500    GRPLVL   50
```

Während sich hier die Deklaration durch SGMLREF bei den übrigen elf QUANTITY-Namen auf die Referenz-Syntax bezieht, werden vier von ihnen anders eingestellt. Durch ATTCNT wird in (123) die mögliche Anzahl von Werten in einer Auswahlliste in Attribut-Deklarationen von 40 auf 100 hochgesetzt. NAMELEN mit einem Wert von 64 erlaubt es, Element-, Attribut- und andere Namen zu bilden, die bis zu 64 Zeichen lang sind. Der bescheidene Standardwert der Referenz-Syntax ist hier 8. LITLEN erlaubt die Erstellung von bis zu 500 Zeichen langen Attribut-Werten und anderen sog. Literalen, etwa direkt in der Deklaration angegebenen Werten von Entitäten. GRPLVL ermöglicht die Verschachtelung von 49 Unterinhaltsmodellen in ein Inhaltsmodell, also ein aus insgesamt 50 Ebenen bestehendes Inhaltsmodell (in der Referenz-Syntax sind nur 16 vorgesehen). Bei der Spezifikation von XML werden für alle an dieser Stelle vorkommenden Parameter deutliche Heraufsetzungen gegenüber der Referenz-Syntax vorgenommen.

In der Unterstruktur FEATURES kann die verwendete SGML-Struktur hinsichtlich einiger weiterer Aspekte spezifiziert werden, die in drei Gruppen zusammengefasst sind:

```
(126)  FEATURES
          MINIMIZE ...
          LINK     ...
          OTHER    ...
```

Im MINIMIZE-Teil werden im einzelnen die Minimierungsmöglichkeiten bei der Annotation festgelegt. Neben DATATAG, RANK und SHORTTAG – drei heute kaum verwendeten spezielle Minimierungstechniken – kann über OMITTAG, das die Werte YES und NO annehmen kann, bestimmt werden, ob Anfangs- und Endtags im Dokument ausgelassen werden können. Wird OMITTAG auf NO gesetzt, ist dieses nicht möglich; in diesem Fall kann in den Element-Deklarationen auch ganz auf die Angabe von Minimierungsmöglichkeiten verzichtet werden – es gelten dann die Standard-Minimierungen ‚- -‘ für nicht-leere und ‚- o‘ für leere Elemente.

Der letzte Teil, die APPINFO-Spezifikation, erlaubt die Einfügung einer beliebigen Zeichenkette, die von einer Applikation für das Dokument zu nutzen ist. Wird auf diese Möglichkeit, wie meistens, verzichtet, ist der Alternativwert NONE.

5.3 Weiterentwicklung von SGML

In den Jahren seit der Verabschiedung von SGML in seiner endgültigen korrigierten Form im Jahre 1988 sind verschiedene Erweiterungen, Vereinfachungen, Veränderungen vorgenommen oder vorgeschlagen worden, die sich in vier Gruppen einordnen lassen:

- Anhänge zum SGML-Standard
- Revisionsvorschläge zum SGML-Standard
- aus SGML abgeleitete Standards
- den SGML-Standard betreffende Festlegungen anderer Standards

Als Anhang zum SGML-Standard sind die *Extended Naming Rules* (ENR) und WebSGML definiert worden. Während es sich bei ENR um eine relativ geringe Erweiterung der SGML-Deklaration handelt – es kann bei der Festlegung der in

Namen verwendbaren Zeichen eine explizite Aufzählung ohne Unterscheidung von Groß- und Kleinbuchstaben vorgenommen werden – beinhaltet die Spezifikation von WebSGML substanzielle Erweiterungen, die dazu führen können, dass WebSGML-Dokumente nicht mehr als SGML-Dokumente validiert werden können. Sehen wir uns die wichtigsten Aspekte von WebSGML an:

- Die meisten Veränderung von WebSGML betreffen die SGML-Deklaration – in ihr können beispielsweise Entitäten zur Nutzung im Dokument vordefiniert und die Minimierungsregeln wesentlichen präziser als in SGML festgelegt werden.
- Darüber hinaus kann von der WebSGML-Deklaration auf weitere Restriktionen hingewiesen werden, die wie etwa im Falle von XML zu gelten haben.
- In der SGML-Deklaration können Standard-Deklarationen für Elemente, Attributlisten, Entitäten, Notationen und Dokumenttyp aktiviert werden, die verwendet werden können, wenn in der DTD entsprechende Deklarationen fehlen. Ein wohlgeformtes Dokument bedarf dann lediglich der Angabe, dass alle Objekte implizit definiert sind. Für Elemente wird dann beispielsweise das Inhaltsmodell `ANY` angenommen, für Attribute die Spezifikation `CDATA #IMPLIED`.
- Für das Dokument wird nicht mehr die Validierbarkeit (*type validity*) zum einzig möglichen Korrektheitsmaßstab erhoben, ähnlich wie in XML wird vielmehr auch die Wohlgeformtheit (*tag validity*) des Dokuments als eine relevante Eigenschaft anerkannt.
- Daraus folgt, dass auch eine DTD nicht zwingend gefordert ist.
- In `DOCTYPE`-Deklarationen kann auf die Angabe eines Dokument-Elements durch Verwendung des Schlüsselwortes `#IMPLIED` verzichtet werden.
- Für Elemente können mehrere Attributlisten deklariert werden.
- Durch das Schlüsselwort `#ALL` anstatt eines Elementnames können Attributlisten-Deklarationen als für alle Elemente gültig spezifiziert sein.
- Implizit definierten Elementen (s.o.) können Attributlisten zugeordnet werden. Anstatt eines Elementnamens hat dann das Schlüsselwort `#IMPLICIT` in der `ATTLIST`-Deklaration zu erscheinen.
- *Public*-Bezeichner können Internet-Domänen-Namen enthalten.

Sowohl ENR als auch WebSGML sind im Dezember 1997 in Form von *Technical Corrigenda* Teil des SGML-Standards geworden, WebSGML bildet den neuen Annex K, ENR den Annex J. Zur Kennzeichnung, welche Arten von Erweiterungen in einem SGML-Dokument angewendet werden, sind in der SGML-Deklaration folgende Spezifikationen einzufügen:

```
Standard-SGML:          <!SGML "ISO 8879:1986" ...>
SGML mit Extended Naming Rules:
                        <!SGML "ISO 8879:1986 (ENR)" ...>
WebSGML:                <!SGML "ISO 8879:1986 (WWW)" ...>
```

WebSGML mit *Extended Naming Rules*:

```
<!SGML "ISO 8879:1986 (WWW+ENR)" ...>
```

In den letzten Jahren ist oft festgestellt worden, dass viele der in SGML enthaltenen Möglichkeiten nicht genutzt werden und zum Teil sogar dem Ziel einer durchsichtigen und konsistenten Strukturierung entgegenwirken (wie z.B. einige der Minimierungstechniken). Wir haben XML als eine vereinfachte Teilmenge von SGML kennengelernt, durch die zugleich auch den besonderen Bedingungen des Datenverkehrs im *World Wide Web* Rechnung getragen werden soll. Da mit dieser Zielsetzung auch schon WebSGML entwickelt worden ist, bildet XML zugleich auch eine Teilmenge von WebSGML. Um dieses deutlich zu machen, ist zugleich mit Annex K für WebSGML auch ein informativer Annex L in den SGML-Standard ISO 8879 aufgenommen worden, der zeigt, wie eine auf Web-SGML abgestimmte SGML-Deklaration für XML auszusehen hat (s. Abb. 5.2).

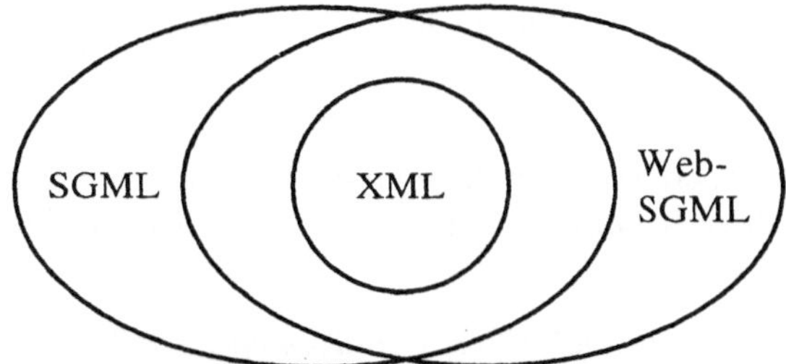

Abb. 5.2. Verhältnis von WebSGML zu SGML und XML

Überlegung zu einer eingeschränkten Version von SGML werden auch im Zusammenhang mit der Revision angestellt in der Weise, dass angegeben werden soll, welche Teile des Standards ausreichend sind, um eine Version von SGML zu erhalten, die minimalen Strukturierungsansprüchen gerecht werden kann (*Minimal SGML*). In welchem Verhältnis dieses minimale SGML zu XML stehen wird, ist zum gegenwärtigen Zeitpunkt allerdings noch unklar.

Bei der zur Zeit anstehenden Revision des SGML-Standards ist beabsichtigt, viele, wenn nicht alle der in WebSGML schon enthaltenen Erweiterungen auf SGML als Ganzes zu übertragen. Rahmenbedingung der Revision ist dabei, dass nach der Erstausgabe des Standards gültige SGML-Dokumente auch weiterhin gültig bleiben. Zur Zeit (Septermber1999) wird der Revisionsprozess gerade abgeschlossen (s. Abb. 5.3).

Die vielleicht wichtigste Aktualisierung des SGML-Standards ist allerdings schon geschehen. Der HyTime-Standard (ISO 10744:1997) enthält zusätzlich zu Richtlinien zur SGML-Kodierung von Verlinkungen und zeitabhängigen Prozessen einen Anhang (*Annex A*), der sechs Erweiterungen des SGML-Standards insgesamt enthält und deshalb als *SGML Extended Facilities* bezeichnet wird. Die *Extended Facilities* definieren keine Erweiterungen des SGML-Kernbestandes, sondern bauen auf den unterschiedlichen Versionen auf. Auch ein revidiertes

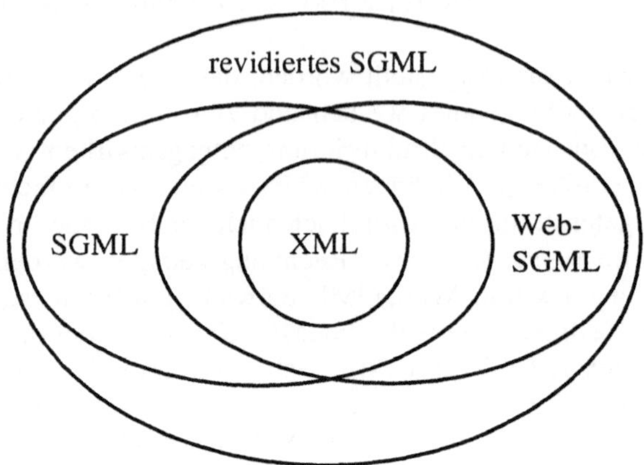

Abb. 5.3. Voraussichtliches Verhältnis der SGML-Revision zum bisherigen SGML-Standard

SGML wird immer noch von den *Extended Facilities* funktional umgeben (s. Abb. 5.4). Im einzelnen handelt es sich bei den *Extended Facilities* um folgende Festlegungen:

- Die *Architectural Form Definition Requirements* (AFDR) – In diesem Teil der *Extended Facilities* wird beschrieben, wie eine DTD als Meta-DTD („Architektur") deklariert werden kann und welche strukturellen Besonderheiten Meta-DTDs aufweisen können. Sinn und Methode der Deklaration von Meta-DTDs wird ausführlich im nachfolgenden Teil dieses Buches beschrieben.
- Die *General Architecture* – Diese Meta-DTD – es handelt sich also um eine Anwendung von AFDR – definiert eine Reihe von Attributen, die in jeder DTD von Nutzen sein können: zur Selbstdokumentation von Elementen, zur Standardwert-Zuweisung im strukturellen Kontext u.a.
- Die *Property Set Definition Requirements* (PSDR) – Als *Property Set* wird in diesem Teil des Anhangs die formale Definition all solcher Aspekte eines Notationssystems bezeichnet, die ein Parser in einem Dokument dieses Notationstyps finden kann. PSDR hat also zum Ziel, die Schnittstelle zu Softwaresystemen zu standardisieren. Wichtig dabei ist, dass sich eine solche Schnittstellendefinition nicht nur auf SGML selbst bezieht (s. u. das *SGML Property Set*), sondern auch auf beliebige andere Notationstypen anwendbar ist, auf textuelle genauso wie auf die von Audiodaten, Bildern oder sogar Videos. PSDR geht sogar noch einen Schritt weiter: nicht nur die Schnittstelle wird standardisiert, sondern auch die interne Datenstruktur, die ein PSDR entsprechendes Software-System aufzubauen hat: einen *Grove*. Bei einem Grove handelt es sich um die SGML-Repräsentation eines Datenbaums, bei dem nicht wie in gewöhnlichen SGML-Dokumenten die inhaltliche Strukturierung im Mittelpunkt steht, sondern die ,Baumhaftigkeit', also die Beziehung der

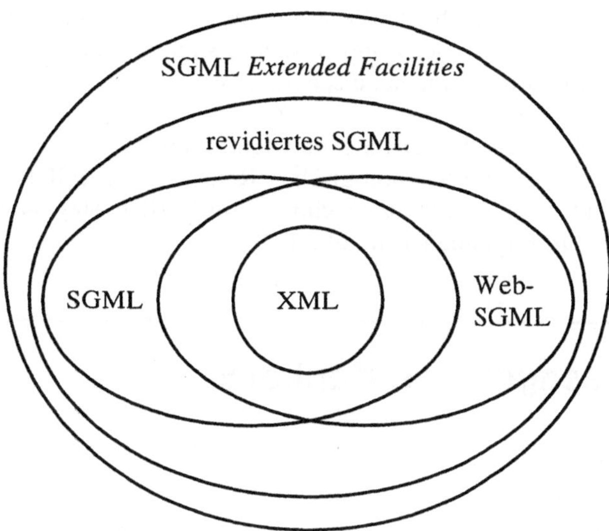

Abb. 5.4. Stellung der Extended Facilities

Dateneinheiten als Elemente des Baums zueinander auf der Grundlage einer Grove-DTD. Sowohl HyTime als auch DSSSL beziehen ihre Funktionalität (Hyperlinking, Rendering und Transformation) auf die Grove-Repräsentations von Daten. Da genauso wie bei den *Property Sets* bei Groves keine Einschränkung hinsichtlich der Notation bestehen, können sie ebenfalls durch einen entsprechenden Parser für beliebige Datentypen gebildet werden. Dadurch wird es möglich, die von HyTime und DSSSL definierte Funktionalität (sowie von zukünftigen anderen Grove-basierten Standards) auf beliebige Datentypen auszuweiten.

- Das *SGML Property Set* – In diesem Teil des Anhangs wird das für SGML gültige *Property Set* gemäß PSDR angegeben.
- Die *Lexical Type Definition Requirements* (LTDR) – Die LTDR tragen der Tatsache Rechnung, dass bei der Definition von CDATA-Attributen und PCDATA-Elementinhalten oft auch weitergehende Restriktionen gelten sollen, die sich nicht durch diese globalen Datentypen bezeichnen lassen. Durch eine LEXTYPE-Deklaration ist es möglich, ähnlich dem Inhaltsmodell in Element-Deklarationen eine Strukturierung des Dateninhalts durch reguläre Ausdrücke vorzunehmen. Dieses Verfahren wird vor allem dazu verwendet, die Belegung von CDATA-Attributen in ATTLIST-Deklarationen präzise zu definieren. Wir werden im folgenden Abschnitt sehen, wie LEXTYPE-Deklarationen zur Definition von Architektur-Attributen herangezogen werden.
- Die *Formal System Identifier Definition Requirements* (FSIDR) – Waren *System Identifiers* zuvor nur als betriebssystemabhängige Datei-Namen verstan-

den worden, spezifiziert dieser Teil des Anhangs eine allgemeine Grundlage, System-Bezeichnern verschiedenste Zusatzinformationen beizugeben, um sie hinsichtlich unterschiedlicher Datei-Systeme, Archivierungen, Netzwerk-Lokationen und Komprimierungen zu spezifizieren.

Zweifellos haben AFDR und PSDR als die wichtigsten Erweiterungen zu gelten. Aufgrund der eher Software-technologischen Relevanz von PSDR bleibt dieser Teil im vorliegenden Buch unberücksichtigt. Ausführlich eingegangen werden soll allerdings im nun folgenden Teil auf AFDR.

Kernaussagen von Kapitel 5

- Alle XML-Dokumente sind auch SGML-Dokumente.
- SGML-Dokumente sind nur dann XML-Dokumente, wenn für sie eine bestimmte SGML-Deklaration und weitere Einschränkungen gelten.
- Die Korrektheit von SGML-Dokumenten gemäß ihrer DTD wird als Validierbarkeit bezeichnet.
- XML-Dokumente können darüber hinaus auch hinsichtlich ihrer Wohlgeformtheit bewertet werden.
- In XML wird gegenüber SGML vor allem auf einige eher esoterische Bereiche verzichtet sowie auf alle solchen Konstrukte, die eine unmittelbare und einfache Verarbeitung der Dokumente erschweren.
- Eine SGML-Deklaration kann dazu verwendet werden, für ein einzelnes Dokument eine eigene SGML-Version festzulegen.
- Die Festlegungen in der SGML-Deklaration erstrecken sich auf die verwendeten Zeichensätze, auf Kapazitäts- und Quantitätsangaben, verschiedene optionale Funktionalitäten und auf alle Aspekte der speziellen SGML-Notation.
- Eine neuere Erweiterung von SGML stellt WebSGML dar. WebSGML erlaubt vor allem in der SGML-Deklaration wesentlich genauere Festlegungen zu treffen, die bei der Nutzung von SGML-Dokumenten im Netz von Bedeutung sind.
- XML lässt sich am besten als eine spezifische Version des WebSGML-Standards beschreiben.
- Die *SGML Extended Facilities* im Anhang des HyTime-Standards enthalten Erweiterungen, die für SGML als Ganzes gelten.
- Die wichtigsten davon beziehen sich auf die Definition einer Standard-Schnittstelle zu Software-Systemen sowie auf Architekturen.

TEIL II
SEKUNDÄRE STRUKTURIERUNG – ARCHITEKTUREN

6 Sekundäre Strukturierung durch Architekturen

6.1 Motivation

Während durch DTDs Informationen direkt strukturiert werden können, eröffnen Architekturen die Möglichkeit einer indirekten oder sekundären Strukturierung. Wozu wird nun eine sekundäre Strukturierung benötigt?

Die Grundidee von XML/SGML besteht darin, einem Benutzer die Verfügungsgewalt über die Art und Weise der Strukturauszeichnung eines Dokuments zu übertragen. Nicht softwaretechnische Erwägungen oder Gestaltungsrichtlinien sollten beim Umgang mit digitalen Dokumenten ausschlaggebend sein, sondern die inhaltlich-strukturelle Seite des Textes. Für deren Konkretisierung in der DTD sollte jeder Benutzer selbst verantwortlich sein. Heutzutage ist allerdings von diesem Ansatz nicht mehr viel übrig geblieben. Für fast alle Einsatzbereiche gibt es standardisierte DTDs von oftmals beträchtlicher Komplexität, die dem Benutzer den strukturellen Rahmen von Dokumenten bis ins Einzelne vorgeben. Standardisierte DTDs sind selbstverständlich sehr nützlich, wenn XML/SGML-Dokumente von mehreren Personen gemeinsam bearbeitet oder weitergegeben werden sollen oder wenn bestimmte Software-Systeme die Dokumente darstellen oder verarbeiten sollen. Diese zentralisierte Kontrolle von Dokument-Strukturen kann im krassen Gegensatz zu den Interessen von Benutzern stehen, die viele Teile einer umfassenden DTD nicht benötigen oder sie in anderen Bereichen zu inkonkret finden. Darüber hinaus können standardisierte DTDs unter Umständen dem Benutzer relevant erscheinende Information nicht in das Dokument aufnehmen. Versucht der Benutzer dennoch, seine Information in die durch die DTD vorgegebene Struktur hineinzupressen, kommt es zu dem sog. *tag abuse syndrome* (vgl. Maler/El Andaloussi 1996, 103). XML/SGML ist in seiner Grundform nicht in der Lage, zwischen dem legitimen Interesse der zentralen Kontrolle von Dokument-Strukturen und dem ebenso legitimen Interesse der benutzergerechten Strukturierung auszugleichen.

Architekturen vermögen diesen Konflikt zu lösen. Die primäre Strukturierungsebene der DTD wird dazu als die Domäne des Benutzers verstanden, auf der eine sekundäre Strukturierungsebene aufsetzt. Diese sekundäre Strukturierungsebene ist die Domäne der zentralen Strukturkontrolle, durch die Element- und Attribut-Namen übergreifend festgelegt sind, für den Austausch relevante

Information von lediglich für den Benutzer relevanter Information unterschieden wird oder einfache Strukturänderungen gegenüber der primären Strukturierungsebene vorgenommen werden können. Durch Architekturen ist es deshalb möglich, ganze Gruppen von DTDs zu beschreiben, die ihrerseits die Struktur möglicher Dokumente beschreiben. Architekturen machen für individuelle DTDs nur solche Vorgaben, die notwendig sind, um Dokumente austauschen oder vereinheitlicht verarbeiten zu können, alles andere kann in der DTD individuell festgelegt werden.

Da eine Architektur eine DTD in ähnlicher Weise strukturell restringiert wie eine DTD mögliche Dokumente, spricht man von den formalen Festlegungen in einer Architektur zusammengefasst auch von einer ‚Meta-DTD'. In der Tat kann es sich bei Meta-DTDs um gewöhnliche DTDs handeln, die den Status einer Meta-DTD zugewiesen bekommen. Allerdings können Meta-DTDs auch einige wenige formale Konstrukte aufweisen, die in gewöhnlichen DTDs nicht erlaubt sind. Meta-DTDs können somit als abstrakte Strukturen verstanden werden, die Eigenschaften konkreter DTDs festlegen. Das Konzept der sekundären Strukturierung in SGML ähnelt somit dem der objektorientierten Programmierung: Element-Definitionen in der Meta-DTD, die sog. ‚Elementformen' stellen Klassen dar, aus denen in der DTD Objekte abgeleitet werden. Gleiches gilt für Attribut- und Notationsformen. Eine Meta-DTD enthält also ‚architektonische Formen', die in einer abgeleiteten DTD durch Element-, Attribut- und Notationsdeklarationen konkretisiert werden.

Eine wichtige Anwendung von Architekturen besteht darin, unterschiedliche DTDs mit einer bestimmten Funktionalität ausstatten zu können. Während z.B. in HTML – eine DTD, durch die Dokumente auf primärer Ebene strukturiert werden – Hypertext-Verlinkungen durch spezielle Elemente und Attribute spezifiziert werden, ist mit dem HyTime-Standard für den gleichen Zweck eine Meta-DTD definiert worden, so dass Dokumente auf der primären Strukturebene nicht zu verändern sind und trotzdem vollständigen Nutzen aus den Festlegungen dieses Standards ziehen können. Programme, die HyTime-Verlinkungen berücksichtigen, greifen nun nicht auf das Dokument als Ganzes zu, sondern nur auf die relevanten architektonischen Zuordnungen. Ein solches Programm, das auf die Verarbeitung einer ganz bestimmten Architektur zugeschnitten ist, wird auch als *engine* bezeichnet. Ein HyTime berücksichtigender Browser muss also eine Hy-Time-*engine* enthalten. *Engines* können somit nicht allgemein, unabhängig von einer bestimmten Architektur entwickelt werden.

6.2 Deklaration einer Meta-DTD im Überblick

Grundidee der sekunkären Strukturierung ist es, dass jede gewöhnliche DTD auch als Meta-DTD verwendet werden kann – die Definition von. Element-, At-

tribut- und Notationsformen folgt genau der gleichen Syntax wie die Element-,
Attribut- und Notationsdeklarationen. Die *Architectural Form Definition Requi-
rements* (im folgenden AFDR), der dritte Teil der SGML *Extended Facilities* im
Anhang des HyTime-Standards, sehen allerdings auch eine Erweiterungsmög-
lichkeit vor, die es erfordert, eine DTD, die davon Gebrauch macht, explizit als
Meta-DTD zu deklarieren. Abb. 6.1 zeigt eine derartige Meta-DTD.

```
<!AFDR "ISO/IEC 10744:1997">
<!ELEMENT     person            (surname, givenname, info*)>
<!ATTLIST     person
        sex          (male|female)  #IMPLIED>
<!ELEMENT     surname           (#PCDATA)>
<!ELEMENT     givenname         (#PCDATA)>
<!ELEMENT     info              (#PCDATA)>
<!ATTLIST     #ALL
        spec         CDATA              #IMPLIED>
```

DTD 6.1. Eine exemplarische Meta-DTD („person.dtd")

Das Schlüsselwort `#ALL` kennzeichnet in Abb. 6.1 bei der Deklaration einer Attribut-Liste, dass ein Attribut namens `spec` bei allen Elementen einer von dieser
Meta-DTD abgeleiteten DTD anzusetzen ist. Auf die Nutzung dieser zusätzlichen definitorischen Möglichkeit wird durch die Zeile

```
<!AFDR "ISO/IEC 10744:1997">
```

hingewiesen.

Die Meta-DTD enthält architektonische Formen für die Elemente `person`,
`surname`, `givenname` und `info` sowie die schon erwähnte Attribut-Form. Das
Inhaltsmodell der Element-Form für `person` besagt dabei, dass in einer abgeleiteten DTD, der sog. Client-DTD zu dieser Meta-DTD, alle Elemente, die den
architektonischen Elementen `surname`, `givenname` und `info` zugeordnet sind,
zugleich auch in einem Element enthalten sein müssen, das dem architektonischen Element `person` zugeordnet ist. Elemente in der Client-DTD, die keine
Zuordnung zu einer architektonischen Form aufweisen, spielen dabei keine Rolle
– sie sind auf der Ebene der Meta-DTD unsichtbar.

Die Attribut-Liste, die der Element-Form `person` beigefügt ist, ist in ähnlicher Weise zu verstehen. Das Attribut `sex` hat bei allen Elementen, die dem architektonischen Element `person` zugeordnet sind, als ein Attribut zu erscheinen.
Es können bei einem solchen Attribut in der Client-DTD beliebige Werte vorgesehen werden, solange es möglich ist, zumindest einen der in der Attribut-Form
vorgesehenen Werte zu ermöglichen.

Generell gilt für das Verhältnis von Meta-DTD zu Client-DTD: die Korrektheit der Ableitung der Client-DTD aus der Meta-DTD wird bei der Validierung
nicht überprüft – es ist die Aufgabe des DTD-Designers, beide DTDs aufeinan-

```
<?IS10744 ArcBase StandardPerson>
<!NOTATION AFDRMeta PUBLIC
        "ISO/IEC 10744:1997//NOTATION AFDR Meta-DTD
         Notation//EN">
<!ENTITY PersonDTD SYSTEM "person.dtd" CDATA AFDRMeta>
<!NOTATION StandardPerson PUBLIC
        "-//LOCAL//NOTATION AFDR ARCBASE Person
         Architecture//EN"
        -- A base architecture used in conformance with the
           Architectural Form Definition Requirements of
           International Standard ISO/IEC 10744. -->
<!ATTLIST #NOTATION StandardPerson
        ArcDTD          CDATA           "PersonDTD"
        ArcDocF         NAME            "person"
        ArcFormA        NAME            "StdPersAF"
        ArcNamrA        NAME            "StdPersAtts">

<!ELEMENT   kunde               (name, firma, funktion)>
<!ATTLIST   kunde
        anrede          CDATA           #IMPLIED
        geschlecht      (m|w)           #REQUIRED
        StdPersAF       NAME #FIXED     "person"
        StdPersAtts     CDATA           "spec anrede
                                         sex geschlecht
                                         #MAPTOKEN male    m
                                                   female  w">
<!ELEMENT   name                (nachname, vorname)>
<!ELEMENT   nachname            (#PCDATA)>
<!ATTLIST   nachname
        StdPersAF       NAME            #FIXED "surname">
<!ELEMENT   vorname             (#PCDATA)>
<!ATTLIST   vorname
        StdPersAF       NAME            #FIXED "givenname">
<!ELEMENT   firma              (#PCDATA)>
<!ATTLIST   firma
        kommentar       CDATA           #IMPLIED
        StdPersAF       NAME            #FIXED "info"
        StdPersAtt      CDATA           "spec kommentar">
<!ELEMENT   funktion           (#PCDATA)>
<!ATTLIST   funktion
        kommentar       CDATA           #IMPLIED
        StdPersAF       NAME            #FIXED "info">
```

DTD 6.2. Eine exemplarische Client-DTD („kunde.dtd")

der abzustimmen. Für die Zukunft ist damit zu rechnen, dass auch für diesen Prozess unterstützende Software-Werkzeuge Einsatz finden werden. Konkret heisst das, dass bei der Ermittlung einer sog. architektonischen Instanz, also der Auswertung eines Dokuments bezüglich einer Meta-DTD seiner DTD, mal Korrektheit festgestellt werden kann, mal aber auch Fehler registriert werden.

Sehen wir uns nun eine Client-DTD für die Meta-DTD an (Abb. 6.2). In ihr muss zunächst deklariert werden, dass sie sich allgemein auf eine bestimmte Meta-DTD bezieht. Dann sind einige allgemeine Festlegungen für das Verhältnis von Meta-DTD und Client-DTD zu treffen, und schließlich können einzelne Elemente deklariert und explizit als architektonische Elemente markiert werden, also den Element-Formen der Meta-DTD zugeordnet werden.

In DTD 6.2 finden wir zunächst den Hinweis, dass diese DTD als Client-DTD zu einer Meta-DTD `StandardPerson` anzusehen ist:

```
<?IS10744 ArcBase StandardPerson>
```

Die Meta-DTD wird in die DTD als eine Notation mit einem *Public*-Bezeichner eingeführt. Dabei ist ein durch AFDR festgelegter Kommentar-Text einzufügen:

```
<!NOTATION StandardPerson PUBLIC
        "-//LOCAL//NOTATION AFDR ARCBASE Person
        Architecture//EN"
    -- A base architecture used in conformance with the
       Architectural Form Definition Requirements of
       International Standard ISO/IEC 10744. -->
```

Die Deklaration der Meta-DTD, die dieser Architektur zugeordnet ist, richtet sich danach, ob in ihr von den in AFDR vorgesehenen Erweiterungen Gebrauch gemacht wird oder nicht. Da unsere Meta-DTD in Abb. 6.1 durch die Definition einer allgemeinen Attribut-Form (#ALL) keine gewöhnliche DTD mehr ist, wird die externe Entität `PersonDTD` der Standard-Notation `AFDRMeta` zugeordnet. Diese Notation ist zuvor in der vom Standard festgelegten Weise definiert worden:

```
<!NOTATION AFDRMeta PUBLIC
        "ISO/IEC 10744:1997//NOTATION AFDR Meta-DTD
        Notation//EN">
```

Eine Meta-DTD, in der keine AFDR-Erweiterungen enthalten sind, kann auf eine Notationsangabe verzichten:

```
<!ENTITY PersonDTD SYSTEM "person.dtd">
```

Soll in der Notationsdeklaration deutlich gemacht werden, dass es sich um SGML-Daten handelt, kann dieses durch den Verweis auf den Notationstyp `SGML` deutlich gemacht werden:

```
<!ENTITY PersonDTD SYSTEM "person.dtd" CDATA SGML>
```

In diesem Fall muss natürlich `SGML` als Notation durch die folgende Deklaration eingeführt sein:

```
<!NOTATION SGML PUBLIC
    "ISO 8879:19986//NOTATION Standard Generalized
    Markup Language//EN">
```

Die genaue Spezifikation des Verhältnisses von Meta-DTD und Client-DTD zueinander geschieht über die sog. Support-Attribute (*architecture support attributes*), die als Attribute zur Notation `StandardPerson` spezifiziert sind:

```
<!ATTLIST #NOTATION StandardPerson
    ArcDTD          CDATA       "PersonDTD"
    ArcDocF         NAME        "person"
    ArcFormA        NAME        "StdPersAF"
    ArcNamrA        NAME        "StdPersAtts">
```

Insgesamt sind in **AFDR** zwölf derartige Attribute vorgesehen. Da sie jeweils Standardwerte aufweisen, können sie alle auch fortgelassen werden. Im vorliegenden Fall werden vier Support-Attribute explizit definiert. `ArcDTD`, das *architecture meta-DTD entity*-Attribut, gibt den Namen der externen Entität an, die die Meta-DTD enthält. `ArcDocF`, das *architecture document element form name*-Attribut, gibt die Element-Form an, die hinsichtlich der Meta-DTD als Dokument-Element zu setzen ist. Dieses Festlegung ist deshalb notwendig, weil die Meta-DTD nicht durch ein `DOCTYPE`-Deklaration eingeführt wird, in der diese Festlegung normalerweise erfolgt. Durch `ArcFormA`, das *architectural form attribute*-Attribut, wird der Name eines Attributes bestimmt (hier `StdPersAF`), das bei den folgenden Element-Definitionen genutzt wird, um eine Zuordnung zu einer bestimmten Element-Form in der Meta-DTD herzustellen. `ArcNamrA`, das *architectural attribute renamer attribute name*-Attribut, erlaubt es, bei den nachfolgenden Definitionen architektonischer Elemente Attribut-Namen der Client-DTD mit Attribut-Namen der Meta-DTD zu identifizieren (hier `StdPersAtts`). Weder Element- noch Attribut-Namen architektonischer Elemente müssen also mit denen in der Meta-DTD übereinstimmen, da für beides spezielle Umbenennungsattribute vorgesehen sind. Die Werte der Support-Attribute `ArcFormA` und `ArcNamrA`, also `StdPersAF` und `StdPersAtts`, werden bei den Element- und Attributlisten-Deklarationen als sog. Kontroll-Attribute (*control attributes*) verwendet. So besagt

```
<!ATTLIST     kunde
    ...
    StdPersAF       NAME            #FIXED "person"
    ...                             >
```

, dass das Element `kunde` der Client-DTD dem Element `person` der Meta-DTD zuzuordnen ist. Das zweite hier verwendet Kontroll-Attribut `StdPersAtts` bildet das Attribut `anrede` auf das architektonische Attribut `spec` ab sowie das Attribut `sex` auf `geschlecht`:

```
<!ATTLIST   kunde
   anrede        CDATA         #IMPLIED
   geschlecht    (m|w)         #REQUIRED
   StdPersAF     NAME          #FIXED "person"
   StdPersAtts   CDATA         "spec anrede
                               sex  geschlecht
                               #MAPTOKEN male   m
                                         female w">
```

Die Zuordnung geschieht immer durch ein Paar, das aus dem Attribut-Namen der Meta-DTD und dem der Client-DTD besteht. Beim Attribut-Paar `sex/geschlecht` werden darüber hinaus auch die einzelnen Werte, die bei diesen Attributen vorgesehen sind, miteinander in Beziehung gesetzt. Eine solche Zuordnung wird durch das Schlüsselwort `#MAPTOKEN` eingeleitet und besagt hier, dass der Wert `m` beim Attribut `geschlecht` auf den Wert `male` beim architektonischen Attribut `sex` abzubilden ist.

In einer Dokument-Instanz zu der Client-DTD in Abb. 6.2 ist ohne Kenntnis des Verweises auf eine Meta-DTD nicht erkennbar, dass und in welcher Weise die Information der Meta-DTD zuzuordnen ist:

(127)   Eine exemplarische Instanz:

```
<!DOCTYPE kunde SYSTEM "kunde.dtd">
<kunde anrede="Herr" geschlecht="m">
<name>
<nachname>Müller</nachname>
<vorname>Franz</vorname>
</name>
<firma kommentar="fast pleite">Schulz GmbH</firma>
<funktion kommentar="gerade befördert">Leiter Beschaf-
fung</funktion>
</kunde>
```

Die Instanz in (127) enthält fünf architektonische und ein nicht-architektonisches Element. Das Element `kunde` wird in der DTD auf die Element-Form `person` abgebildet, die bei `kunde` vorgesehenen Attribute `anrede` und `geschlecht` auf ihre architektonischen Entsprechungen, `spec` und `sex`. Das danach in der Instanz folgenden Element vom Typ `name` ist keiner Element-Form der Meta-DTD zugeordnet; es ist somit von der Architektur aus gesehen ‚unsichtbar' und bei der Bestimmung einer architektonischen Instanz unberücksichtigt zu lassen. Gleichwohl sind die eingebetteten Elemente `nachname` und `vorname` auf die Element-Formen `surname` und `givenname` zu beziehen. Auch `firma` und `funktion` sind architektonische Elemente und in dieser Eigenschaft beide auf die Element-Form `info` abzubilden, nur bei `firma` ist allerdings das Attribut `kommentar` auf das architektonische Attribut `spec` zu beziehen, ein `kommentar`-Attribut beim element `funktion` ist hingegen bei der architektonischen Verarbeitung irrelevant, da es nicht durch das Kontroll-Attribut `StdPersAtts` auf die Attribut-Form `spec` abgebildet wird.

Die zur Dokument-Instanz (127) gehörende architektonische Instanz sieht somit folgendermaßen aus:

(128)   Die zu (127) gehörende architektonische Instanz:

```
<!DOCTYPE person SYSTEM "person.dtd">
<person spec="Herr" sex="male">
<surname>Müller</surname>
<givenname>Franz</givenname>
<info spec="fast pleite">Schulz GmbH</info>
<info>Leiter Beschaffung</info>
</person>
```

Bezüglich der Meta-DTD muss sich die architektonische Instanz validieren lassen, also in genau der gleichen Weise den Festlegungen in der Meta-DTD entsprechen, wie die Dokument-Instanz der Client-DTD entspricht. In der architektonischen Instanz werden darüber hinaus alle Namensersetzungen vorgenommen, die durch die Support-Attribute und die Kontroll-Attribute in der Client-DTD festgelegt sind.

Wenn in einer Meta-DTD ein Attribut in einer Attribut-Form nicht als obligatorisch oder mit einem festen Wert (#FIXED) markiert ist und wenn es in der Client-DTD nicht definiert ist oder ebenfalls nur als fakultativ, ohne dass in der Dokument-Instanz ein Wert spezifiziert wird, dann muss das Default-Verhalten des architektonischen Attributs gesondert festgelegt werden. Diese Festlegung ist nicht in der Meta-DTD enthalten, sondern in einem gewöhnlichen Text-Dokument, auf das in der Deklaration der Notation für die Meta-Architektur Bezug genommen wird:

```
<!NOTATION Beispiel PUBLIC
        "-//LOCAL//NOTATION AFDR ARCBASE Person
        Architecture//EN">
```

Das durch den Public-Bezeichner `"-//LOCAL//NOTATION AFDR ARCBASE Person Architecture//EN"` bezeichnete Objekt muss also Angaben darüber enthalten, wie mit einem in der Client-DTD nicht geforderten Attribut umzugehen ist. Diese zusätzliche Festlegung, durch die die in der Meta-DTD enthaltenen Definitionen gewissermaßen eine ‚Auslegung‘ erfahren, bildet ein weiteres Element der Erweiterungen, die im Standard als die *AFDR meta-DTD notation* zusammengefasst werden.

Die Idee, eine DTD auf eine Meta-DTD abzubilden, um so aus einer Dokument-Instanz eine abgeleitete architektonische Instanz bilden zu können, muss natürlich nicht auf dieser Stufe zum Stehen kommen. Eine architektonische Instanz ist in Bezug auf die Meta-DTD eine gewöhnliche Dokument-Instanz, aus der wiederum eine architektonische Instanz abgeleitet werden kann, sofern die verwendete Meta-DTD mit einer Meta-Meta-DTD, einer Meta-DTD zweiter Stufe, in Verbindung gebracht ist. In AFDR ist diese Erweiterung ausdrücklich vor-

```
<?IS10744 arch
        name=                   "StandardPerson"
        public-id=              "-//LOCAL//NOTATION AFDR ARCBASE
                                 Person Architecture//EN"
        dtd-system-id=          "person.dtd"
        doc-elem-form=          "person"
        form-att=               "StdPersAF"
        renamer-att=            "StdPersAtts"
?>

<!ELEMENT   kunde               (name, firma, funktion)>
<!ATTLIST   kunde
        anrede          CDATA       #IMPLIED
        geschlecht      (m|w)       #REQUIRED
        StdPersAF       NMTOKEN     #FIXED "person"
        StdPersAtts     CDATA       "spec anrede
                                     sex   geschlecht
                                     #MAPTOKEN male    m
                                                female w">
<!ELEMENT   name                (nachname, vorname)>
<!ELEMENT   nachname            (#PCDATA)>
<!ATTLIST   nachname
        StdPersAF       NMTOKEN     #FIXED "surname">
<!ELEMENT   vorname             (#PCDATA)>
<!ATTLIST   vorname
        StdPersAF       NMTOKEN     #FIXED "givenname">
<!ELEMENT   firma               (#PCDATA)>
<!ATTLIST   firma
        kommentar       CDATA       #IMPLIED
        StdPersAF       NMTOKEN     #FIXED "info"
        StdPersAtt      CDATA       "spec kommentar">
<!ELEMENT   funktion            (#PCDATA)>
<!ATTLIST   funktion
        kommentar       CDATA       #IMPLIED
        StdPersAF       NMTOKEN     #FIXED "info">
```

DTD 6.3. Eine exemplarische Client-DTD in XML

gesehen, um DTDs als Informationsarchitekturen in komplexe hierarchische Zusammenhänge bringen zu können. Wir werden uns mit diesem Aspekt bei der Darstellung verschiedener Nutzungsmöglichkeiten architektonischer Verarbeitung näher befassen (s. Kapitel 9).

Dieses Beispiel zeigt, dass die Ermittlung einer architektonischen Instanz aus einer Dokument-Instanz über die architektonischen Deklarationen in der Client-DTD einer einfachen Transformation des Dokuments gleichkommt. Die architektonische Instanz ist gegenüber der Dokument-Instanz strukturell vereinfacht, da das Container-Element name keine architektonische Entsprechung aufweist und auch die Differenzierung zwischen firma und funktion verloren geht. Die spezifische, für den unmittelbar Gebrauch beispielsweise bei der Dateneingabe geeignete Client-DTD wird auf diese Weise mit der liberaler strukturierten Meta-DTD kompatibel, eine spezifische Dokument-Instanz kann für Zwecke des Austauschs oder der Anwendung universeller Verarbeitungstools auf einfache und verlässliche Weise konvertiert werden.

6.3 Architektur-Deklaration in XML

Für die Deklaration einer Architektur wird in AFDR davon ausgegangen, dass in der verwendeten SGML-Version die Deklaration von Notationen möglich ist, für Notationen Attribute deklariert werden können und Notationen als Datentyp in Entitäten-Deklarationen aufgeführt werden können. Die Deklaration von Notationsattributen ist in XML allerdings nicht möglich. Um auch in solchen SGML-Versionen die Deklaration von Architekturen möglich zu machen, ist in einem Zusatz eine Variante der Architektur-Deklaration festgelegt worden, die auf die Verwendung von Notationen und Entitäten vollständig verzichtet und stattdessen sich auf eine einzige Verarbeitungsanweisung (*processing instruction*) beschränkt. Die Verarbeitungsanweisung wird eingeleitet durch die Schlüsselwörter IS10744 und arch, denen eine Liste von Support-Attributen folgt. Da es sich bei diesen Attributen nicht um solche handelt, die durch eine ATTLIST-Deklaration festgelegt werden, werden andere Attributnamen verwendet (s. DTD 6.3)

Obwohl in XML Public-Bezeichner nur in Kombination mit einem System-Bezeichner verwendet werden dürfen, ist die Verwendung eines solchen Bezeichners als Wert von dtd-public-id hier ohne Einschränkung erlaubt – der Parser muss zur Auswertung von Verarbeitungsanweisungen spezielle Regeln verwenden, da die innere Struktur dieser Anweisungen nicht durch die DTD festgelegt werden. Es wird weiterhin deutlich, dass die Verwendung der AFDR-Erweiterungen für die Meta-DTD bei einer Architektur-Deklaration wie in Abb. 6.3 nicht vermerkt werden kann. Sofern allerdings die Meta-DTD gemäß XML gebildet sein soll, um bei der Verarbeitung der architektonischen Instanz XML-Werkzeuge einsetzbar zu machen, können diese Erweiterungen ohnehin nicht verwendet werden. Selbstverständlich müssen darüber hinaus bei der Deklaration der Kontroll-Attribute die in XML vorgesehenen Typen verwendet werden, statt NAME in diesem Falle NMTOKEN.

Im folgenden sollen alle Architektur-Deklarationen sowohl nach dem XML- als auch nach dem SGML-Schema vorgenommen werden. Wir werden deshalb die jeweiligen Deklarationen als *marked sections* in die DTD aufnehmen und durch die Parameter-Entitäten XML und SGML anzeigen, um welchen Typ von Architektur-Deklaration es sich jeweils handelt. Im konkreten Fall können diese Parameter-Entitäten natürlich in der gewünschten Weise – z.B. durch Deklaration im *declaration subset* – mit den Status-Kennwörtern IGNORE und INCLUDE belegt werden. Für unser erstes Beispiel ergibt sich somit die folgende DTD:

```
<![ %XML; [
<?IS10744 arch
        name=                   "StandardPerson"
        public-id=              "-//LOCAL//NOTATION AFDR ARCBASE
                                 Person Architecture//EN"
        dtd-system-id=          "person.dtd"
        doc-elem-form=          "person"
        form-att=               "StdPersAF"
        renamer-att=            "StdPersAtts"
?>                                                              ]]>


<![ %SGML; [
<?IS10744 ArcBase StandardPerson>
<!NOTATION AFDRMeta PUBLIC
        "ISO/IEC 10744:1997//NOTATION AFDR Meta-DTD
         Notation//EN">
<!ENTITY PersonDTD SYSTEM "person.dtd" CDATA AFDRMeta>
<!NOTATION StandardPerson PUBLIC
        "-//LOCAL//NOTATION AFDR ARCBASE
         Person Architecture//EN"
        -- A base architecture used in conformance with the
           Architectural Form Definition Requirements of
           International Standard ISO/IEC 10744. -->
<!ATTLIST #NOTATION StandardPerson
        ArcDTD          CDATA       "PersonDTD"
        ArcDocF         NAME        "person"
        ArcFormA        NAME        "StdPersAF"
        ArcNamrA        NAME        "StdPersAtts">              ]]>

<!ELEMENT   kunde               (name, firma, funktion)>
<!ATTLIST   kunde
        anrede          CDATA       #IMPLIED
        geschlecht      (m|w)       #REQUIRED
        StdPersAF       NMTOKEN     #FIXED "person"
        StdPersAtts     CDATA       "spec anrede
                                     sex   geschlecht
                                     #MAPTOKEN male    m
                                               female  w">
<!ELEMENT   name                (nachname, vorname)>
<!ELEMENT   nachname            (#PCDATA)>
<!ATTLIST   nachname
        StdPersAF       NMTOKEN     #FIXED "surname">
<!ELEMENT   vorname             (#PCDATA)>
<!ATTLIST   vorname
        StdPersAF       NMTOKEN     #FIXED "givenname">
<!ELEMENT   firma               (#PCDATA)>
<!ATTLIST   firma
        kommentar       CDATA       #IMPLIED
        StdPersAF       NMTOKEN     #FIXED "info"
        StdPersAtt      CDATA       "spec kommentar">
<!ELEMENT   funktion            (#PCDATA)>
<!ATTLIST   funktion
        kommentar       CDATA       #IMPLIED
        StdPersAF       NMTOKEN     #FIXED "info">
```

DTD 6.4. Client-DTD in XML und SGML

Um aus 6.4 ein XML-Dokument zu machen, ist also das folgende *declaration subset* zu spezifizieren:

```
<?XML version="1.0"?>
<!DOCTYPE kunde SYSTEM "kunde.dtd" [
    <!ENTITY % XML  "INCLUDE">
    <!ENTITY % SGML "IGNORE">]>
<kunde>
...
</kunde>
```

Die SGML-Variante erhält die folgende Form:

```
<!DOCTYPE kunde SYSTEM "kunde.dtd" [
    <!ENTITY % XML  "IGNORE">
    <!ENTITY % SGML "INCLUDE">]>
<kunde>
...
</kunde>
```

Kernaussagen von Kapitel 6

- Architekturen geben dem Benutzer die Autonomie im Umgang mit dem Dokument zurück, ohne dass dazu auf die Vorteile einer standardisierten und zentralisierten Strukturkontrolle verzichtet zu werden braucht.
- Architekturen werden auch dazu verwendet, unterschiedliche DTDs mit einer bestimmten Funktionalität auszustatten. Architektur-spezifische Verarbeitungsprogramme werden als *engines* bezeichnet.
- Kernstück einer Architektur ist die Meta-DTD, die einen Rahmen für mögliche abgeleitete DTDs (Client-DTDs) abgibt. Eine Meta-DTD enthält Element-, Attribut- und Notationsformen (architektonische Formen), die Element-, Attributlisten- und Notationsdeklarationen entsprechen.
- Eine Meta-DTD kann einige wenige Eigenschaften aufweisen, die in gewöhnlichen DTDs nicht vorkommen dürfen. Nur in diesem Fall ist die DTD besonders als Meta-DTD auszuzeichnen. Grundsätzlich kann jede DTD auch als Meta-DTD verwendet werden.
- In SGML geschieht die Deklaration einer Architektur zu Beginn der Client-DTD durch eine Notationsdeklaration.
- Attribute zu der Architektur-Notation – die Support-Attribute – regeln im einzelnen das Verhältnis von Client-DTD und Meta-DTD.
- In XML wird aufgrund der Unzulässigkeit von Notationsattributen eine Architektur in einer konventionalisierten Verarbeitungsanweisungen deklariert.
- Aus einer Dokument-Instanz zu einer DTD, für die eine Architektur deklariert ist, kann eine architektonische Instanz abgeleitet werden.
- Die architektonische Instanz bezieht sich auf die Meta-DTD wie die Dokument-Instanz auf die Client-DTD. Die Abbildung der Elemente der Dokument-Instanz auf die der architektonischen Instanz wird in der Client-DTD durch Attribute festgelegt.

7 Deklaration von Architekturen

7.1 Architektonische Formen

Als architektonische Formen werden Element-, Attributlisten- und Notationsdeklarationen verstanden, die in einer Meta-DTD erscheinen. Sie geben einen strukturellen Rahmen vor für die in einer aus der Meta-DTD abgeleiteten Client-DTD enthaltenen Deklarationen.

7.1.1 Element-Formen

Element-Formen in der Meta-DTD und Element-Deklarationen in der Client-DTD können in verschiedener Weise miteinander in Beziehung stehen. Die Element-Formen beziehen sich ausschließlich auf architektonische Elemente, so dass in Element-Deklarationen in der Client-DTD die Inhaltsmodelle beliebig mit nicht-architektonischen Elementen angereichert werden können. Eine Element-Form wie

```
(129)  <!ELEMENT    a        (b, (c | d))>
```

kann z.B. widerspruchsfrei mit der folgenden Element-Deklaration verbunden sein, sofern x, y und z keine architektonischen Elemente sind:[15]

```
       <!ELEMENT    a        (x+, (b & y), (c | d))   +(z)>
```

In dieser Element-Deklaration ist sichergestellt, dass in jedem Fall die Elemente b und c bzw. b und d in der durch die Element-Form vorgegebenen Reihenfolge

---

[15] Im folgenden werden in der Meta-DTD und in der Client-DTD die gleichen Element-Namen verwendet, um auf einfache Weise anzuzeigen, dass ein Element der Client-DTD einer Element-Form der Meta-DTD zugeordnet ist. Im allgemeinen Fall sind natürlich beliebige Element-Namen in der Client-DTD möglich, sofern durch ein entsprechendes Kontroll-Attribut die Zuordnung zu einer Element-Form sichergestellt ist.

erscheinen. Wir wollen diese Form der Erweiterung einer Element-Form als *Anreicherung* bezeichnen.

Eine Erweiterung der Element-Form in der Client-Element-Deklaration kann aber auch zu Fehlern führen. Sehen wir uns die folgende Deklaration als Konkretisierung der Element-Form (129) an:

```
<!ELEMENT    a         (b, (c | d | x)) >
```

In einer Dokument-Instanz kann diese Deklaration zwar zu den korrekten Abfolgen "b, c" und "b, d" führen, es kann aber auch die inkorrekte Folge "b, x" entstehen. Dieses wird durch AFDR nicht ausdrücklich ausgeschlossen, da nur die architektonische Instanz korrekt durch die Meta-DTD validiert werden können muss, nicht aber die Konsistenz von Client-DTD und Meta-DTD im allgemeinen zu prüfen ist. Wir wollen diese Art der Erweiterung eine *unsichere Erweiterung* eines Inhaltsmodells nennen.

Nicht jede Erweiterung ist aber, eine unsichere Erweiterung. Sie kann auch durchweg fehlerhaft sein, wenn sie in jedem Fall zu einer inkorrekten architektonischen Instanz führt. Erweitern wir (129) durch

```
<!ELEMENT    a         (b, b, (c | d ))>
```

, so ergibt sich in jedem Fall eine Abfolge architektonischer Elemente, die nicht mit der Element-Form übereinstimmt.

Der umgekehrte Fall liegt vor, wenn wir die Element-Form in der Element-Deklaration der Client-DTD einschränken. Die folgende Deklaration ist ein Beispiel dafür:

```
<!ELEMENT    a         (b, c)>
```

In jedem Fall wird die korrekte Abfolge der architektonischen Elemente "b, c" gebildet, die nach der Element-Form ebenfalls korrekte Abfolge "b, d" ist jedoch grundsätzlich ausgeschlossen. Wir wollen im folgenden eine solche Deklaration eine *Einschränkung* der Element-Form nennen.

Werden Inklusionen oder Exklusionen in Element-Formen der Meta-DTD verwendet, so ergibt sich aus den Überlegungen in Abschnitt 2.4, dass Anreicherung, Erweiterung und Einschränkung sich immer auf die normalisierte Fassung der Regeln beziehen:

(130) *Element-Formen*
```
<!ELEMENT    a         (b, c) +(x)>
<!ELEMENT    c         (b|d)>
```

(131) *normalisierte Element-Formen*
```
<!ELEMENT    a         (x*, b, x*, c, x*)>
<!ELEMENT    c         (x*, (b | d), x*))>
```

Deklaration in Meta-DTD	Deklaration in Client-DTD			
Modelltyp	Anreicherung	unsichere Erweiterung	inkorrekte Erweiterung	Einschränkung
EMPTY	x	a? a*	a	
a	a, x x, a a & x [nur SGML]	a | b	a, b b, a a & b [nur SGML]	
a?		a* a+		a ∅
a*				a_1, ..., a_n a+ a? a ∅
a+		a*		a_1, ..., a_n a
a, b	x, a, b a, x, b a, b, x	c?, a, b c*, a, b a, c?, b a, c*, b a, b, c? a, b, c* a & b [nur SGML]	c, a, b a, c, b a, b, c	
a | b		a | b | c a | b | x		a b

Tabelle 7.1. Verhältnis von Element-Formen und Element-Deklarationen in XML

Wenn wir (130) als Element-Formen in der Meta-DTD annehmen, so sind die Deklarationen in (131) gemäß der Aufstellung in Tabelle 7.2 Einschränkungen der Element-Formen der architektonischen Elemente a und c:

```
(132)   <!ELEMENT    a       (x?, b, x?, c, x?)>
        <!ELEMENT    c       ((x*, b)|(d, x*))>
```

Da Inklusionen und Exklusionen als Metaregeln wirken, müssen sich die Deklarationen architektonischer Elemente in einer Client-DTD auf normalisierte Element-Formen in der Meta-DTD beziehen, sofern die ermöglichten Strukturen selektiv eingeschränkt oder angereichert werden sollen.

Die Tabellen 7.1 und 7.2 enthalten für alle Typen von Inhaltsmodellen in Element-Formen die Möglichkeiten, die in einer Element-Deklaration in einer abgeleiteten Client-DTD hinsichtlich Anreicherung, unsicherer und inkorrekter

Deklaration in Meta-DTD	Deklaration in Client-DTD			
Modelltyp	Anreicherung	unsichere Erweiterung	inkorrekte Erweiterung	Einschränkung
$a \,\&\, b$	$a \,\&\, b \,\&\, x$	$a \,\&\, b \,\&\, c?$ $a \,\&\, b \,\&\, c*$ $a \,\&\, b \,\&\, x?$ $a \,\&\, b \,\&\, x*$	$a \,\&\, b \,\&\, c$	$a,\ b$ $b,\ a$
$+(a_1,\ \ldots,\ a_m)$	$+(a_1,\ \ldots,\ a_m,$ $x_1,\ \ldots,\ x_n)$	$+(a_1,\ \ldots,\ a_m,$ $b_{m+1},\ \ldots,\ b_n)$		$+(a_i,\ \ldots,\ a_j)^1$
$-(a_1,\ \ldots,\ a_m)$	$-(a_i,\ \ldots,\ a_j)^1$			$-(a_1,\ \ldots,\ a_m,$ $b_{m+1},\ \ldots,\ b_n)$
[keine Exception]	$+(x_1,\ \ldots,\ x_m)$	$+(a_1,\ \ldots,\ a_m)$		$-(a_1,\ \ldots,\ a_m)^2$

[1] Es gilt: $\{a_i,\ \ldots,\ a_j\} \subset \{a_1,\ \ldots,\ a_m\}$

[2] Es gilt: $\{a_1,\ \ldots,\ a_m\}$ sind Elemente einer *inclusion exception*, die sich auf die aktuelle Deklaration auswirken.

Tabelle 7.2. Verhältnis von Element-Formen und Element-Deklarationen; spezifisch SGML

Erweiterung und Einschränkung auftreten können. Tabelle 7.1 zeigt zunächst diejenigen Typen von Inhaltsmodellen, die in XML-Element-Deklarationen erscheinen können.[16] Tabelle 7.2 ergänzt die Übersicht in Tabelle 7.1 um solche Inhaltsmodelle, die nur in SGML verwendet werden können, nicht aber in XML.

---

[16] a, b, c und x sind Elemente oder Untermodelle, a, b und c sind oder enthalten architektonische Elemente, x ist oder enthält kein architektonisches Element. Wenn a und b Elemente sind, dann entsprechen sie in der Deklaration der Client-DTD den zugeordneten Element-Formen a und b in der Meta-DTD. Handelt es sich bei a und b um Untermodelle, gelten für sie rekursiv die gleichen Regeln hinsichtlich Anreicherung, Erweiterung und Restriktion.

Deklaration in Meta-DTD	Deklaration in Client-DTD	
Wert	**unsichere Erweiterung**	**Einschränkung**
CDATA		ENTITY ENTITIES *NAME(S)* NMTOKEN(S) *NUMBER(S)* *NUTOKENS(S)* $(a_1 \mid \ldots \mid a_m)$
ENTITY	ENTITIES	
ENTITIES		ENTITY
ID		
IDREF	IDREFS	
IDREFS		IDREF
NAME	CDATA *NAMES* NMTOKEN(S)	
NAMES	CDATA	*NAME* $(a_1 \mid \ldots \mid a_m)$
NMTOKEN	CDATA NMTOKENS *NAMES*	*NAME* *NUMBER*

Tabelle 7.3. Verhältnis von Werten in Attribut-Formen und Werten in Attribut-Deklarationen (Fortsetzung nächste Seite)

7.1.2 Attribut- und Notationsformen

Das Verhältnis von Attribut-Formen zu Attribut-Definitionen stellt sich etwas einfacher dar. Da es nicht möglich ist, Anreicherungen von Attribut-Definitionen vorzunehmen, die nicht architektonisch relevant sind, kann neben der unsicheren Erweiterung und der Einschränkung nur die inkorrekte Erweiterungen, bzw. die hinsichtlich der Attribut-Form falsche Attribut-Definiton vorgenommen werden. Tabelle 7.3 zeigt deshalb für jeden möglichen Wert in Attribut-Definitionen die Möglichkeiten für unsichere Erweiterung und Einschränkung, alle anderen hier nicht weiter aufgeführten Werte sind dann als falsche Werte zu verstehen. Er-

Deklaration in Meta-DTD	Deklaration in Client-DTD	
Wert	unsichere Erweiterung	Einschränkung
NMTOKENS	CDATA	NMTOKEN $NAME(S)$ $NUMBER(S)$ $(a_1 \mid \ldots \mid a_m)$
NOTATION		
$NUMBER$	CDATA $NUMBERS$ $NUTOKEN(S)$	
$NUMBERS$	CDATA $NUTOKENS$	$NUMBER$ $(a_1 \mid \ldots \mid a_m)$
$NUTOKEN$	CDATA $NUTOKENS$ $NUMBERS$	$NUMBER$
$NUTOKENS$	CDATA	$NUTOKEN$ $NUMBER(S)$ $(a_1 \mid \ldots \mid a_m)$
$(a_1 \mid \ldots \mid a_m)$	CDATA $(a_1 \mid \ldots \mid a_m \mid b_1 \mid \ldots \mid b_n)$ $NAME(S)$ NMTOKEN(S) $NUMBER(S)$ $NUTOKEN(S)$	$(a_i \mid \ldots \mid a_j)$

Tabelle 7.3. Verhältnis von Werten in Attribut-Formen und Werten in Attribut-Deklarationen (Fortsetzung)

weiterungs- und Einschränkungsmöglichkeiten, die nur in SGML vorgesehen sind, sind in dieser wie auch in der folgenden Tabellen kursiv dargestellt.[17]
Tabelle 7.4 zeigt das Verhältnis von Attribut-Form und Attribut-Definition hinsichtlich der Angabe des Default-Wertes.

Die wesentliche Neuerung, die in AFDR für Attribut-Formen vorgesehen ist, ist die Möglichkeit, generelle Attributlisten festzulegen. Wie wir bereits gesehen haben, bewirkt eine nach dem Muster

(133) `<!ATTLIST    #ALL ... >`

gebildete Attribut-Form, dass die in dieser `ATTLIST`-Deklaration definierten Attribute jeder in der Meta-DTD enthaltenen Element-Form zugeordnet werden

---

[17] $(a_1 \mid \ldots \mid a_m)$ und $(a_1 \mid \ldots \mid a_m \mid b_1 \mid \ldots \mid b_n)$ sind NMTOKEN-Gruppen.

können. In der Client-DTD beziehen sich solche ‚allgemeinen Attribute' (*common attributes*) also nur auf die architektonischen Elemente, nicht aber automa-

Deklaration in Meta-DTD	Deklaration in Client-DTD	
Default-Spezifikation	unsichere Erweiterung	Einschränkung
#CONREF		
#CURRENT	`#IMPLIED` `#REQUIRED`	
`"a"`		`#FIXED "a"`
`#FIXED "a"`	`"a"`	
`#IMPLIED`		`#REQUIRED`
`#REQUIRED`	`#IMPLIED`	

Tabelle 7.4. Verhältnis von Default-Spezifikationen in Attribut-Formen und Default-Spezifikationen in Attribut-Deklarationen

tisch auf alle in der Client definierten Elemente.

Die Möglichkeit, allgemeine Attribute in der Meta-DTD definieren zu können, macht eine weitere Abweichung vom XML/SGML-Standard erforderlich. Ist für eine Element-Form bereits eine spezifische Attribut-Form vorgesehen, muss es, soll auch eine Attribut-Form wie in (133) verwendet werden, erlaubt sein, mit einer Element-Form *mehrere* Attributlisten zu kombinieren[18]. Genau dieses wird in AFDR für Meta-DTDs zugelassen. Es ist also kein Fehler, wenn in der Meta-DTD die folgenden Deklarationen erscheinen:

```
<!ELEMENT     a          (b, c)>
    <!ATTLIST    a
        att-1            (a1|a2|a3)     "a1">
    <!ATTLIST    a
        att-2            CDATA          #REQUIRED>
    <!ATTLIST    #ALL
        att-3            NMTOKEN        #IMPLIED>
```

Daraus ergibt sich für die Element-Form a die folgende Gesamtliste der Attribute

```
    <!ELEMENT     a          (b, c)>
    <!ATTLIST    a
        att-1            (a1|a2|a3)     "a1"
        att-2            CDATA          #REQUIRED
    att-3            NMTOKEN                #IMPLIED>
```

---

[18] Dieses ist auch in WebSGML erlaubt (s. 5.3).

Werden in zwei Attribut-Formen die gleichen Attribut-Namen verwendet, tritt
ebenfalls keine Fehlersituation auf. Stattdessen wird die zweiten Definition des
Attributs ignoriert. In einer Meta-DTD enthaltene Deklarationen wie

```
<!ELEMENT     a            (b, c)>
<!ATTLIST     a
    att                (a1|a2|a3)     "a1">
<!ATTLIST     a
    att                CDATA          #REQUIRED>
```

sind also bedeutungsgleich mit

```
(134)  <!ELEMENT     a            (b, c)>
       <!ATTLIST     a
           att            (a1|a2|a3)     "a1">
```

Wird von einer dieser Möglichkeiten – Definition genereller Attribute durch
#ALL, mehrere Attributlisten für eine Element-Form – in der Meta-DTD Ge-
brauch gemacht, ist diese Meta-DTD nicht mehr als eine gewöhnliche DTD verwendbar und muss deshalb durch die Deklaration

```
<!AFDR "ISO/IEC 10744:1997">
```

als Meta-DTD markiert sein.

Auf ein weiteres Problem, das die Handhabung von Attributen in Meta-DTDs
betrifft, ist bereits hingewiesen worden. Wenn ein Attribut in der Meta-DTD mit
einem nicht-obligatorischen Default-Wert belegt ist, gibt es in der Dokument-
Instanz verschiedene Möglichkeiten, diese architektonische Form zu konkretisie-
ren. In AFDR sind folgende nicht-obligatorische Default-Werte als Beispiel aufgeführt:

```
<!ATTLIST     a
    att-1          NUMBER             #IMPLIED
    att-2          NAME               #CONREF
    att-3          NAMES              "novamp"
    att-4          (order|disorder)   "order"
    att-5          CDATA              " ">
```

In der Client-DTD kann auf diese nicht-obligatorischen Attribute in unterschiedlicher Weise Bezug genommen werden, etwa folgendermaßen:

```
<!ATTLIST     a
    att-2          NAME               #REQUIRED
    att-3          NAMES              "vamp"
    att-4          (order|disorder)   #IMPLIED>
```

Ein nicht-obligatorisches Attribut kann in der Client-DTD einfach undefiniert bleiben (`att-1` und `att-5`), es kann einen konkurrierenden Default-Wert aufweisen (`att-3`), es kann ohne Default-Wert als nicht-obligatorisch definiert werden (`att-4`), und es kann zu einem obligatorischen Attribut gemacht werden (`att-2`). Für die Attribute `att-2` und `att-3` können sich durch die konkrete Belegung in der Dokument-Instanz dabei keine Schwierigkeiten ergeben, sie erhalten immer den Wert, der in der Instanz spezifiziert ist, oder den in der Client-DTD vordefinierten Wert (hier `vamp`). Bezüglich `att-4` stellt sich nun die Frage, was in der architektonischen Instanz geschehen soll, wenn in der Dokument-Instanz kein Wert für dieses Attribut vorgesehen ist. In diesem Fall wird der in der Meta-DTD vermerkte Standard-Wert hinzugezogen, hier der Wert `order`. Dieses Verhalten ist auch auf den mit dem Attribut `att-5` gegebenen Fall zu übertragen, wo das Attribut in der Client-DTD überhaupt nicht definiert wird. Auch hier ist ein Standard-Wert (`""`) vorgesehen, der bei der Ermittlung der architektonischen Instanz Anwendung findet. Im Falle von `att-1` führt jedoch auch die Hinzuziehung der Meta-DTD bei der Bestimmung des Attribut-Wertes in der architektonischen Instanz nicht weiter. Dieses Attribut wird in der Client-DTD nicht definiert, kann in der Dokument-Instanz also nicht erscheinen und ist in der Meta-DTD nicht mit einem Standard-Wert versehen worden. Hier ist demnach auch in der architektonischen Instanz kein Wert zu vermerken. Was ein spezifisches Auswertungsprogramm für eine solche Meta-DTD in diesem Fall tun soll, kann in dem der Meta-DTD zugeordneten Notationsdokument festgelegt werden.

Architektonische Formen für Notationen können auf ähnliche Weise festgelegt werden wie Element- und Attribut-Formen. Die Definition einer Notationsform ist eine gewöhnliche Notationsdeklaration, die in SGML auch eine Attribut-Definitionsliste mit sich führen kann. Die folgenden Deklarationen können somit in einer Meta-DTD erscheinen:[19]

```
<!NOTATION preform    PUBLIC   "-//LOCAL//NOTATION
                               Preformatted Text//EN">
```

Eine Attribut-Definitionsliste, die für diese Notation festgelegt wird, enthält somit den Status einer Daten-Attribut-Form:

```
<!ATTLIST    #NOTATION preform
     tabs    NUMBERS      "8 16 24 32 40 48 56 64">
```

Für die Deklaration von Daten-Attributen gelten natürlich die im Standard festgelegten Einschränkungen hinsichtlich der möglichen Werte sowie der Default-Belegung. Ansonsten sind die Erweiterungen für Attribut-Formen – der Ge-

---

[19]　Das nachfolgende Beispiel ist aus Rieger (1995, 177) entnommen.

brauch von #ALL, die Mehrfach-Deklaration von Attributen für ein Element sowie die Konvention im Falle der Unterspezifikation – auf die Definition von Daten-Attribut-Formen zu übertragen. Eine Deklaration wie

```
<!ATTLIST    #NOTATION #ALL
     tabs     NUMBERS       "8 16 24 32 40 48 56 64">
```

kann also ebenfalls in einer Meta-DTD enthalten sein – durch sie wird ein gemeinsames Standard-Tabulator-Attribut tabs definiert, das bei allen in der Meta-DTD definierten Notationen als Daten-Attribut erscheinen soll.

Für die Spezifikation von Attributlisten sind in AFDR noch einige weitere Regelungen getroffen, die vor allem die Verwendung von Referenzen als Attributwerte betreffen:

- Wenn ein Element der Client-DTD ein Attribut vom Typ ID (ein ‚ID-Attribut') aufweist und es eine Attribut-Form für die zugeordnete Element-Form gibt, die ebenfalls diesen Typ aufweist, so wird das Attribut dieser Attribut-Form zugeordnet, auch wenn beide unterschiedliche Namen aufweisen und durch ein ArcNames-Kontroll-Attribut (s. nachfolgenden Abschnitt) eine andere Zuordnung vorgenommen wird.
- Ein Client-Attribut, dem eine Attribut-Form vom Typ ID zugeordnet ist und das einen Wert aufweist, muss auch vom Typ ID sein.
- Wenn eine Attribut-Form vom Typ ENTITY oder ENTITIES ist, dann kann einem dieser Form zugeordneten Attribut nur dann einen korrekten Wert hinsichtlich der architektonischen Instanz aufweisen, wenn es sich bei der Entität um eine Entität vom Typ SUBDOC (also ein Unterdokument) oder eine externe Daten-Entität handelt, die ihrerseits als architektonisch ausgewiesen ist.
- Eine Attribut-Form, die eine Notation als Wert erfordert, kann von einem Attribut nur dann hinsichtlich der architektonischen Instanz korrekt belegt werden, wenn als Wert eine Notation angegeben ist, die in der Meta-DTD definiert ist oder die einer solchen zugeordnet ist.
- Eine Attribut-Form vom Typ IDREF wird dann korrekt belegt, wenn durch den Wert auf ein architektonisches Element mit einem architektonischen ID-Attribut, das entsprechend belegt ist, verwiesen wird.

Diese Bestimmungen stellen sicher, dass in architektonischen Instanzen alle Verweise auf Identifikatoren, Notationen und Entitäten korrekt aufgelöst werden können und nicht etwa beim Übergang von der Dokument-Instanz zur architektonischen Instanz herausgefiltert werden. Allerdings werden dadurch weitergehende Restriktionen der architektonischen Verarbeitung formuliert, die bei der Ableitung von Client-DTDs aus Meta-DTDs zu berücksichtigen sind.

```
<!Attlist     #NOTATION ArcName

      -- allgemeine Attribute --
            ArcDTD           CDATA                  #IMPLIED
            ArcQuant         CDATA                  #IMPLIED
            ArcDocF          NAME                   #IMPLIED

      -- Benennung von Kontroll-Attributen --
            ArcFormA         NAME                   #IMPLIED
            ArcNamrA         NAME                   #IMPLIED
            ArcSuprA         NAME                   #IMPLIED
            ArcIgnDA         NAME                   #IMPLIED

      -- Minimisierung des architektonischen Markup --
            ArcDataF         NAME                   #IMPLIED
            ArcBridF         NAME                   #IMPLIED
            ArcAuto          (ArcAuto|nArcAuto)     nArcAuto

      -- Modularisierung --
            ArcOptSA         NAMES                  ArcOpt
            ArcOpt           CDATA                  #IMPLIED>
```

Schema 7.5. Die vordefinierten Support-Attribute

7.2 Die Support-Attribute

7.2.1 Überblick

Die architektonischen Support-Attribute haben die Aufgabe, verschiedene allgemeine Festlegung hinsichtlich des Verhältnisses der Client-DTD zur Meta-DTD zu treffen. Sie werden als Attribute zu der Notation definiert, die für die Meta-Architektur definiert ist, können aber auch als Attribute innerhalb einer Verarbeitungsanweisung erscheinen, falls die Daten-Attribute in der verwendeten SGML-Version nicht vorgesehen sind. Da für alle Attribute auch Standard-Definitionen vorgesehen sind, die in AFDR festgelegt sind, können sämtliche Attribut-Definitionen auch ausgelassen werden.

Die Attribute lassen sich in vier Gruppen einteilen:

1. Support-Attribute, die die allgemeine Zuordnung der Meta-DTD betreffen;
2. Support-Attribute, durch die Kontroll-Attribute festgelegt werden, die in der Client-DTD oder der Dokument-Instanz genutzt werden können, den Status eines Elements hinsichtlich der architektonischen Instanz festzulegen;
3. Support-Attribute, die es erlauben, die Zuordnung der Deklarationen in der Client-DTD zu den architektonischen Formen in der Meta-DTD zu automati-

sieren, also den Zuordnungsaufwand zwischen Client- und Meta-DTD zu verringern (*architectural markup minimization*);

4. Support-Attribute, die es erlauben, in der Meta-DTD mit Parameter-Entitäten versehene *marked sections* mit dem Wert INCLUDE zu versehen, so dass sie als Teil der Meta-DTD wirksam werden. Dazu gehört auch die Möglichkeit, weitere derartige Support-Attribute, zu definieren, die architekturspezifisch den modularisierten Gebrauch der Meta-DTD unterstützen.

Neben diesen durch den Standard vorgesehenen Support-Attributen können beliebige weitere Support-Attribute für spezifische Architekturen vorgesehen werden. Dieses ist natürlich nur dann sinnvoll, wenn mit der Nutzung derartiger Attribute auch eine bestimmte Funktionalität bei einer spezifischen *engine* für diese Architektur verbunden ist. Eine Übersicht über die möglichen Attribut-Deklarationen für eine Meta-Architektur zeigt Schema 7.5.

Für die Deklaration einer Architektur in XML ist, wie wir gesehen haben, eine spezielle Verarbeitungsanweisung zu verwenden. Die Support-Attribute werden hier anders bezeichnet:

```
<?IS10744 arch

    -- allgemeine Attribute --
        name                    "..."
        public-id               "..."
        dtd-public-id           "..."
        dtd-system-id           "..."
        quantity                "..."
        doc-elem-form           "..."

    -- Benennung von Kontroll-Attributen --
        form-att                "..."
        renamer-att             "..."
        suppressor-att          "..."
        ignore-data-att         "..."

    -- Minimierung des architektonischen Markup --
        data-form               "..."
        bridge-form             "..."
        auto                    "..."

    -- Modularisierung --
        options                 "..."

?>
```

Schema 7.6. Support-Attribute in Verarbeitungsanweisung

Gegenüber Schema 7.5 fehlt eine Entsprechung zum ArcOptSA-Attribut, wohingegen die Information, die im Normalfall durch Notations- und Entitätsdeklarationen ausgedrückt wird, hier als Attribut-Werte erscheint: name, public-id, `dtd-public-id` und `dtd-system-id`. `name` enthält den Namen der deklarierten Architektur, `public-id` verweist über einen Public-Bezeichner auf ein Dokument, das diese Architektur im einzelnen beschreibt. `dtd-public-id` und `dtd-system-id` ersetzen das Support-Attribut `ArcDTD` (s.u.).

Sehen wir uns die verbleibenden Attribute nun im einzelnen an.

7.2.2 Allgemeine Attribute

Zu der ersten Gruppe, den allgemeinen Attributen, gehören `ArcDTD` und `ArcQuant` und `ArcDocF`

```
ArcDTD              -- Architecture meta-DTD entity
                       (Entität der Architektur-Meta-DTD)
                       XML: dtd-public-id, dtd-system-id --
     CDATA          -- Lextype: (ENTITY|PENTITY) --
     #IMPLIED       -- Standardwert: diejenige Entität, deren
                       Name mit dem Notationsnamen überein-
                       stimmt, nachdem die SGML-Namens- und
                       Entitätsentfaltung durchgeführt ist.
                    -- Einschränkung: es muss ein Name
                       spezifiziert werden, oder der Name der
                       Meta-DTD-Entität muss nach der Namens-
                       entfaltung zum Notationsnamen passen. --
```

Definition 7.7. Das *Architecture meta-DTD entity*-Attribut

Das `ArcDTD`-Attribut spezifiziert die externe Entität, die die Meta-DTD enthält, der die architektonische Instanz unterliegen soll. Diese Entität kann entweder als Parameter-Entität oder als generelle Entität spezifiziert sein:

```
ArcDTD        CDATA      "StandardPerson"
```

Wichtig dabei ist, dass die Meta-DTD im Bereich der gleichen SGML-Deklaration liegt wie die Client-DTD, also die gleichen Zeichensätze, Begrenzungszeichen, Namen-Regeln usw. angewendet werden. Dieses ist erforderlich, um durch die Meta-DTD immer auch die architektonische Instanz einer Dokument-Instanz ableiten zu können, die Rahmenbedingungen von Client-DTD und Dokument-Instanz aber durch die dazugehörige SGML-Deklaration festgelegt werden.

`dtd-public-id` und `dtd-system-id` zeichnen `ArcDTD` in der XML-Variante der Architektur-Deklaration nach. Liegt die DTD als Datei vor, kann diese als Wert von `dtd-system-id` spezifiziert werden. Interessant dabei ist, dass an dieser Stelle auch eine URL angegeben werden kann, also eine Datei, die an einer beliebigen Stelle im Internet abgelegt sein kann. Alternativ oder zusätz-

```
ArcQuant                -- Architecture quantity set
                           (quantity set der Architektur)
                           XML: quantity --
        CDATA           -- Lextype: (NAME,NUMBER)+ --
                        -- Einschränkung: Name-Wert-Paare des
                           'quantity set'
        #IMPLIED        -- Standardwert: keine Veränderung --
```

Definition 7.8. Das *Architecture quantity set*-Attribut

lich dazu kann in `dtd-public-id` ein *Public*-Bezeichner für diese DTD angegeben werden.

Der Bezug auf die gleiche SGML-Deklaration von DTD und Meta-DTD wird allerdings an einer Stelle durchbrochen: Quantitäten können für die Meta-DTD durch `ArcQuant` gesondert festgelegt werden (Definition 7.8). Eine Abänderung der in der SGML-Deklaration vorgesehenen Quantitätswerte kann zum Beispiel folgendermaßen aussehen:

```
ArcQuant           CDATA      "ATTCNT   100
                              NAMELEN    64
                              GRPCNT    100"
```

Bis auf NAMELEN, die Festlegung der maximalen Länge von Namen, wirken sich diese Festlegungen nicht direkt auf die Dokument-Instanz aus, sondern werden durch die Client-DTD ‚gefiltert'. Bei einer Heraufsetzung von NAMELEN muss allerdings berücksichtigt werden, dass in der Client-DTD und der Instanz die Aufführung der Namen der Element-Formen, die ja als – ggfs. standardmäßig festgelegte – Attribut-Werte erscheinen, nicht durch die Quantitätsfestlegungen der SGML-Deklaration unmöglich gemacht werden, wenn hier nur kürzere Namen erscheinen dürfen. In diesem Fall muss in dem *architectural form attribute* auf den Type CDATA ausgewichen werden, der längere Zeichenketten als durch NAMELEN festgelegt zu nutzen erlaubt.

Das dritte allgemeine Attribut betrifft die Zuordnung des Dokument-Elements der Client-DTD zu einer Element-Form der Meta-DTD. Hierfür ist das Attribut `ArcDocF` vorgesehen (Definition 7.9). Dieses Attribut ist deshalb notwendig, weil in jeder Meta-DTD ein Element `ArcDoc` enthalten sein muss, das die höchste strukturelle Ebene kennzeichnet, die Dokument-Element-Form. `ArcDoc` muss allerdings nur dann explizit definiert werden, wenn das Dokument-Element der Client-DTD nicht schon von sich aus einer Element-Form der Meta-DTD zugeordnet ist, die dadurch zwangsläufig den `ArcDoc`-Status erhält. Grund dafür ist das Fehlen einer DOCTYPE-Deklaration für die architektonische Instanz – die

```
ArcDocF                -- Architecture document element form name
                          (Name der Dokument-Element-Form der Archi-
                          tektur)
                          XML: doc-elem-form --
         NAME          -- Einschränkung: Name einer Element-Form in
                          der Architektur-Meta-DTD --
         #IMPLIED      -- Standardwert: ArcName --
```

Definition 7.9. Das *Architecture document element form name*-Attribut

Spezifikation von `ArcDoc` stellt also ein Hilfsmittel dar, das Dokument-Element der architektonischen Instanz auch ohne `DOCTYPE`-Deklaration zu spezifizieren.

Sehen wir uns dieses am Beispiel an. Nehmen wir an, für die Architektur `Beispiel` ist die folgende Meta-DTD spezifiziert:

```
(135)  <!ELEMENT    a1        (b*, c*)>
       <!ELEMENT    a2        (b, b+, c, c+)>
       <!ELEMENT    b         (#PCDATA)>
       <!ELEMENT    c         (#PCDATA)>
```

In der von (135) abgeleiteten Client-DTD wird jedoch nur auf die Element-Formen b und c Bezug genommen:[20]

```
(136)  <!ELEMENT    x1        (y, y, z, z)>
       <!ELEMENT    x2        (y+, z+)>
       <!ELEMENT    y         (#PCDATA)>
       <!ATTLIST    y
           ArcForm        NMTOKEN        #FIXED "b">
       <!ELEMENT    z         (#PCDATA)>
       <!ATTLIST    z
           ArcForm        NMTOKEN        #FIXED "c">
```

Eine Dokument-Instanz kann auf der Grundlage von (136) folgendermaßen aussehen:

```
(137)  <!DOCTYPE x1 SYSTEM "x.dtd">
       <x1>
       <y>y-daten</y>
       <y>y-daten</y>
       <z>z-daten</z>
```

---

[20] Die in den Deklarationen aufgeführten Kontroll-Attribute müssen natürlich durch entsprechende Support-Attribute eingeführt sein. Der Einfachheit halber wird im folgenden für Kontroll-Attribute der Name des entsprechenden allgemeinen Kontroll-Attributs verwendet

```
<z>z-daten</z>
</x1>
```

Da für x1 keine Zuordnung zu einer Element-Form vorgenommen worden ist, ist
es nicht möglich, zu (137) die korrespondierende architektonische Instanz zu
bilden, da auch die in Definition 7.9 angegebene Standard-Regelung – x1 wäre
danach auf ein Element Beispiel abzubilden – nicht greift. Durch ArcDocF
muss in der Client-DTD deshalb diejenige Element-Form angegeben werden, auf
die x1 abzubilden ist:

```
<!ATTLIST      #NOTATION Beispiel
   ...
   ArcDocF        NAME              "a2"
   ...>
```

Durch diese Festlegung der Dokument-Element-Form in der Meta-DTD kann
nun eine architektonische Instanz zu (136) gebildet werden:

```
(138)  <!DOCTYPE a2 SYSTEM "a.dtd">
       <a2>
       <b>y-daten</b>
       <b>y-daten</b>
       <c>z-daten</c>
       <c>z-daten</c>
       </a2>
```

Wäre in (136) das Element x1 direkt der Element-Form a2 zugeordnet worden,
hätte das Support-Attribut ArcDocF nicht festgelegt zu werden brauchen.

Da durch ArcDocF keine spezifische Zuordnung von x1 auf a2 vorgenommen wird, sondern Dokument-Element allgemein dieser Element-Form zugeordnet werden, ist auch aus der Dokument-Instanz

```
<!DOCTYPE x2 SYSTEM "x.dtd">
<x2>
<y>y-daten</y>
<y>y-daten</y>
<z>z-daten</z>
<z>z-daten</z>
</x2>
```

die architektonische Instanz (138) abzuleiten.

Die Möglichkeit, eine Element-Form ArcDoc (bzw. ein durch das Support-
Attribut ArcDocF spezifiziertes Element, das diese Funktion übernimmt) in der
Meta-DTD vorzusehen, kann darüber hinaus genutzt werden, um den architektonischen kontext-freien Inhalt (*architectural context-free content*, ArcCFC) zu repräsentieren. ArcCFC wird verstanden als die Menge aller Element-Formen, die
unabhängig voneinander auf der höchsten Dokument-Ebene erscheinen können.
In AFDR wird dafür die Verwendung einer so benannten Parameter-Entität vor-

geschlagen, die diese Liste enthält und im allgemeinsten Fall durch ANY beschrieben werden kann:

```
<!ENTITY     %     ArcCFC          "ANY"    -- in einer konkreten
                                              Meta-DTD weiter
                                              einzuschränken -->
<!ELEMENT    ArcDoc    - O         %ArcCFC;>
<!ATTLIST    ArcDoc                          -- Attribut-Definitionen
                                              koennen folgen -->
```

Definition 7.10. Muster für die Repräsentation des ‚architektonischen kontextfreien Inhalts'

Die Spezifikation von ArcCFC in einer Meta-DTD ist jedoch nicht verpflichtend.

7.2.3 Kontroll-Attribute

Durch die zweite Gruppe von Support-Attributen werden Namen für Attribute festgelegt, die die Steuerung der architektonischen Eigenschaften einzelner Elemente vorzunehmen erlauben. Dieses kann grundlätzlich auf zwei verschiedene Arten geschehen. Entweder können die Kontroll-Attribute bereits bei ihrer Deklaration in der Client-DTD mit einem festen oder einem Standard-Wert versehen werden, oder die Kontroll-Attribute werden erst in der Dokument-Instanz belegt.

7.2.3.1 *Zuordnung von Element-Formen*

Grundlegend ist die Zuordnung eines Elementes zu einer Element-Form, sofern dieses nicht in automatisierter Weise geschieht. Das Support-Attribut ArcFormA erlaubt deshalb die Benennung eines Kontroll-Attributs, das in der Client-DTD für diese Zuordnungsaufgabe genutzt werden kann:

```
ArcFormA            -- Architectural form attribute name
                       (Name des Attributs für die architekto-
                       nische Form)
                       XML: form-att --
    NAME            -- Einschränkung: muss eindeutig sein unter
                       allen Attribut-Namen in der DTD, in der
                       es spezifiziert wird
    #IMPLIED        -- Standardwert: ArcName --
```

Definition 7.11. Das *Architectural form attribute name*-Attribut

Wichtig dabei ist, dass durch eine Support-Attribut-Definition wie

```
<!ATTLIST    #NOTATION Beispiel
    ...
    ArcFormA      NMTOKEN        "BeispielAF"
    ...>
```

nur der *Name* des Support-Attributs festgelegt wird, aber keine Aussage darüber
gemacht wird, wie die Zuordnung von Elementen zu Element-Formen zu geschehen hat. Die Zuordnung zu einer Element-Form hat bei der Element-
Deklaration zu erfolgen:

```
(139)  <!ATTLIST    y
    ...
    BeispielAF    NMTOKEN        #FIXED "b"
    ...>
```

In AFDR wird für dieses allgemein als `ArcForm` bezeichnete Attribut (hier `Bei-
spielAF`) ein Muster angegeben, dem bei der Attribut-Deklaration gefolgt wer-
den kann:

```
<!ATTLIST
    ElemTypeName          -- Element-Typ in Client-DTD --
    ArcForm               -- Base element form name
                             (Name der Basis-Element-Form) --
        NAME              -- Einschränkung: Name einer Element-
                             Form, die in der Meta-DTD definiert
                             wird --
        #IMPLIED          -- Standardwert: nicht-architektonisch,
                             sofern nicht architektonisch durch
                             automatische Form-Zuordnung oder
                             Bridging --
```

Definition 7.12. Muster für *Base element form name*-Zuordnung

Die Zuordnung einer Notation zu einer Notationsform geschieht auf die gleiche
Weise und kann durch ein ganz ähnliches Muster beschrieben werden:

```
<!ATTLIST
    NotationName          -- Notationstyp in Client-DTD --
    ArcForm               -- Base notation form name
                             (Name der Basis-Notationsform) --
        NAME              -- Einschränkung: Name einer Notations-
                             form, die in der Meta-DTD definiert
                             wird --
        #IMPLIED          -- Standardwert: nicht-architektonisch,
                             sofern nicht architektonisch durch
                             automatische Form-Zuordnung oder
                             Bridging --
```

Definition 7.13. Muster für *Base notation form name*-Zuordnung

Es ist – wie in (139) geschehen – üblich, die Zuordnung eines Elements zu einer Element-Form bereits in der Attribut-Definition vorzunehmen und dort durch das SGML-Schlüsselwort `#FIXED` zu fixieren. In der Dokument-Instanz kann die Spezifikation eines `ArcForm`-Attributs immer ausgelassen werden. Es ist jedoch gleichfalls zugelassen, die Zuordnung zu einer Element-Form erst in der Dokument-Instanz vorzunehmen, ein Element also in unterschiedlichen Kontexten unterschiedlichen Element-Formen zuzuordnen:

```
<x>
<y beispielAF="b">y-daten</y>
<y beispielAF="c">y-daten</y>
</x>
```

Um dieses möglich zu machen, muss `#FIXED` in (139) entfernt werden. Durch eine Auswahlgruppe, in der die Namen aller Element-Formen enthalten sind, die einem Element zugeordnet werden können, kann die Wahl weiter eingeschränkt werden:

```
<!ATTLIST    y
   ...
   BeispielAF        (b|c)        "b"
   ...>
```

Dabei ist es wichtig, einen Standardwert einzutragen, also eine Standard-Zuordnung vorzusehen, oder eine Belegung dieses Attributs durch `#REQUIRED` zu fordern, da das Element bei Kennzeichnung des Kontroll-Attributs durch `#IMPLIED` als nicht-architektonisch verstanden wird.

7.2.3.2 *Zuordnung von Attribut-Formen*

Die zweite Zuordnung zwischen Client-DTD und Meta-DTD betrifft architektonische Attribute. Das Support-Attribut `ArcNamrA` erlaubt einen Attribut-Namen zu spezifizieren, der in Attribut-Definitionen ein Kontroll-Attribut bezeichnet:

```
ArcNamrA            -- Architectural attribute renamer attribute
                       name
                       (Name des Attributs für die Umbenennung
                       architektonischer Attribute)
                       XML: renamer-att --
     NAME           -- Einschränkung: muss eindeutig sein unter
                       allen Attribut-Namen in der DTD, in der
                       es spezifiziert wird
     #IMPLIED       -- Standardwert: keine Umbenennung --
```

Definition 7.14. Das *Architectural attribute renamer attribute name*-Attribut

Nehmen wir an, dass die Meta-DTD folgende Attribut-Form enthält:

```
(140)  <!ATTLIST    b
          mod           CDATA         #IMPLIED
          info          CDATA         #REQUIRED>
```

Die Attribut-Umbenennung kann in der Client-DTD dann folgendermaßen eingeleitet werden:

```
       <!ATTLIST    #NOTATION Beispiel
          ...
          ArcNamrA      NAME          "BeispielRA"
          ...>
```

In der Attributliste aller Elemente, die dem architektonischen Element b zugeordnet sind, müssen nun die Namen aller architektonischen Attribute, die unter
einem anderen Namen erscheinen, über das BeispielRA-Attribut auf die Attribut-Formen abgebildet werden:

```
(141)  <!ATTLIST    y
          spez          CDATA         #REQUIRED
          komm          CDATA         #REQUIRED
          BeispielAF    NMTOKEN       #FIXED "b"
          BeispielRA    CDATA         "mod spez    info komm">
```

Würde in (141) statt spez der Name mod und statt komm info verwendet werden, würde sich die Umbenennung natürlich erübrigen.

Die Umbenennung kann natürlich auch eine gemeinsame Attribut-Form in der
Meta-DTD betreffen:

```
(142)  <!ATTLIST    #ALL
          lang          (D|E|F|I)     "D">
```

Soll dieses Attribut in der Client-DTD unter einem anderen Namen genutzt werden, ist auch diese Umbenennung in die Liste beim Kontroll-Attribut Bei-
spielRA aufzunehmen:

```
(143)  <!ATTLIST    y
          spez          CDATA         #REQUIRED
          sprache       (D|E|F)       #IMPLIED>
          komm          CDATA         #REQUIRED
          BeispielAF    NMTOKEN       #FIXED "b"
          BeispielRA    CDATA         "mod   spez
                                       info  komm
                                       lang  sprache">
```

Die Umbenennung folgt allgemein dem in AFDR definierten Muster:

```
<!ATTLIST
     ElemTypeName           -- Element-Typ in Client-DTD --
     ArcNames               -- Architectural attribute renamer
                               (Umbenennung architektonischer Attri-
                               bute) --
     NAME                   -- Lextype:
                                 ((NAME, (ATTORCON|"#DEFAULT"),
                                  ("#MAPTOKEN", NMTOKEN, NMTOKEN)*)|
                                  ("#ARCCONT", ATTNAME))* --
                            -- Einschränkung: ein vergebener Name
                               für ATTNAME, NAME, #CONTENT oder
                               #ARCCONT kann nur einmal erscheinen --
                            -- Einschränkung: architektonischer Name
                               geht dem Client-Namen voran --
     #IMPLIED               -- konstant --
                            -- Standardwert: keine Umbenennung --
```

Definition 7.15. Muster für *Architectural attribute renamer*-Verwendung

Diese Definition zeigt, dass es neben der einfachen Attribut-Umbenennung noch verschiedene andere Zuordnungsmöglichkeiten gibt. Zusätzlich zur Umbenennung kann auch die Abbildung einzelner NMTOKEN-Werte definiert werden. Das Schlüsselwort #MAPTOKEN zeigt an, dass hinter einem Ersetzungspaar für Attribut-Namen Paare von Wertzuordnungen in Bezug auf dieses architektonische Attribut folgen:

```
(144)  <!ATTLIST     y
           sprache         (D|E|F)         #IMPLIED
           BeispielAF      NMTOKEN         #FIXED "b"
           BeispielRA      CDATA           "lang sprache
                                           #MAPTOKEN D E
                                                      E F
                                                      F D">
```

Hierdurch werden also in folgender Weise Ersetzungen zwischen der Dokument-Instanz und der architektonischen Instanz beim Attribut sprache/lang spezifiziert:

```
<y sprache=E>y-daten</Y>  →  <b lang=D>y-daten</B>
<y sprache=F>y-daten</Y>  →  <b lang=E>y-daten</B>
<y sprache=D>y-daten</Y>  →  <b lang=F>y-daten</B>
```

Falls bei einem Element ein Attribut erscheint, das identisch ist mit einem architektonischen Attribut, für welches eine Ersetzung festgelegt ist, so ist dieses Attribut zu verwenden. Eine Deklaration wie

```
(145)  <!ATTLIST     y
           lang            NMTOKEN         #IMPLIED
           sprache         (D|E|F)         #IMPLIED
```

```
BeispielAF      NMTOKEN         #FIXED "b"
BeispielRA      CDATA           "lang sprache">
```

führt deshalb zu folgendem Verhältnis von Dokument-Instanz zu architektonischer Instanz beim Element y:

```
<Y LANG=J SPRACHE=E>y-daten</Y>  →
<B LANG=E>y-daten</B>
```

In dieser Situation kann für lang eine Ersetzung mit #DEFAULT definiert werden:

```
(146)   <!ATTLIST    y
            lang            NMTOKEN         #IMPLIED
            sprache         (D|E|F)         #IMPLIED
            BeispielAF      NMTOKEN         #FIXED "b"
            BeispielRA      CDATA           "lang        #DEFAULT
                                             sprache lang">
```

Dieses hat zur Folge, dass weder der Wert für lang noch der für sprache in der architektonischen Instanz eingesetzt wird, sondern der in der Meta-DTD vorgesehene Standardwert (s. (142)):

```
<Y LANG=J SPRACHE=E>y-daten</Y>  →
<B LANG=D>y-daten</B>
```

Eine weitere Möglichkeit besteht in der Konversion von Attribut- zu Element-Inhalt zwischen Dokument-Instanz und architektonischer Instanz, und zwar in beiderlei Richtung. Nehmen wir an, die Meta-DTD enthält die folgende Element-Form:

```
<!ELEMENT    a          (#PCDATA)>
<!ATTLIST    a
    data            CDATA           #IMPLIED>
```

Der dazu passende Ausschnitt der Client-DTD kann dann so aussehen:

```
<!ELEMENT    x          (#PCDATA|y)*>
<!ATTLIST    x
    BeispielAF      NMTOKEN         #FIXED "a"
    BeispielRA      CDATA           "data #CONTENT">
<!ELEMENT    y          (#PCDATA|z)*>
<!ELEMENT    z          (#PCDATA)>
```

Das architektonische Element x wird durch die nicht-architektonischen Elemente y und z erweitert. Für x ist dabei festgelegt, das #CONTENT auf das architektonische Attribut data abgebildet werden soll. Dieses hat zur Folge, dass sämtliche

Daten, die in einer Dokument-Instanz als Datenblätter des Baumes erscheinen, an dessen Spitze x steht, verkettet werden und so den Attribut-Inhalt von data bilden. Aus einer Dokument-Instanz

```
<x>x-daten
<y>y-daten-1<z>z-daten</z>y-daten-2</y>
</x>
```

wird somit:

```
<a data="x-dateny-daten-1z-dateny-daten-1"></a>
```

Hieraus geht auch hervor, dass an sich architektonischer Daten-Inhalt – in diesem Falle x-daten – durch diese Verwendungsweise ‚konsumiert‘ wird und das architektonische Element keine Daten mehr enthält als die im Attribut.

Architektonischer Element-Inhalt kann auf ähnliche Weise aus Attribut-Werten der Dokument-Instanz gebildet werden. Dazu ist das Schlüsselwort #ARCCONT zu verwenden. Sehen wir uns eine revidierte Fassung der Attributliste von x an:

```
<!ATTLIST    x
   att-inhalt    CDATA      #IMPLIED
   BeispielAF    NAME       #FIXED "a"
   BeispielRA    CDATA      "data       #CONTENT
                            #ARCCONT att-inhalt">
```

Der Inhalt des Attributs att-inhalt erscheint danach in der architektonischen Instanz als Daten-Inhalt des Elements a:

Dokument-Instanz
```
<x att-inhalt="x-att-daten">x-daten
<y>y-daten-1<z>z-daten</z>y-daten-2</y>
</x>
```

Architektonische Instanz
```
<a data="x-dateny-daten-1z-dateny-daten-1">x-att-
daten</a>
```

Insgesamt haben wir also mit einem verhältnismäßig mächtigen Konversions-Mechanismus zu tun, der über die reine Umbenennung von Attribut-Namen um einiges hinausgeht.

Daten-Attribute lassen sich selbstverständlich in gleicher Weise in die Meta-DTD abbilden, die Vereinfachung im folgenden allgemeinen Muster sind lediglich auf die Tatsache zurückzuführen, dass Notationen keine Dateninhalte aufweisen können.

```
<!ATTLIST
    ElemTypeName            -- Notationstyp in Client-DTD --
    ArcNames                -- Architectural attribute renamer
                               (Umbenennung architektonischer Attri-
                               bute) --
                            -- Definiert Benutzernamen für architek-
                               tonische Attribute --
    NAME                    -- Lextype:
                               (NAME, (ATTNAME|"#DEFAULT"),
                               ("#MAPTOKEN", NMTOKEN, NMTOKEN)*)* --
                            -- Einschränkung: ein vergebener Name für
                               ATTNAME oder NAME kann nur einmal
                               erscheinen --
                            -- Einschränkung: architektonischer Name
                               geht dem Client-Namen voran
    #IMPLIED                -- konstant --
                            -- Standardwert: keine Umbenennung --
```

Definition 7.16. Muster für *Architectural attribute renamer*-Verwendung

7.2.3.3 *Status von untergeordneten Elementen und Dateninhalten*

Abgesehen von der direkten Zuordnung eines Elements und seiner Attribute zu architektonischen Formen in der Meta-DTD können für ein Element der Client-DTD natürlich auch Aussagen über untergeordnete Objekte getroffen werden. Ein Element kann andere Elemente enthalten oder Daten. Für beide Arten von Objekten sind in AFDR Kontroll-Attribute vorgesehen, die allgemein, d.h. in der Client-DTD, oder im Einzelfall, also in der Dokument-Instanz, angewendet werden können.

Die Beeinflussung untergeordneter Elemente kann durch das Architektur-Unterdrückungsattribut `ArcSupr` (*architecture suppressor*) bewirkt werden, für das durch das folgende Support-Attribut ein Name spezifiziert wird:

```
    ArcSuprA         -- Architecture suppressor attribute name
                        (Name des Attributs zur Architektur-Unter-
                        drückung)
                        XML: suppressor-att --
    NAME             -- Einschränkung: muss eindeutig sein unter
                        allen Attribut-Namen in der DTD, in der
                        er spezifiziert wird
    #IMPLIED         -- Standardwert: keine Unterdrückung --
```

Definition 7.17. Das *Architecture suppressor attribute name*-Attribut

Die Anwendung des Architektur-Unterdrückungsattributs wird durch das folgende Anwendungsmuster geregelt:

```
<!ATTLIST
    ElemTypeName        -- Elementtyp in Client-DTD --
    ArcSupr             -- Architecture suppressor
                        (Unterdrückung der Zuordnung zur
                        Architektur) --
    (sArcAll|sArcForm|sArcNone)
    #IMPLIED            -- Standardwert: vererbt --
```

Definition 7.18. Muster für *Architecture suppressor*-Verwendung

Die drei Werte, die bei `ArcSupr` auftreten können, haben folgende Bedeutung:

- `sArcAll`
  Die architektonische Verarbeitung aller abhängigen Elemente wird vollständig unterdrückt. Es ist nicht möglich, die architektonische Verarbeitung solcher Elemente wieder hervorzurufen.

- `sArcForm`
  Die architektonische Verarbeitung aller abhängigen Elemente wird unterdrückt, allerdings nicht bei solchen, bei denen ein `ArcSupr`-Attribut spezifiziert ist

- `sArcNone`
  Die architektonische Verarbeitung der abhängigen Elemente wird nicht unterdrückt.

Die Wirkungsweise von `sArcAll` und `sArcNone` bedarf wohl kaum der weiteren Erläuterung. `sArcForm` allerdings ermöglicht einige interessante Konvertierungen. Nehmen wir an, unsere Meta-DTD umfasst die folgenden drei Element-
Formen:

```
<!ELEMENT    a        (c)>
<!ELEMENT    b        (b|c)>
<!ELEMENT    c        (#PCDATA)>
```

a und b stehen hier in keinem direkten Zusammenhang. In der Client-DTD werden die Elemente x, y und z den Element-Formen a, b und c zwar eindeutig zugeordnet, doch die Inhaltsmodelle verschränken x und y so miteinander, dass z
innerhalb von x beliebig oft durch y umgeben sein kann:

```
<!ELEMENT    x        (y)>
<!ATTLIST    x
    ArcForm         NMTOKEN         "a"
    ArcSupr         NMTOKEN         #FIXED "sArcForm">
<!ELEMENT    y        (y|z)>
<!ATTLIST    y
    ArcForm         NMTOKEN         #FIXED "b">
<!ELEMENT    z        (#PCDATA)>
```

```
<!ATTLIST    z
   ArcForm        NMTOKEN          "c"
   ArcSupr        NMTOKEN          #FIXED "sArcNone">
```

Während in Dokument-Instanzen hier also das Element y durchaus als architektonisches Element, b zugeordnet, verstanden werden soll, ist im Kontext von x die architektonische Verarbeitung von y zu unterdrücken (sArcForm) – allerdings so, dass ein tiefer eingebettetes z architektonisch weiterhin sichtbar bleibt (sArcNone). Dieses bewirkt, dass sowohl ein Ausschnitt einer Dokument-Instanz wie

```
<x><z>z-daten</z></x>
```

als auch

```
<x><y><z>z-daten</z></y></x>
```

und sogar

```
<x><y><y><y><z>z-daten</z></y></y></y></x>
```

auf das gleiche Konstrukt in der architektonischen Instanz abgebildet werden, nämlich das folgende:

```
<a><c>z-daten</c></a>
```

Das Kontroll-Attribut ArcSupr erlaubt also, nicht-architektonische Verwendungsweisen von architektonischen Elementen aus den Dokument-Instanzen herauszufiltern, ohne dadurch tiefer eingebettete architektonische Elemente zu ‚beschädigen‘.

Die architektonische Verarbeitung unterliegt dabei einer wichtigen Verallgemeinerung. Wenn bei einem Element sArcForm spezifiziert ist, ist bei der Ermittlung der architektonischen Instanz die Kontrolle des Inhaltsmodells der zugeordneten Element-Form nicht vorzunehmen; es können alle in der Meta-DTD spezifizierten Element-Formen in einem solchen Kontext erscheinen. Damit erhält die Element-Form in diesem Kontext das allgemeine Inhaltsmodell ANY.

Die architektonische Verarbeitung von Dateninhalten eines Elements, im Inhaltsmodell als #PCDATA bezeichnet, kann durch das *Architecture ignore data*-Attribut gesteuert werden. Der Name dieses Attributs wird durch das Support-Attribut ArcIgnDA festgelegt (Definition 7.19). Das Kontroll-Attribut ArcIgnD wird allgemein durch das in 7.20 wiedergegebene Muster definiert:

```
ArcIgnDA              -- Architecture ignore data attribute name
                         (Name des Attributs zur Ignorierung archi
                         tektonischer Daten)
                         XML: ignore-data-att --
       NAME           -- Einschränkung: muss eindeutig sein unter
                         allen Attribut-Namen in der DTD, in der er
                         spezifiziert wird --
       #IMPLIED       -- Standardwert: Daten werden bedingt igno-
                         riert --
```

Definition 7.19. Das *Architecture ignore data attribute name*-Attribut

```
<!ATTLIST
    ElemTypeName         -- Elementtyp in Client-DTD --
    ArcIgnD              -- Architecture ignore data
                            (Ignorierung von Daten in der
                            Architektur) --
    (nArcIgnD|cArcIgnD|ArcIgnD)
    #IMPLIED             -- Standardwert: vererbt vom Eltern-
                            Element, Standardwert des Dokument-
                            Elements ist cArcIgnD --
```

Definition 7.20. Muster für *Architecture ignore data*-Verwendung

Die drei Werte, die bei diesem Attribut auftreten können, haben folgende Bedeutung:

- `nArcIgnD`
  Daten werden nicht ignoriert. Daten, die an einer Position auftauchen, an der die Meta-DTD keine Daten zulässt, führen bei der Erstellung der architektonischen Instanz zu einem Fehler.
- `cArcIgnD`
  Daten werden bedingt (*conditionally*) ignoriert. Die Daten werden nur dann ignoriert, wenn sie an einer Position erscheinen, an der sie in der Meta-DTD nicht erlaubt sind.
- `ArcIgnD`
  Daten werden immer ignoriert.

Ist in der Meta-DTD also eine Element-Form wie

```
<!ELEMENT    a          (#PCDATA)>
```

spezifiziert, die in der Client-DTD durch

```
<!ELEMENT    x             (#PCDATA|y)>
<!ATTLIST    x
    BeispielAF    NMTOKEN        #FIXED  "a"
    BeiIgnD       (nArcIgnD|cArcIgnD|ArcIgnD)
                               "ArcIgnD">
```

mit dem nicht-architektonischen Element y erweitert wird, so führen also sowohl

```
<x><y> ... </y></x>
```

als auch

```
<x>x-daten</x>
```

in der architektonischen Instanz zu

```
<a></a>
```

7.2.4 Minimierung des architektonischen Markup

Wenn eine große DTD mit einer Meta-DTD verbunden werden soll, kann es vorkommen, dass sehr viele zusätzliche Attribut-Deklarationen einzutragen sind. AFDR sieht einige Support-Attribute vor, die Standard-Regelungen für die Zuordnung von Elementen und Daten zu architektonischen Formen vorsehen. Dieser Vorgang wird architektonische Markup-Minimierung (*architectural markup minimization*) genannt.

Das wichtigste Minimierungsattribut ist `ArcAuto`:

```
ArcAuto              -- Architecture automatic form mapping
                        (automatische Abbildung auf architek-
                        tonische Formen)
                        XML: auto --
                     -- Automatische Form-Abbildung für gleich
                        benannte Element-Typen und Notationen für
                        externe Daten-Entitäten --
    (ArcAuto|nArcAuto)
    ArcAuto
```

Definition 7.21. Das *Architecture automatic form mapping*-Attribut

Durch `ArchAuto` werden Elemente gleichbenannten Element-Formen zugeordnet. Ein Element a braucht also kein Kontroll-Attribut vom Typ `ArcForm` aufweisen, soll es in der Meta-DTD der Element-Form a zugewiesen werden. Da die Attribute korrekt zugeordneter Elemente ebenfalls gleich benannten Attribut-Formen zugeordnet werden, kann eine Deklaration wie

```
<!ELEMENT    a            (b, b)>
<!ATTLIST    a
   info            CDATA          #REQUIRED
   typ             (A|B|C)        "A">
```

automatisch den folgenden architektonischen Formen in der Meta-DTD zugeordnet werden:

```
<!ELEMENT    a            (b+)>
<!ATTLIST    a
   info            CDATA          #IMPLIED
   typ             (A|B|C|D|E)    #IMPLIED>
```

Soll diese automatische Zuordnung wirksam sein, muss `ArcAuto` nicht deklariert werden, da dieses der Voreinstellung entspricht. Das kann allerdings auch
zur Folge haben, dass bei einer Client-DTD, in der alle architektonischen Elemente explizit bestimmten Element-Formen mit `ArcForm` zugeordnet werden,
bei den nicht explizit zugeordneten Elementen ‚zufällig‘ eine Namensgleichheit
mit einer Element-Form besteht, so dass auch in diesem Fall eine Zuordnung
vorgenommen wird. Es handelt sich also letztenendes um eine quantitative Frage, ob bei einer automatischen Zuordnung nicht-architektonische Elemente
durch sArcForm – bedingte Unterdrückung – beim Kontroll-Attribut `ArcSupr`
gekennzeichnet werden oder ob `ArcAuto` mit nArcAuto belegt wird und alle
architektonischen Elemente explizit durch `ArcForm` der Meta-DTD zugeordnet
werden.

Das zweite Minimierungsattribut bezieht sich auf Datentypen und ist folgendermaßen definiert:

```
ArcDataF          -- Architecture data form name
                     (Name der architektonischen Daten-Form) --
                  -- Für externe Daten-Entitäten, deren
                     Notationsname mit keinem der architek-
                     tonischen Notationsnamen übereinstimmt
                     XML: data-form --
NAME              -- Einschränkung: Name einer Notationsform in
                     der Architektur --
#IMPLIED          -- Standardwert: kein Standardwert --
```

Definition 7.22. Das *Architecture data form name*-Attribut

Durch die Setzung von `ArcDataF` als Support-Attribut können also in der Client-DTD unbekannte Notation durch die Meta-DTD ‚abgefangen‘ werden. Ähnlich funktioniert auch das dritte und letzte Minimierungsattribut, `ArcBridF`:

```
ArcBridF              -- Architecture bridge form name
                         (Name der Architektur-Brücken-Form) --
                      -- Für Elemente mit einer ID und keinem
                         ArcForm-Attribut, denen standardmäßig
                         keine Form zugewiesen ist
                         XML: bridge-form --
         NAME         -- Einschränkung: Name einer Element-Form in
                         der Architektur --
         #IMPLIED     -- Standardwert: kein Standardwert --
```

Definition 7.23. Das *Architecture bridge form name*-Attribut

ArcBridF ist speziell für Elemente vorgesehen, die ein gesetztes ID-Attribut aufweisen und nicht aufgrund anderer Festlegungen bereits einer Element-Form zugeordnet werden. Durch Identifikatoren gekennzeichnete Elemente bedürfen dieser besonderen Behandlung, weil es sein kann, dass auf sie durch ein Attribut vom Typ IDREF verwiesen wird, und zwar von einem architektonischen Element. Während in der Dokument-Instanz der Verweis zwischen beiden Elementen korrekt zustandekommt, fehlt in der architektonischen Instanz das Zielelement der Verbindung, ohne dass sonstige strukturelle Fehler vorliegen müssen. Da es aber dem Zweck der Meta-DTD zuwiderlaufen kann, wenn alle Element architektonisch sind, ist es sinnvoll, für die tatsächlichen Verweisziele eine gesonderte Zuordnung vorzusehen.

Zusammen mit den bereits kennengelernen Support- und Kontroll-Attributen ergibt sich durch die Möglichkeiten der Minimierung unterschiedliche Wege, ein Objekt der Client-DTD, sei es ein Element oder eine Notation, einer architektonischen Form in der Meta-DTD zuzuordnen. In AFDR wird deshalb die folgende Zuordnungsrangfolge festgelegt (Definition 7.24). Aufgrund dieser Festlegungen wird vermieden, dass bei ein und demselben Objekt gleichzeitig konkurrierende Zuordnungsmöglichkeiten bestehen.

7.2.5 Modularisierung

Die vierte und letzte Gruppe von architektonischen Support-Attributen ist dafür zuständig, bei der Bezugnahme auf die Meta-DTD in einer Client-DTD gezielt einzelne Bereiche der Meta-DTD ‚einzuschalten‘, um sie so für die architektonische Verarbeitung nutzbar zu machen. Dieses setzt natürlich voraus, dass die Meta-DTD auch in bestimmter Weise modularisiert ist. Das übliche Mittel für die Modularisierung von DTDs und Dokument-Instanzen in XML/SGML sind *marked sections*, die durch Parameter-Entitäten einen veränderlichen Schalter erhalten (s. Abschnitte 4.2 und 4.4).

Eine architektonische Instanz weist nun keinen *declaration subset* auf, da sie immer aus der Dokument-Instanz mechanisch abgeleitet wird und keine explizit

1. Wenn das Kontroll-Attribut `ArcForm` bei einem Objekt x deklariert ist:

   a. wenn für `ArcForm` kein Wert gesetzt ist (`#IMPLIED`), dann ist das Objekt x nicht architektonisch

   b. wenn `ArcForm` einen Wert a hat, dann ist x der Objekt-Form a zugeordnet

2. Wenn das Kontroll-Attribut `ArcForm` nicht gesetzt ist:

   a. wenn x das Dokument-Element ist, ist es der Element-Form zugeordnet, die durch den Wert des Support-Attributs `ArcDoc` bezeichnet wird (also dem Dokument-Element in der architektonischen Instanz)

   b. wenn das nicht gilt, wenn aber das Support-Attribut `ArcAuto` auf `ArcAuto` gesetzt ist und es in der Meta-DTD eine Element- oder Notationsform x gibt, dann ist das Objekt x dieser Form zugeordnet

   c. wenn das nicht gilt, wenn das Objekt aber eine `ID` aufweist, dann ist das Objekt der Element-Form zuzuordnen, die durch den Wert des Support-Attributs `Arc-BridF` bezeichnet wird, falls dieses spezifiziert wurde

   d. wenn das nicht gilt, wenn das Objekt aber eine externe Daten-Entität ist, dann ist das Objekt der Notationsform zuzuordnen, die durch den Wert des Support-Attributs `ArcDataF` bezeichnet wird, falls dieses spezifiziert wurde

   e. wenn das nicht gilt, dann ist das Objekt nicht architektonisch.

Definition 7.24. Entscheidungsregeln für die Zuordnung von Client-Objekten zu architektonischen Formen

aufgeführte `DOCTYPE`-Deklaration besitzt. Um zumindest die Möglichkeit der Modularisierung durch die Deklaration von Parameter-Entitäten zu schaffen, gibt es das Support-Attribut `ArcOpt`:

```
ArcOpt              -- Architecture options
                       (Architektur-Optionen)
                       XML: options --
      CDATA         -- Lextype: csname+ --
                    -- Einschränkung: Namen von Parameter-
                       Entitäten, die in der Meta-DTD auf
                       "INCLUDE" gesetzt werden sollen --
      #IMPLIED      -- Standardwert: keine --
```

Definition 7.25. Das *Architecture options*-Attribut

Als Werte von `ArcOpt` werden diejenigen Parameter-Entitäten eingetragen, deren Werte auf `INCLUDE` gesetzt werden sollen. Die Wirkung der Setzung einer Parameter-Entität `version-1` kann also in einer Meta-DTD durch folgende Deklaration in der Client-DTD herbeigeführt werden:

```
<!ATTLIST    #NOTATION Beispiel
   ...
   ArcOpt        CDATA         "version-1"
   ...>
```

Hier wird also *nicht* die Parameter-Entität mit den üblichen syntaktischen Mitteln von XML/SGML umdefiniert, sondern die architektonische Verarbeitung von Client- und Meta-DTD hat diese semantische Eigenschaft von `ArcOpt` zu berücksichtigen.

Da bei `ArcOpt` mehrere Parameter-Entitäten bezeichnet werden können, kann bei stark modularisierbaren, umfangreichen Meta-DTDs leicht eine unübersichtliche Aufzählung entstehen:

```
<!ATTLIST     #NOTATION Beispiel
    ...
    ArcOpt    CDATA      "block-1.1 block-1.3 block-2.2
                          block-3.3 block-3.4 block-3.7
                          block-4.3 block-4.6"
...>
```

In AFDR ist deshalb ein weiteres Modularisierungsattribut vorgesehen, das es erlaubt, weitere auf die Meta-DTD zugeschnittene Support-Attribute zu definieren, die in gleicher Weise wie `ArcOpt` auf `INCLUDE` zu setzende Parameter-Entitäten enthalten:

```
ArcOptSA          -- Architecture options support attribute
                     names (Namen von Support-Attributen für
                     Optionen in der Architektur)
                     XML: keine Entsprechung in XML --
    NAMES         -- Lextype: ATTNAME+ --
    ArcOpt
```

Definition 7.26. Das *Architecture options support attribute names*-Attribut

Mit `ArcOptSA` ist es nun möglich, die Parameter-Entitäten zu Gruppen zusammenzufassen, durch die funktionale Module sichtbar werden:

```
<!ATTLIST     #NOTATION Beispiel
    ...
    ArcOptSA NMTOKENS "modul-1 modul-2 modul-3 modul-4"
    modul-1  CDATA     "block-1.1 block-1.3"
    modul-2  CDATA     "block-2.2"
    modul-3  CDATA     "block-3.3 block-3.4 block-3.7"
    modul-4  CDATA     "block-4.3 block-4.6"
    ...>
```

Wird `ArcOptSA` nicht definiert, wird standardmäßig `ArcOpt` als das Modularisierungsattribut interpretiert.

Kernaussagen von Kapitel 7

- Die Ableitung von Deklarationen aus architektonischen Formen ist kein mechanischer Vorgang, sondern ein komplexer Prozess der Informationsmodellierung.
- Element- und Attribut-Formen können durch Element- oder Attribut-Deklarationen eingeschränkt oder angereichert werden. Im Falle der Anreicherung ist für eine Dokument-Instanz nicht sicher zu sagen, ob es auch eine validierbare architektonische Instanz gibt.
- Die Support-Attribute zu einer Architektur können in vier Gruppen untergliedert werden: allgemeine Attribute, Benennungsattribute, Minimierungsattribute und Modularisierungsattribute.
- Die allgemeinen Attribute binden die Meta-DTD ein, definieren deren Dokumenttyp und erlauben es, verschiedene Quantitäten, ähnlich wie in einer SGML-Deklaration, festzulegen.
- Die Benennungsattribute spezifizieren Attribute für die Zuordnung von Elementtypen der Client-DTD zu Element-Formen der Meta-DTD und von Attributen zu Attribut-Formen und weiterhin für die gezielte Unterdrückung der architektonischen Verarbeitung und die Sichtbarkeit von Daten. Alle diese Attribute können in die Attributlisten-Deklaration der Client-DTD integriert werden.
- Die Minimierungsattribute spezifizieren spezielle Abbildungen für Notationen und für mit Identifikatoren versehene Elemente. Weiterhin ist einstellbar, dass bei Namensgleichheit von Elementtypen der Client-DTD zu Element-Formen eine automatische Zuordnung, auch ohne ein Zuordnungsattribut, erfolgen soll.
- Die Modularisierungsattribute ermöglichen es, durch *marked sections* gekennzeichnete Abschnitte in der Meta-DTD gezielt einzuschalten, um dadurch eine angepasste Version der Meta-DTD herzustellen.

8 Architektur-Definition und Link-Prozess-Deklarationen

Bislang haben wir die Zuordnung von Element-Formen zu den Elementen einer Client-DTD direkt in die DTD eingetragen. Durch die Kombination von Meta-DTD und Client-DTD musste also die DTD textuell abgeändert werden. Dieses ist kein optimales Vorgehen, denn die hinzuzufügenden Attribut-Deklarationen haben mit der Informationsstruktur in der Client-DTD nichts zu tun. Darüber hinaus kann die Verknüpfung mit mehreren Meta-DTDs zu einer großen Aufblähung der Attribut-Listen führen, wodurch von den eigentlich relevanten Attributen abgelenkt wird. SGML bietet die Möglichkeit, durch eine *link process declaration* (LPD) die Kontroll-Attribute extern abzulegen und zu verwaltet und auf diese Weise umhin zu kommen, auch nur eine Zeile in der Client-DTD abzuändern. Die besonderen Eigenschaften der Verarbeitung von LPDs bringen überdies Zuordnungsmöglichkeiten von Elementen zu Element-Formen mit sich, die mit dem bisher dargestellten Verfahren nicht ausgedrückt werden können.

8.1 Definition und Funktion von LPDs

Bevor wir uns ansehen, wie eine LPD für die Zuordnung einer Architektur zu einer DTD genutzt werden kann, soll ein Überblick über Sinn und Funktionsweise von Link-Prozess-Deklarationen gegeben werden.[21] Der SGML-Standard sieht drei verschiedene Varianten von Link-Prozess-Deklarationen vor:

- explizite LPDs (*explicit*)
- implizite LPDs (*implicit*)
- einfache LPDs (*simple*)

Explizite LPDs haben die Aufgabe, eine Dokument-Instanz, die gemäß einer bestimmten DTD gebildet ist, in eine Dokument-Instanz zu überführen, die konform zu einer anderen DTD gebildet ist. Es handelt sich also um einen ähnlichen Vorgang, wie er durch die architektonische Verarbeitung möglich wird. Die ursprüngliche Überlegung bei der Einführung von LPDs bestand aber vielmehr

---

[21] Der SGML-Begriff LINK hat nichts mit dem Begriff des Hyperlinks zu tun, wie er in Zusammenhang mit Hypertext-Systemen verwendet wird.

darin, eine nach inhaltlichen Gesichtspunkten aufgebaute DTD mit einer darstellungsorientierten DTD zu verbinden und den Elementen bei dieser Umsetzung zugleich zusätzliche Formattierungsattribute beizufügen. Diesem ursprüngliche Zweck von LPDs – die Verbindung zweier DTDs – hat dieser Bereich von SGML auch den heute missverständlichen Namen LINK zu verdanken. Elemente wie chapter und title sollten beispielsweise auf die Elemente block und head abgebildet werden, denen dabei auch spezifische Parameter zur Absatz- bzw. Kopfzeilen-Formattierung übergeben werden sollten. Da es bei dieser Zielsetzung natürlich nicht darum geht, strukturelle Änderungen an der Dokument-Instanz vorzunehmen, geht die im vorangegangenen Kapitel dargestellte architektonische Verarbeitung weit über die Möglichkeiten expliziter LPDs hinaus. Wir werden im folgenden deshalb explizite LPDs nicht weiter berücksichtigen.

Bei der Nutzung von expliziten LPDs fällt auf, dass die Struktur einer Formattierungs-DTD sehr einfach sein kann, wenn die entscheidenden Formattierungsinformationen in die Attribute gelegt werden. Im einfachsten Fall kann die Formattierungs-DTD aus einem einzigen Element bestehen, das in der LPD dann auch nicht mehr explizit aufgeführt zu werden braucht. Diese Variante expliziter LPDs, die also aus dem Bedürfnis nach Vereinfachung von LPDs entstand, sind die impliziten LPDs. Faktisch können implizite LPDs angesehen werden als eine Konvention, eine Dokument-Instanz mit zusätzlichen (Link-)Attributen anzureichern, ohne die Instanz ansonsten zu verändern. Die durch den Link-Prozess hinzukommenden Attribute weisen dabei einen Sonderstatus auf, da sie nur in der LPD, nicht aber in der DTD deklariert sind und somit nicht zur Dokument-Instanz gehören.[22] Auch bei Aufbereitung einer DTD für die architektonische Verarbeitung geschieht nichts anderes als das Anreichern von Attributlisten um Kontroll-Attribute. Implizite LPDs stellen also das ideale Mittel dar, diese Zuordnung unabhängig von der DTD und der Dokument-Instanz vorzunehmen und auf diese Weise dem Anspruch nach Modularisierung und Unabhängigkeit der einzelnen Informationsarten gerecht zu werden.

Besonders interessant bei der Verwendung von impliziten LPDs bei der Zuordnung von Kontroll-Attributen ist, dass der Link-Prozess auch die kontextabhängige Zuordnung von Attributen vorzunehmen erlaubt. Ein Element kann danach unterschiedliche Kontroll-Attribute mit unterschiedlichen Belegungen zugeordnet bekommen, je nachdem in welcher hierarchischen Abhängigkeit es sich befindet oder in welcher linearen Nachbarschaft es erscheint.

Die dritte Variante des Link-Prozesses geschieht durch einfache LPDs. Einfache LPDs lassen sich aus impliziten LPDs dadurch gewinnen, dass nur das Dokument-Element mit zusätzlichen Link-Attributen versehen werden kann. Da dieses höchstens in Sonderfällen für architektonische Zuordnungen von Bedeutung ist, werden wir im folgenden auch einfache LPDs unberücksichtigt lassen.

---

[22] Parser wie James Clarks NSGMLS unterscheiden zwischen DTD-deklarierten und LPD-deklarierten Attributen in ihrer Ausgabe. SGML-Normalisierer erlauben es, die Anzeige derartiger Attribute an- und auszuschalten.

Die Deklaration eines Link-Prozesses durch eine LPD geschieht im Dokument-Prolog unmittelbar nach der Dokumenttyp-Deklaration:

```
<!DOCTYPE    kunde SYSTEM "kunde.dtd">
<!LINKTYPE   kunde-person kunde #IMPLIED SYSTEM
                                 "kunde-person.lpd">
<kunde>
...
</kunde>
```

Die `LINKTYPE`-Deklaration enthält zunächst den LPD-Namen (`kunde-person`), danach folgt der Name des Dokument-Typs, auf den sich die LPD bezieht (`kunde`). Das Schlüsselwort `#IMPLIED` kennzeichnet als dritter Parameter den impliziten Link-Prozess, der hier definiert werden soll. Allgemein ist an dieser Position der Name einer weiteren DTD vorgesehen, in die ein expliziter Link-Prozess die Dokument-Instanz abbilden würde. Wie auch eine `DOCTYPE`-Deklaration kann die `LINKTYPE`-Deklaration einen `SYSTEM`- oder einen `PUBLIC`-Bezeichner als Verweis auf eine Dokument-Entität enthalten, in dem die einzelnen Deklarationen abgelegt sind. Ebenfalls kann eine `LINKTYPE`-Deklaration analog zur `DOCTYPE`-Deklaration einen *link process declaration subset* enthalten, in dem ergänzende oder modifizierte Deklarationen enthalten sind:

```
<!LINKTYPE kunde-person kunde #IMPLIED SYSTEM
                                 "kunde-person.lpd" [
      <!ATTLIST firma
             info CDATA    #IMPLIED>
]>
```

In einer LPD können drei verschiedene Arten von Objekten deklariert werden:

* Attribut-Listen
* Link-Gruppen (*link sets*) und
* Entitäten, die innerhalb der LPD verwendet werden

Es ist also nicht möglich, diejenigen Objekte, auf die sich die Attribut-Listen beziehen, in einer LPD zu deklarieren. Dieses bedeutet für die architektonische Verarbeitung, dass die Notationsdeklaration für die Architektur, die Deklaration der externen Entität, die die Meta-DTD enthält, sowie ggfs. die `AFDRMeta`-Notation weiterhin in der Client-DTD oder dem *declaration subset* enthalten sein müssen.[23]

---

[23] Bei NSGMLS, SPAM und SGMLNORM (s. Anhang C) führt auch die Deklaration der architektonischen Notationen und Entitäten in der LPD nicht zu einer Fehlermeldung. Der SGML-Standard sieht aber für die LPD ausdrücklich nur solche Entitäts-Deklarationen vor, die in der LPD selbst Anwendung finden.

8.2 LPDs für die Spezifikation von Kontroll-Attributen

Sehen wir uns an, wie die architektonische Zuordnung in der Client-DTD aus Abschnitt 6.2 durch die Verwendung einer LPD modularisiert werden kann. Wenn wir alle Architektur-bezogenen Deklarationen aus der Client-DTD entfernen, verbleiben die Deklarationen in 8.1:

```
<!ELEMENT    kunde               (name, firma, funktion)>
<!ATTLIST    kunde
        anrede           CDATA       #IMPLIED
        geschlecht       (m|w)       #REQUIRED>
<!ELEMENT    name                (nachname, vorname)>
<!ELEMENT    nachname            (#PCDATA)>
<!ATTLIST    firma
        kommentar        CDATA       #IMPLIED>
<!ATTLIST    funktion
        kommentar        CDATA       #IMPLIED>
```

DTD 8.1. Die modifizierte Client-DTD („kunde.dtd")

Die allgemeinen architektonischen Deklarationen werden in einer eigenen Text-Entität, die später über das *declaration subset* wieder einzubinden ist, abgelegt:

```
<?IS10744 ArcBase StandardPerson>
<!NOTATION AFDRMeta PUBLIC
        "ISO/IEC 10744:1997//NOTATION AFDR Meta-DTD
        Notation//EN">
<!ENTITY PersonDTD SYSTEM "person.dtd" CDATA AFDRMeta>
<!NOTATION StandardPerson PUBLIC
        "-//LOCAL//NOTATION AFDR ARCBASE Person
        Architecture//EN"
        -- A base architecture used in conformance with the
        Architectural Form Definition Requirements of
        International Standard ISO/IEC 10744. -->
```

Schema 8.2. Die architektonischen Deklarationen („StdPers.arc")

In der LPD können nun sowohl die Support-Attribute, die sich auf die Architektur-Notation `StandardPerson` beziehen, als auch die Kontroll-Attribute für die einzelnen Elemente der DTD definiert werden (LPD 8.3).

Die LPD enthält zunächst gewöhnliche Definitionen von Attributlisten, hier für die Architektur-Notation und für fünf Elemente. Die Notationsattribute werden hier definiert und sofort mit einen Wert versehen. Der Link-Prozess ordnet diese Attribute der entsprechenden Notation zu. Da Notationen in Dokument-Instanzen nie in Abhängigkeit von ihrer hierarchischen oder linearen Position ihre Attri-

```
<!ATTLIST #NOTATION StandardPerson
        ArcDTD          CDATA       "PersonDTD"
        ArcDocF         NAME        "person"
        ArcFormA        NAME        "StdPersAF"
        ArcNamrA        NAME        "StdPersAtts">

<!ATTLIST     (kunde|
              nachname|
              vorname|
              firma|
              funktion)
        StdPersAF       NMTOKEN     #IMPLIED
        StdPersAtts     CDATA       #IMPLIED>


<!LINK        #INITIAL  kunde       [ StdPersAF="person"
                                      StdPersAtts="spec anrede
                                            sex   geschlecht
                                      #MAPTOKEN
                                            male   m
                                            female w" ]
              nachname              [ StdPersAF="surname" ]
              vorname               [ StdPersAF="givenname" ]
              firma                 [ StdPersAF="info"
                                      StdPersAtts="spec kommentar" ]
              funktion              [ StdPersAF="info" ]>
```

LPD 8.3. Die LPD für Support- und Kontroll-Attribute („kunde-person.lpd")

bute zugewiesen bekommen, ist dieses der einzige Weg, eine Notation durch eine LPD mit Attributen zu versehen.

Anders sieht es bei Attributen für Elemente aus. Die LPD unterscheidet hier zwischen der Deklaration von Attributen durch ATTLIST-Deklarationen und der Belegung der so definierten Attribute mit Werten. Die Wert-Zuordnung geschieht in den Link-Gruppen-Deklarationen (*link set declarations*), die durch das Schlüsselwort LINK gekennzeichnet sind. In 8.3 ist lediglich eine Link-Gruppen-Deklaration enthalten. In ihr ist durch das Schlüsselwort #INITIAL vermerkt, dass die folgenden Attribut-Wert-Paare Anfangsbelegungen angeben. Diese Belegungen beziehen sich jeweils auf bestimmte Elemente, hier auf kunde, nachname, vorname, firma und funktion, und haben immer den in 8.3 dargestellten Aufbau, also das Attribut-Wert-Zuordnungsschema, wie es auch in den Anfangstags von Elementen vorkommt. Wenn feste Zuordnungen von Element-Formen der Meta-DTD zu Elementen in der Client-DTD vorgenommen werden sollen, also jedes Client-Element immer auf eine bestimmte Element-Form abgebildet wird, ist eine einzige Link-Gruppen-Deklaration vom Typ #INITIAL ausreichend. Wir werden im folgenden Abschnitt sehen, wie durch Link-Gruppen-Deklarationen auch flexiblere Zuordnungen vorgenommen werden können.

Wie wir im vorangegangenen Abschnitt gesehen haben, bildet die LINKTYPE-Deklaration einen weiteren Teil des Prologs zu einer Dokument-Instanz. Da die allgemeinen architektonischen Deklarationen, die ja ebenfalls ausgelagert werden können (s. 8.2), in der DTD enthalten sein müssen, kann das *declaration subset* der DOCTYPE-Deklaration dazu genutzt werden, diese Deklarationen einzubinden. Es ergibt sich somit die in 8.4 dargestellte Dokument-Instanz.

```
<!DOCTYPE kunde SYSTEM "kunde.dtd" [
    <!ENTITY % StdPers.arch SYSTEM "StdPers.arc">
    %StdPers.arch;]>
<!LINKTYPE kunde-person kunde #IMPLIED SYSTEM
                                "kunde-person.lpd">
<kunde anrede="Herr" geschlecht="m">
<name>
<nachname>Müller</nachname>
<vorname>Franz</vorname>
</name>
<firma kommentar="fast pleite">Schulz GmbH</firma>
<funktion kommentar="gerade befördert">Leiter Beschaf-
fung</funktion>
</kunde>
```

Dokument 8.4. Die Dokument-Instanz mit vollständigem Prolog

Die DTD in 8.1 ist somit komplett getrennt von der Zuordnung zu einer Architektur. Bestehende DTDs müssen nicht abgeändert werden, die strukturelle Information in der DTD ist getrennt von der architektonischen Information in der LPD. Mehrere unterschiedliche Zuordnungen einer DTD sind auf diese Weise möglich, ohne dass die Attributlisten in der DTD ihre unmittelbare Übersichtlichkeit verlieren.

Da auch in der Meta-DTD nicht vermerkt ist, mit welcher DTD als Client-DTD sie verbunden ist, wird die architektonische Verknüpfung der beiden DTDs lediglich durch die DOCTYPE- und die LINKTYPE-Deklarationen im Prolog der Dokument-Instanz vorgenommen. In diesem Sinne lässt sich die LPD tatsächlich als ein ‚Link' verstehen – allerdings nicht zwischen zwei unmittelbaren Informationseinheiten, sondern als komplexe Zuordnung eines abstrakten Informationsmodells zu einem anderen (s. dazu auch Abschnitt 9.2.3 ‚DTD-Netze').

Die Verwendung des Link-Mechanismus ist für XML-Systeme nicht vorgesehen. Da aber XML-Dokumente mit einer entsprechenden SGML-Deklaration auch durch beliebige SGML-Systeme verarbeitet werden können, ist es trotzdem möglich, eine LPD mit einem XML-Dokument zu kombinieren. Zunächst ist dazu die in der Verarbeitungsanweisung enthaltene architektonische Deklaration in eine externe Entität auszulagern:

```
<?IS10744 arch
        name              "StandardPerson"
        public-id         "-//LOCAL//NOTATION AFDR ARCBASE Person
                           Architecture//EN"
        dtd-system-id     "person.dtd"
        doc-elem-form     "person"
        form-att          "StdPersAF"
        renamer-att       "StdPersAtts"
?>
```

Schema 8.5. Architektur-Deklaration für XML („StdPers-XML.arc")

In der LPD ist entsprechend die Deklaration der Architektur-Attribute zu entfernen:

```
<!ATTLIST      (kunde|
               nachname|
               vorname|
               firma|
               funktion)
        StdPersAF        NMTOKEN          #IMPLIED
        StdPersAtts      CDATA            #IMPLIED>

<!ATTLIST      (kunde|
               nachname|
               vorname|
               firma|
               funktion)
        StdPersAF        NMTOKEN          #IMPLIED
        StdPersAtts      CDATA            #IMPLIED>

<!LINK      #INITIAL   kunde      [ StdPersAF="person"
                                   StdPersAtts="spec anrede
                                               sex   geschlecht
                                   #MAPTOKEN
                                           male    m
                                           female  w" ]
                 nachname   [ StdPersAF="surname" ]
                 vorname    [ StdPersAF="givenname" ]
                 firma      [ StdPersAF="info"
                              StdPersAtts="spec kommentar" ]
                 funktion   [ StdPersAF="info" ]>
```

LPD 8.6. LPD für XML-Dokumente („kunde-person-XML.arc")

Im Dokument ist nun sicherzustellen, dass das XML-Dokument mit der entsprechenden SGML-Deklaration zu einem gültigen SGML-Dokument wird. Die Architektur-Deklaration ist dann im *declaration subset* zu aktivieren, die LINKTYPE-Deklaration hat auf die gesondert für XML vorgesehene LPD zu verweisen:

```
<!SGML -- XML-SGML-Deklaration -- ... >
<!DOCTYPE kunde SYSTEM "kunde.dtd" [
    <!ENTITY % StdPers.arch SYSTEM "StdPers-XML.arc">
    %StdPers.arch;]>
<!LINKTYPE kunde-person kunde #IMPLIED SYSTEM
                                "kunde-person-XML.lpd">
<kunde anrede="Herr" geschlecht="m">
...
</kunde>
```

Schema 8.7. Link-Verarbeitung eines XML-Dokuments

```
<!ELEMENT    kapitel         (titel-1,
                              (unterkapitel+|
                              teil+))>
<!ELEMENT    unterkapitel    (titel-2, abschnitt+)>
<!ELEMENT    abschnitt       (titel-3, absatz+)>
<!ELEMENT    teil            (titel-2, absatz+)>
<!ELEMENT    absatz          (#PCDATA)>
<!ELEMENT    titel-1         (#PCDATA)>
<!ELEMENT    titel-2         (#PCDATA)>
<!ELEMENT    titel-3         (#PCDATA)>
```

DTD 8.8. Die exemplarische Meta-DTD („kapitel.dtd")

Die Trennung der architektonischen Deklaration von der LPD ist, wie schon erwähnt, in einigen SGML-Systemen nicht notwendig, da die entsprechenden Deklarationstypen offensichtlich auch in einer LPD erlaubt sind. Allerdings ist es sinnvoll, diese unterschiedlichen Typen von Informationen getrennt zu halten. Die architektonischen Deklarationen betreffen Eigenschaften der Architektur, unabhängig von der Client-DTD, als Ganzes, während in einer LPD spezifische Zuordnungen von Elementen der Client-DTD zu Element-Formen der Meta-DTD vorgenommen werden.

8.3 Weitergehende Nutzung von LPDs

LPDs können nicht nur dazu genutzt werden, die Zuordnung einer Architektur zu einer DTD zu modularisieren, sondern es entstehen auch weitergehende Zuordnungsmöglichkeiten. LPDs erlauben es nämlich, Link-Attribute Elementen in Abhängigkeit davon zuzuweisen, in welchem Kontext diese Elemente erscheinen. Die Zuordnung eines Elements zu einer Element-Form kann dadurch abhängig gemacht werden von der hierarchischen Stellung des Elements oder von seiner Nachbarschaft.

Sehen wir uns zunächst die architektonische Zuordnung von Elementen in Abhängigkeit von ihrer hierarchischen Stellung an. In der folgenden DTD wird die Struktur eines Kapitels beschrieben, wobei alle Unterabschnitte eigene Elemente für Überschriften mit sich führen (DTD 8.8).

In der Client-DTD zu dieser Meta-DTD werden die Überschriften in den verschiedenen Kontexten nicht voneinander unterschieden. Auch die Element-Formen `teil` und `abschnitt` werden zusammengefasst durch das Element `unit` realisiert:

```
<!ELEMENT    chp              (hd, (sec+|unit+))>
<!ELEMENT    sec              (hd, unit+)>
<!ELEMENT    unit             (hd, p+)>
<!ELEMENT    hd               (#PCDATA)>
<!ELEMENT    p                (#PCDATA)>
```

DTD 8.9. Die aus `kapitel` abgeleitete Client-DTD

Die LPD muss nun die Kontroll-Attribute vom Typ `ArcForm` so in das Dokument integrieren, dass ein Element `unit`, das in `chp` erscheint, der Element-Form `unterkapitel` zugeordnet, wird, es aber innerhalb von `sec` auf `abschnitt` abgebildet wird. Die verschiedenen Vorkommen des Elements `hd` sind in gleicher Weise den Element-Formen `titel-1`, `titel-2` und `titel-3` zuzuordnen. Die folgende LPD leistet diese Aufgabe:

```
<!ATTLIST    #NOTATION kap-arch
      ArcDocF           NAME         "kapitel"
      ArcFormA          NAME         "KapForm"
      ArcDTD            CDATA        "kapitel.dtd">
<!ATTLIST    (chp|sec|unit|hd|p)
      KapForm           NMTOKEN      #IMPLIED>

<!LINK #INITIAL
      chp                                  [ KapForm="kapitel" ]
      sec       #USELINK sec-chp           [ KapForm="unterkapitel" ]
      unit      #USELINK unit-chp          [ KapForm="teil" ]
      hd                                   [ KapForm="titel-1" ]
      p                                    [ KapForm="absatz" ]>
<!LINK sec-chp
      hd                                   [ KapForm="titel-2" ]
      unit      #USELINK unit-sec          [ KapForm="abschnitt" ]>
<!LINK unit-sec
      hd                                   [ KapForm="titel-3" ]>
<!LINK unit-chp
      hd                                   [ KapForm="titel-2" ]>
```

LPD 8.10. Die LPD zur architektonischen Zuordnung der DTD `chp` zur Meta-DTD `kapitel`

```
...
<!LINK #INITIAL
        ...
        x              #USELINK y-in-x        [ ArcForm="a"
                                                ...                    ]
        y                                     [ ArcForm="b"
                                                ...                    ]
        ...>
...
<!LINK y-in-x
        y                                     [ ArcForm="b-spec"
                                                ...                    ]
                       -- weitere spezifische Zuordnungen von
                          Elementen innerhalb von y --
        ...>
...
```

Schema 8.11. Strukturabhängige Zuordnung von Kontroll-Attributen zu y im Kontext x

Die Steuerung der kontextabhängigen Zuweisung von Attributen zu Elementen geschieht durch das #USELINK-Konstrukt. Nachdem in der ersten Link-Gruppen-Deklaration (#INITIAL) alle Elemente Anfangswerte zugewiesen bekommen haben, wird durch #USELINK sec-chp festgelegt, dass für die innerhalb von sec erscheinenden Elemente eine eigene Link-Gruppen-Deklaration gilt, nämlich sec-chp. In der Link-Gruppen-Deklaration sec-chp wird nun festgelegt, dass für hd und unit von der Anfangszuweisung abweichende Attribut-Zuweisungen gelten sollen. Alle Elemente, die innerhalb dieser Link-Gruppen-Deklaration nicht aufgeführt sind, behalten dabei ihre Anfangsbelegung. Innerhalb von unit soll darüber hinaus wiederum eine eigene Link-Gruppen-Deklaration (#USELINK unit-sec) gelten, durch die ein in unit eingebettetes hd auf titel-3 abgebildet wird.

Die Wirkungsweise von #USELINK kann man sich am besten anhand einer exemplarischen Dokument-Instanz vergegenwärtigen. Link-Gruppen beziehen sich immer auf komplette eingebettete Dokument-Teile, die durch ein bestimmtes Element gekennzeichnet sind. Die Link-Gruppen tiefer eingebetteter Elemente haben dabei Vorrang vor den umgebenden:

```
<chp>                        ← Beginn des Wirkungsbereich von #INITIAL
    <hd>Die Reise</hd>
      <sec>                  ← Beginn des Wirkungsbereich von sec-chp
        <hd>Die Abfahrt</hd>
          <unit>             ← Beginn des Wirkungsbereich von unit-sec
            <hd>Vorbereitungen</hd>
            <p>...</p>
          </unit>            ← Ende des Wirkungsbereichs von unit-sec
      </sec>                 ← Ende des Wirkungsbereichs von sec-chp
  </chp>                     ← Ende des Wirkungsbereichs von #INITIAL
```

Das Prinzip der strukturabhängigen Zuweisung von Kontroll-Attributen durch Link-Gruppen-Deklarationen können wir allgemein folgendermaßen beschreiben (Schema 8.11). Wie wir im obigen Beispiel gesehen haben, können derartige strukturabhängige Attribut-Zuweisungen auch verschachtelt werden.

Neben der strukturabhängigen Zuordnung von Kontroll-Attribute ist auch die sequenzabhängige Zuordnung durch Link-Gruppen-Deklarationen realisierbar. Nehmen wir an, eine Meta-DTD ist folgendermaßen definiert:

```
<!ELEMENT    record          (item1, item2, item3)>
<!ELEMENT    item1           (#PCDATA)>
<!ELEMENT    item2           (#PCDATA)>
<!ELEMENT    item3           (#PCDATA)>
```

DTD 8.12. Exemplarische Meta-DTD `record`

In der Client-DTD kann nun die Situation auftreten, dass die verschiedenen Items des Datensatzes nicht durch den Elementnamen voneinander unterschieden werden sollen, sondern lediglich durch ihre Position:

```
<!ELEMENT    datensatz        (info, info, info)>
<!ELEMENT    info             (#PCDATA)>
```

DTD 8.13. Client-DTD `datensatz` zur Meta-DTD `record`

Bei der Definition der LPD kann dem dadurch Rechnung getragen werden, dass unmittelbar nach Auffinden des ersten Elements vom Typ `info`, das auf `item1` abgebildet wird, eine Link-Gruppen-Deklaration aktiviert wird, die die korrekte Zuordnung des zweiten `info`-Elements zu `item2` vornimmt, und dann für die letzte Zuordnung eine dritte Link-Gruppen-Deklaration aktiviert wird, die für die Zuordnung zu `item3` zuständig ist. Der Übergang zu einer bestimmten Link-Gruppen-Deklaration nach dem Abschluss der Aktivierung der aktuellen Link-Gruppen-Deklaration ist durch das Schlüsselwort `#POSTLINK` markierbar:

```
<!ATTLIST    #NOTATION record-arch
       ArcDocF          NAME        "record"
       ArcFormA         NAME        "recordForm"
       ArcDTD           CDATA       "record.dtd">
<!ATTLIST    (x|y)
       recordForm       NMTOKEN     #IMPLIED>


<!LINK #INITIAL
       datensatz                            [ recordForm="record" ]
       info      #POSTLINK info-2           [ recordForm="item1" ]>
<!LINK info-2
       info      #POSTLINK info-3           [ recordForm="item2" ]>
<!LINK info-3
       info                                 [ recordForm="item3" ]>
```

LPD 8.14. Die LPD zur architektonischen Zuordnung der DTD `datensatz` zur Meta-DTD `record`

In dieser wie in allen LPDs wird zunächst die durch `#INITIAL` markierte Link-Gruppen-Deklaration aktiviert. Durch diese wird `info` der Element-Form `item1` zugeordnet. Nach dem Endtag von `info` wird aber dann unmittelbar die Link-Gruppen-Deklaration `info-2` aktiviert. Die Wirkungsbereiche der verschiedenen Link-Gruppen-Deklarationen können in einer exemplarischen Dokument-Instanz folgendermaßen veranschaulicht werden:

```
<datensatz>            ←    Beginn des Wirkungsbereich von
    <info>Berlin            #INITIAL
    </info>
    <info>Hamburg       ←    Beginn des Wirkungsbereich von info-2
    </info>             ←    Ende des Wirkungsbereich von info-2
    <info>Köln          ←    Beginn des Wirkungsbereich von info-3
    </info>
</datensatz>           ←    Ende der Wirkungsbereiche von info-3
                            und #INITIAL
```

Anders als bei der strukturabhängigen Attribut-Zuweisung sind die verschiedenen untergeordneten Link-Gruppen also nicht ineinander verschachtelt, sondern werden eine nach der anderen aktiviert. Es ist deshalb möglich, auf benachbarten Elementen beliebige Abzähl-Prozesse über `#POSTLINK`-Deklarationen zu spezifizieren, so dass beispielsweise das erste und das fünfte Element gesondert abgebildet werden. Eine entsprechende Element-Deklaration in der Meta-DTD müsste etwa folgendermaßen aussehen:

```
(147)  <!ELEMENT    record      (first, item,
                                 (item, item,
                                  (mainitem, item*)?)?)>
```

In der Client-DTD müssen nicht unbedingt, wie im vorigen Beispiel, die sequenziell angeordeten Elemente vom gleichen Typ sein:

```
(148)  <!ELEMENT datensatz  (anfangsinfo, zweitinfo, info*)>
```

In der LPD muss nun so lange durch #POSTLINK auf eine spezifische Link-Gruppen-Deklaration verwiesen werden, bis das letzte Element mit einer spezifischen Zuordnung berücksichtigt worden ist. Im Falle von (147)/(148) müssen also fünf Verweise vorgenommen werden, um das sechste und die folgenden info-Elemente der Dokument-Instanz korrekt auf die mainitem folgenden Element-Formen info abzubilden:

```
<!ATTLIST    #NOTATION  record-arch
        ArcDocF         NAME       "record"
        ArcFormA        NAME       "recordForm"
        ArcDTD          CDATA      "record.dtd">
<!ATTLIST   (x|y)
        recordForm      NMTOKEN    #IMPLIED>

<!LINK #INITIAL
        datensatz                          [ recordForm="record" ]
        startinfo #POSTLINK info-2         [ recordForm="first" ]>
<!LINK info-2
        zweitinfo #POSTLINK info-3         [ recordForm="item" ]>
<!LINK info-3
        info          #POSTLINK info-4     [ ]
                                           -- der vorherige Wert wird
                                              beibehalten -->
<!LINK info-4
        info          #POSTLINK info-5     [ ]
                                           -- der vorherige Wert wird
                                              beibehalten -->
<!LINK info-5
        info          #POSTLINK info-folg [ recordForm="mainitem" ]>
<!LINK info-folg
        info                               [ recordForm="item" ]>
```

LPD 8.15. LPD zur architektonischen Zuordnung von (147) zu (148)

Beim Parsen einer Dokument-Instanz werden nacheinander innerhalb der Link-Gruppe #INITIAL alle Link-Gruppen sequenziell durchlaufen und die jeweiligen Zuordnungen zu Element-Formen vorgenommen:

```
<datensatz>                                 ← #INITIAL    → record
    <startinfo>Berlin</startinfo>                         → first
    <zweitinfo>Hamburg</zweitinfo> ← info-2               → item
    <info>Köln</info>                        ← info-3     → item
    <info>München</info>                     ← info-4     → item
    <info>Bielefeld</info>                   ← info-5     → mainitem
    <info>Gütersloh</info>                   ← info-folg  → item
</datensatz>                                 ← Ende von info-folg und
                                               #INITIAL
```

Daraus ergibt sich die folgende architektonische Instanz:

```
<record>
    <first>Berlin</first>
    <item>Hamburg</item>
    <item>Köln</item>
    <item>München</item>
    <mainitem>Bielefeld</mainitem>
    <item>Gütersloh</item>
</record>
```

Allgemein kann die Zuordnung eines bestimmten Kontroll-Attributs (wie generell jeden Link-Attributs) zu einem Element an n-ter Position in einer Sequenz beliebiger Elemente folgendermaßen definiert werden:

```
<!LINK #INITIAL
        ...
        x1            #POSTLINK y-2        [ ... ]
        ...>
<!LINK y-2
        x2            #POSTLINK y-3        [ ... ]>
...
<!-- weitere Link-Gruppen-Deklarationen, die jeweils auf
     das nächste verweisen -->
...
<!LINK y-n-1
        xn-1          #POSTLINK y-n        [ ... ]>
<!LINK y-n
        y             #POSTLINK y-n+1      [ArcForm ="a-spec" ] >
<!LINK y-n+1
        xn+1                               [ ... ]>
...
```

Schema 8.16. Zuordnung eines Kontroll-Attributs zu einem y an n-ter Position in einer Sequenz

Diese Definition zeigt ein Strukturmuster für Link-Gruppen-Deklarationen, durch das gezielt das n-te Element im Link-Prozess gesondert zugeordnet werden kann (und durch die Verkettung der Link-Gruppen-Deklarationen auch alle Elemente davor). Nach dem Zielelement kann wie hier durch `#POSTLINK y-n+1` eine bestimmte Link-Gruppen-Deklaration abschliessend deklariert werden, es ist allerdings auch möglich, durch die das Schlüsselwort `#RESTORE` anstelle von `#POSTLINK link` die vorherige Link-Gruppe zu reaktivieren.

Es soll an dieser Stelle darauf verzichtet werden, noch weitere Zuordnungsmöglichkeiten von Link-Attributen im einzelnen zu diskutieren. Eine LPD erlaubt beispielsweise die Definition von Linkgruppen, die durch bestimmte Tags in der Dokument-Instanz aktiviert werden. Weiterhin können mehrere LPDs im Prolog einer Dokument-Instanz enthalten sein.

Verglichen mit den Möglichkeiten, die SGML-Konvertiersysteme wie OM-NIMARK oder DSSSL/JADE bieten, scheint die Spezifikation einer LPD ein relativ primitives Instrument der Manipulation von Dokument-Instanzen zu sein. Dabei darf allerdings nicht vergessen werden, dass der Zweck von Link-Prozessen nie in der strukturellen Änderung von Instanzen gesehen worden ist, sondern selbst beim expliziten Linking eher in der Anreicherung der Instanz mit für die weitere Verarbeitung relevanter Information. Ein großer Vorteil des Link-Prozesses gegenüber der Konvertierung besteht darin, dass er als ein Teil des Parsing-Prozesses verstanden wird, da er eine Kern-Funktionalität jeden SGML-Systems darstellt. Die Nutzung von LPDs ist deshalb unterhalb jeglicher anderer Konvertierung anzusiedeln, so dass auch die architektonische Verarbeitung, sofern sie in einem SGML-System berücksichtigt wird, auf die Ausgabe des Link-Prozesses zugreifen kann.

Kernaussagen von Kapitel 8

- Eine LPD wird nach der Dokumenttyp-Deklaration durch eine Linktyp-Deklaration in das Dokument eingebunden.
- Die Verarbeitung einer LPD geschieht als ein Teil des Validierungsprozesses durch einen SGML-Parser, so dass dieser Mechanismus ideal für die externe Repräsentation aller architektonischen Deklarationen geeignet ist.
- In der LPD werden alle Attribute so definiert, wie sie als architektonische Kontroll-Attribute auch in der Client-DTD definiert worden wären. Der Link-Prozess fügt sie beim Parsing den DTD-deklarierten Attributen bei.
- Durch den Link-Prozess können Kontroll-Attribute dem Dokument auch dynamisch, also in Abhängigkeit von hierarchischer und/oder sequenzieller Position eines Elements zugeordnet werden.
- Dadurch wird es möglich, ein bestimmtes Element auf unterschiedliche Element-Formen abzubilden in Abhängigkeit davon, von welchem Element es umgeben oder welches Element vorangegangen ist.
- In XML sind Link-Prozess-Deklarationen nicht vorgesehen, allerdings kann für ein XML-Dokument in seiner Eigenschaft als SGML-Dokument eine LPD angegeben werden, die ein SGML-Parser nutzen kann.

9 Anwendungen

9.1 Restringierung

9.1.1 Einleitung

Bei der praktischen Anwendung von standardisierten DTD stellt sich oft das Problem, dass aufgrund ihrer beabsichtigten breiten Anwendbarkeit liberale Strukturvorgaben einzuschränken sind. Will ein Wörterbuch-Verlag beispielsweise die *base tag set* für Wörterbücher der TEI-Richtlinien (s. Anhang A.1.1) nutzen, müssen zusätzliche Regelungen getroffen werden, welche der durch die TEI-DTD erlaubten Strukturen untersagt sind und aus was für semantischen Einheiten eine Bedeutungsbeschreibung zusammengesetzt sein soll.

Dabei können zwei unterschiedliche Restringierungsziele verfolgt werden. Auf der einen Seite kann es des Ziel sein, in einer gegebenen DTD solche Elemente zu restringieren, in denen Informationen als CDATA-Attribut-Werte oder #PCDATA-Element-Inhalt kodiert ist. Es ist verschiedentlich kritisiert worden, dass in XML/SGML nicht vorgesehen ist, Attribute und Element-Inhalte weiteren Restriktionen zu unterziehen. Auf der einen Seite erlauben zwar Attribute die Festlegung bestimmter Typen von Werten und die Spezifikation von Auswahllisten, es ist jedoch nicht möglich, komplexere Konstrukte z.B. durch reguläre Ausdrücke zu spezifizieren, wie sie auch als Inhaltsmodelle von Elemente erscheinen können. Inhaltsmodelle, auf der anderen Seite, erlauben zwar die Spezifikation von komplexen strukturellen Regularitäten, doch enden Element-Hierarchien immer in Inhaltsdaten, für die lediglich die unspezifische Kategorisierung als #PCDATA (sowie in SGML als CDATA und RCDATA) möglich ist. #PCDATA kann dabei für alles zwischen einer leeren und einer aus Hunderttausenden von Zeichen bestehenden Zeichenkette stehen. Um CDATA-Attribute und Element-Inhalte auf eine endliche Menge von möglichen Zeichenketten einzuschränken, kann mit den Mitteln der architektonischen Verarbeitung XML/SGML selbst zur Restringierung eingesetzt werden.

Das zweite Restringierungsziel kann darin bestehen, die Inhaltsmodelle von Elementen einzuschränken. Bei der Erläuterung der architektonischen Formen in Abschnitt 7.1 war schon hervorgehoben worden, dass mit Element-Deklarationen

in Client-DTDs Einschränkungen von Element-Formen vorgenommen werden
können. Da aber jede DTD auch als Meta-DTD verwendet werden kann, können
in einer Client-DTD leicht Restriktionen von Inhaltsmodellen festgelegt werden.
Weitergehende Möglichkeiten ergeben sich durch zusätzliche Indizierung von
Element-Namen in der Client-DTD, wodurch die Inhaltsmodelle von Elementen
kontextabhängig abgewandelt werden können.

Bei der Restringierung wird also – anders als in den bisherigen Beispielen –
die Meta-DTD ins Zentrum gerückt und die Bildung der architektonische Instanz
zur zentralen Aufgabe. Die Bildung einer Dokument-Instanz zur Client-DTD hat
unterstützende Funktion bei der Erstellung einer validierbaren architektonischen
Instanz.

Wir werden uns im folgenden Abschnitt zunächst ansehen, wie Grammatiken
in XML/SGML ausgedrückt werden können, dann werden wir uns nacheinander
diesen beiden Restriktionstechniken zuwenden.

9.1.2 Zeichenketten und Grammatiken

Um Mengen von Zeichenketten zu definieren, werden Grammatiken verwendet.
Sätze wie

```
Hans lacht.
Katrin singt.
Hans isst einen Apfel.
Katrin holt eine Birne.
```

können z.B. durch die folgende Grammatik beschrieben werden:

```
S            →       NP VP
NP           →       Eigenname
NP-akk       →       Art-m N-m
NP-akk       →       Art-f N-f
VP           →       V-intr
VP           →       V-trans NP-akk

Eigenname    →       {Hans, Katrin}
Art-m        →       {einen, den}
Art-f        →       {eine, die}
N-m          →       {Apfel, Braten}
N-f          →       {Birne, Aprikose}
V-intr       →       {lacht, singt}
v-trans      →       {isst, holt}
```

Grammatik 9.1. Eine exemplarische Grammatik

Diese Grammatik enthält zwei verschiedene Art von Regeln. Die *Phrasenstruktur-Regeln* spezifizieren, wie die Kategorien, die auf der linken Seite erscheinen,

durch untergeordnete Kategorien zu realisieren sind. Wenn es mehrere Regeln mit der gleichen Kategorie auf der linken Seite gibt, dann handelt es sich um alternative Phrasenstruktur-Beschreibungen. Die *lexikalischen Regeln* verbinden die Wortklassen-Kategorien mit einer Liste von Wörtern, die diese Wortklasse konstituieren.

Es ist sehr leicht, die Phrasenstruktur-Regeln in XML/SGML-Element-Deklarationen umsetzen. Dabei sind lediglich alternative Regeln zu einer Kategorie durch Disjunktionskonnektoren zu vereinigen:

```
(149)  <!ELEMENT    s              (np, vp)>
       <!ELEMENT    np             (eigenname)>
       <!ELEMENT    vp             (v-intr|
                                    (v-trans, np-akk))>
       <!ELEMENT    np-akk         ((art-m, n-m) |
                                    (art-f, n-f))>
```

Wenn wir die lexikalischen Regeln der Grammatik in 9.1 exakt nachbilden wollen, genügt es nicht, den Wortklassenkategorien einfach als Inhaltsmodell (`#PC-DATA`) zuzuordnen. Eine naheliegende Lösung ist es, die Wörter, die die Wortklasse bilden, als Auswahlliste eines erforderlichen Attributs aufzuführen, das Element selbst aber mit dem leeren Inhaltsmodell zu versehen:

```
       <!ELEMENT    eigenname      EMPTY>
       <!ATTLIST    eigenname
               item (hans|katrin)      #REQUIRED>
       <!ELEMENT    art-m          EMPTY>
       <!ATTLIST    art-m
               item (einen|den)        #REQUIRED>
       <!ELEMENT    art-f          EMPTY>
       <!ATTLIST    art-f
               item (eine|die)         #REQUIRED>
       <!ELEMENT    n-m            EMPTY>
       <!ATTLIST    n-m
               item (apfel|braten)     #REQUIRED>
       <!ELEMENT    n-f            EMPTY>
       <!ATTLIST    n-f
               item (birne|aprikose)   #REQUIRED>
       <!ELEMENT    v-intr         EMPTY>
       <!ATTLIST    v-intr
               item (lacht|singt)      #REQUIRED>
       <!ELEMENT    v-trans        EMPTY>
       <!ATTLIST    v-trans
               item (isst|holt)        #REQUIRED>
```

Für den Satz

```
(150) Hans isst einen Apfel.
```

ergibt sich damit die folgende Darstellung als Dokument-Instanz:

```
<s>
   <np>
       <eigenname item="hans"/>
   </np>
   <vp>
       <v-trans="isst"/>
       <np>
           <art-m item="einen"/>
           <n-m item="apfel"/>
       </np>
   </vp>
</s>
```

Diese Lösung ist allerdings nicht optimal. Zwar werden die lexikalischen Einheiten korrekt den Wortklassen-Elementen zugeordnet, wir setzen jedoch nicht exakt die Zeichenkette um, die in (150) angegeben ist. Die Kette unterscheidet sich in verschiedener Hinsicht von einer Abfolge von Attribut-Werten vom Typ NMTOKEN:

1. Die einzelnen Elemente weisen eine spezifische Anordnung von Groß- und Kleinbuchstaben auf;
2. zwischen den Wörtern erscheinen Zwischenräume;
3. am Ende erscheint ein Punkt als Satzzeichen;
4. im Prinzip können auch Zeichen erscheinen, die in dem Attribut-Typ NMTOKEN nicht zugelassen sind.

Wir müssen deshalb die Regeln präzisieren. Die Phrasenstruktur-Regeln können wir mit Elementen anreichern, die die Position von Leerzeichen und dem satzabschließenden Punkt markiert:

```
(151)  <!ELEMENT    s        (np, sp, vp, punkt)>
       <!ELEMENT    np       (eigenname)>
       <!ELEMENT    vp       (v-intr|
                              (v-trans, sp, np-akk))>
       <!ELEMENT    np-akk   ((art-m, sp, n-m)|
                              (art-f, sp, n-f))>
```

Die lexikalischen Kategorien, zu denen jetzt auch die Elemente sp (‚space') und punkt hinzuzurechnen sind, müssen wir weiter in Elemente untergliedern, die jeweils für eine spezifische lexikalische Einheit stehen:

```
(152)  <!ELEMENT    eigenname   (hans|katrin)>
       <!ELEMENT    v-intr      (lacht|singt)>
       <!ELEMENT    v-trans     (isst|holt)>
       <!ELEMENT    art-m       (einen|den)>
       <!ELEMENT    art-f       (eine|die)>
       <!ELEMENT    n-m         (apfel|braten)>
       <!ELEMENT    n-f         (birne|aprikose)>
```

Die lexikalischen Einheiten können wir nun als leere Elemente definieren, für
die als ein fixiertes CDATA-Attribut genau die Zeichenkette spezifiziert ist, durch
die sie zu realisieren sind:

```
(153)  <!ELEMENT    hans      EMPTY>
       <!ELEMENT    katrin    EMPTY>
       <!ELEMENT    lacht     EMPTY>
       <!ELEMENT    singt     EMPTY>
       <!ELEMENT    isst      EMPTY>
       ...

       <!ATTLIST    katrin    string    CDATA    #FIXED   "Katrin">
       <!ATTLIST    hans      string    CDATA    #FIXED   "Hans">
       <!ATTLIST    lacht     string    CDATA    #FIXED   "lacht">
       <!ATTLIST    singt     string    CDATA    #FIXED   "singt">
       <!ATTLIST    isst      string    CDATA    #FIXED   "isst">
       ...
```

Auch die Elemente sp und punkt sind auf diese Weise zu definieren:

```
(154)  <!ELEMENT    sp        EMPTY>
       <!ATTLIST    sp        string    CDATA    #FIXED   " ">
       <!ELEMENT    punkt     EMPTY>
       <!ATTLIST    punkt     string    CDATA    #FIXED   ".">
```

Die Dokument-Instanz, die die Zeichenkette (150) beschreibt, enthält nun an
keiner Stelle direkt die Teil-Ketten, aus denen (150) zusammenzusetzen ist:

```
(155)  <s>
           <np>
               <eigenname>
                   <hans/>
               </eigenname>
           </np>
           <sp/>
           <vp>
               <v-trans>
                   <isst/>
               </v-trans>
               <sp/>
               <np>
                   <art-m>
                       <einen/>
                   </art-m>
                   <sp/>
                   <n-m>
                       <apfel/>
                   </n-m>
               </np>
           </vp>
           <punkt/>
       </s>
```

Wenn wir in dieser Dokument-Instanz nur diejenigen Elemente herausnehmen,
die lexikalische Einheiten bezeichnen, also die abgeleitete Instanz

```
<hans/><sp/><isst/><sp/><einen/><sp/><apfel/><sp/><punkt/>
```

bilden, so ist klar, dass sich die durch (155) beschriebene Zeichenkette aus der
Konkatenation der Zeichenketten ergibt, die bei allen diesen Elementen als fixiertes Attribut `string` vermerkt sind:

```
"Hans" + " " + "isst" + " "einen" + " " + "Apfel" + "."
→ "Hans isst einen Apfel."
```

Es ist evident, dass sich durch diese Methode alle Zeichenketten definieren lassen, die durch kontextfreie Grammatiken beschreibbar sind. Dieses beinhaltet
natürlich auch reguläre Ausdrücke, die gleichzusetzen sind mit einer Grammatik,
die nur aus einer einzigen Element-Deklaration für ein nicht-lexikalisches Element besteht. Ein regulärer Ausdruck kann, mit anderen Worten, immer durch
ein einziges XML/SGML-Inhaltsmodell beschreiben werden.

Die kleinsten lexikalischen Einheiten der Grammatik brauchen natürlich nicht
Wörter zu sein, es können auch einzelne Zeichen sein, die erst Wörter konstituie-
ren. Auf der anderen Seite können die lexikalischen Einheiten auch für längere
Ketten stehen, etwa ganz Floskeln oder Textstücke.

Die Umsetzung kontextfreier Grammatik-Regeln lässt sich leicht auch allgemein beschreiben. Bei den Phrasenstruktur-Regeln müssen wir alle die Regeln,
die auf der linken Seite das gleiche Symbol aufweisen, gemeinsam betrachten,
also folgende Regel-Gruppen:

$$
\begin{aligned}
A &\rightarrow B_{11} \ldots B_{1i} \\
A &\rightarrow B_{21} \ldots B_{2j} \\
&\ldots \\
A &\rightarrow B_{n1} \ldots B_{nk}
\end{aligned}
$$

In XML/SGML fallen diese Regeln dann in einer Element-Deklaration zusammen:

```
<!ELEMENT    a         ((b₁₁,  ..., b₁ᵢ) |
                        (b₂₁,  ..., b₂ⱼ) |
                        ...
                        (bₙ₁,  ..., bₙₖ))>
```

Einzelne lexikalische Regeln erfordern dagegen mehrere Element-Deklarationen,
für die Klasse selbst und für jedes lexikalische Element der Klasse, wobei jedes
der lexikalischen Elemente mit einem die eigentliche Zeichenkette enthaltenden
fixierten Attribut zu versehen ist. Eine Regel wie

$$
a \quad \rightarrow \quad \{s_1, \ldots, s_n\}
$$

ist also in die folgende Menge von Deklarationen zu überführen:

```
<!ELEMENT     a           (t₁|...|tn}
<!ELEMENT     t₁          EMPTY>
<!ELEMENT     t₂          EMPTY>
...
<!ELEMENT     tn          EMPTY>

<!ATTLIST     t₁    string    CDATA     #FIXED  "s₁">
<!ATTLIST     t₂    string    CDATA     #FIXED  "s₂">
...
<!ATTLIST     tn    string    CDATA     #FIXED  "sn">
```

Dabei sind t_1 bis t_n XML/SGML-Namen, die aus den Zeichenketten s_1 bis s_n abgeleitet sind.

Im nächsten Abschnitt soll nun gezeigt werden, wie aus einer Dokument-Instanz wie in (155) mit Mitteln der architektonischen Verarbeitung die Zeichenkette (150) als Wert eines Attributs oder als Element-Inhalt abgeleitet werden kann.

9.1.3 Restringierung von Attributen und Element-Inhalten

Nehmen wir an, unsere DTD besteht aus lediglich einer Element-Deklaration:

```
<!ELEMENT    satz              EMPTY>
<!ATTLIST    satz
        inhalt         CDATA      #REQUIRED>
```

DTD 9.2. Die exemplarische DTD „satz.dtd"

Eine korrekte Dokument-Instanz zu dieser DTD wäre z.B. die folgende:

```
<!DOCTYPE satz SYSTEM "satz.dtd">
<satz inhalt="Hans isst einen Apfel."/>
```

Dokument 9.3. Dokument-Instanz zur DTD in DTD 9.2

Wenn für das Attribut `inhalt` nur ganz bestimmte Zeichenketten als Wert angegeben werden sollen, können diese Ketten – wie im vorangegangenen Abschnitt dargestellt – durch eine Grammatik definiert und durch entsprechende Deklarationen nach XML/SGML umgesetzt werden. Auf der Grundlage der Überlegungen im vorangegangenen Abschnitt können wir leicht eine DTD erstellen, die statt des Attributs `inhalt` beim Element `satz` genau die als Beispiel aufgeführten Zeichenketten zu definieren erlaubt:

```
(156)  <!ELEMENT    satz            (s)>
       <!ELEMENT    s               (np, sp, vp, punkt)>
       <!ELEMENT    np              (eigenname)>
       <!ELEMENT    vp              (v-intr|
                                     (v-trans, sp, np-akk))>
       <!ELEMENT    np-akk          ((art-m, sp, n-m)|
                                     (art-f, sp, n-f))>
       <!ELEMENT    eigenname       (hans|katrin)>
       <!ELEMENT    v-intr          (lacht|singt)>
       <!ELEMENT    v-trans         (isst|holt)>
       <!ELEMENT    art-m           (einen|den)>
       <!ELEMENT    art-f           (eine|die)>
       <!ELEMENT    n-m             (apfel|braten)>
       <!ELEMENT    n-f             (birne|aprikose)>

       <!ELEMENT    hans            EMPTY>
       <!ELEMENT    katrin          EMPTY>
       <!ELEMENT    lacht           EMPTY>
       <!ELEMENT    singt           EMPTY>
       <!ELEMENT    isst            EMPTY>
       ...
       <!ATTLIST    hans     string CDATA   #FIXED "Hans">
       <!ATTLIST    katrin   string CDATA   #FIXED "Katrin">
       <!ATTLIST    lacht    string CDATA   #FIXED "lacht">
       <!ATTLIST    singt    string CDATA   #FIXED "singt">
       <!ATTLIST    isst     string CDATA   #FIXED "isst">
       ...
```

Eine Dokument-Instanz dieser DTD für den gleichen Satz wie in der Instanz 8-3 sieht dann folgendermaßen aus:

```
<!DOCTYPE satz SYSTEM "satz-rstr.dtd">
<satz><s><np><eigenname><hans/></eigenname></np><sp/><vp>
<v-trans><isst/></v-trans><sp/><np><art-m><einen/>
</art-m><sp/><n-m><apfel/></n-m></np></vp><punkt/></s>
```

Dokument 9.4. Dokument-Instanz zu DTD (156)

Wie kommen wir nun von dieser Dokument-Instanz zu der in 9.3? Die architektonische Verarbeitung erlaubt uns, über Kontroll-Attribute Attribut-Werte zu Element-Inhalten zu machen. Weiterhin ist es möglich, architektonische CDATA-Attribute durch den Inhalt aller eingebetteter Elemente zu bilden (s. Abschnitt 7.2.3.2). Wenn wir also die string-Attribute der lexikalischen Elemente der Instanz zunächst in Element-Inhalt überführen, kann auf der nächsten Stufe der gesamte Inhalt im inhalt-Attribut von satz ‚zusammengesammelt' werden. Dazu ist es notwendig, dass wir zwischen die DTD in 9.2 und die in (156) eine temporäre DTD zwischenschalten. In dieser DTD brauchen nur noch die Elemente erscheinen, die string-Attribute tragen, da die übrigen Elemente hier zu Restriktionszwecken keine Rolle mehr spielen. Darüber hinaus kann jede belie-

bige Kombination dieser Elemente zugelassen werden, da die korrekte, einge-
schränkte Abfolge ja schon durch die DTD in (156) gewährleistet ist:

```
<!ELEMENT     satz           (hans|katrin|lacht|singt|isst|
                              holt|einen|den|eine|die|apfel|
                              braten|birne|aprikose|sp|punkt)*>
<!ELEMENT     hans           (#PCDATA)>
<!ELEMENT     katrin         (#PCDATA)>
<!ELEMENT     lacht          (#PCDATA)>
<!ELEMENT     singt          (#PCDATA)>
<!ELEMENT     isst           (#PCDATA)>
...
```

DTD 9.5. Zwischen-DTD

Soll nun die DTD (156) dieser Zwischen-DTD als Meta-DTD zugeordnet werden, müssen die entsprechenden architektonischen Deklarationen vorgenommen
werden. Da die archiktektonischen Elemente den gleichen Namen aufweisen wie
die Basis-Elemente und das `ArcAuto`-Support-Attribut standardmäßig die automatische Zuordnung gleichbenannter Elemente vorsieht, können wir auf ein
`ArcForm`-Kontroll-Attribut vollständig verzichten. Durch ein `ArcNamrA`-Attri-
but wird aber für alle lexikalischen Elemente festgelegt, dass der Inhalt ihres
`string`-Attributs in der architektonischen Instanz als Element-Inhalt erscheint:

```
<![ %XML; [
<?IS10744 arch
        name=               "temp"
        dtd-system-id=      "temp.dtd"
        doc-elem-form=      "satz"
        renamer-att=        "tempNamrA"
?>                                                         ]]>

<![ %SGML; [
<?IS10744 ArcBase temp>
<!NOTATION AFDRMeta PUBLIC
        "ISO/IEC 10744:1997//NOTATION AFDR Meta-DTD
         Notation//EN">
<!ENTITY tempDTD SYSTEM "temp.dtd" CDATA AFDRMeta>
<!NOTATION temp SYSTEM>
<!ATTLIST #NOTATION temp
        ArcDocF         NAME        "satz"
        ArcDTD          CDATA       "tempDTD"
        ArcNamrA        NAME        "tempNamrA">          ]]>

<!ELEMENT     satz           (s)>
<!ELEMENT     s              (np, sp, vp, punkt)>
<!ELEMENT     np             (eigenname)>
<!ELEMENT     vp             (v-intr|
                              (v-trans, sp, np-akk))>
<!ELEMENT     np-akk         ((art-m, sp, n-m)|
                              (art-f, sp, n-f))>
<!ELEMENT     eigenname      (hans|katrin)>
```

```
<!ELEMENT    v-intr              (lacht|singt)>
<!ELEMENT    v-trans             (isst|holt)>
<!ELEMENT    art-m               (einen|den)>
<!ELEMENT    art-f               (eine|die)>
<!ELEMENT    n-m                 (apfel|braten)>
<!ELEMENT    n-f                 (birne|aprikose)>

<!ELEMENT    hans                EMPTY>
<!ELEMENT    katrin              EMPTY>
<!ELEMENT    lacht               EMPTY>
<!ELEMENT    singt               EMPTY>
<!ELEMENT    isst                EMPTY>
...

<!ATTLIST    katrin
        string              CDATA       #FIXED "Katrin"
        tempNamrA           CDATA       "#ARCCONT string">
<!ATTLIST    hans
        string              CDATA       #FIXED "Hans"
        tempNamrA           CDATA       "#ARCCONT string">
<!ATTLIST    lacht
        string              CDATA       #FIXED "lacht"
        tempNamrA           CDATA       "#ARCCONT string">
<!ATTLIST    singt
        string              CDATA       #FIXED "singt"
        tempNamrA           CDATA       "#ARCCONT string">
...
```

DTD 9.6. Restringierte DTD „satz-rstr" mit architektonischen Deklarationen

Bilden wir nun aufgrund dieser architektonischen Deklarationen die architektonische Instanz zur Dokument-Instanz 9.3, so erhalten wir folgendes:

```
<!DOCTYPE temp SYSTEM "temp.dtd">
<SATZ><HANS>Hans</HANS><SP> </SP><ISST>isst</ISST><SP>
</SP><EINEN>einen</EINEN><SP></SP><APFEL>Apfel</APFEL>
<PUNKT>.</PUNKT>
```

Dokument 9.7. Architektonische Instanz zu 9.3

Von dieser Instanz ausgehend können wir die Ziel-Instanz 9.3 erhalten, wenn wir die Zwischen-DTD 9.5 als Client-DTD der DTD 9.2 als Meta-DTD zuordnen. Dazu müssen wir lediglich – neben der obligatorischen Architektur-Deklarationen – angeben, dass bezüglich der Meta-DTD der Inhalt aller Elemente innerhalb von satz als Attribut-Wert zusammengefasst werden soll:

```
<![ %XML; [
<?IS10744 arch
        name=                   "satz"
        dtd-system-id=          "satz.dtd"
        doc-elem-form=          "satz"
        renamer-att=            "satzNamrA"
?>                                                          ]]>

<![ %SGML; [
<?IS10744 ArcBase satz>
<!ENTITY satzDTD SYSTEM "satz.dtd" >
<!NOTATION satz SYSTEM>
<!ATTLIST #NOTATION satz
        ArcDocF         NAME        "satz"
        ArcDTD          CDATA       "satzDTD"
        ArcNamrA        NAME        "satzNamrA">            ]]>

<!ELEMENT       satz                (hans|katrin|lacht|singt|isst|
                                    holt|einen|den|eine|die|apfel|
                                    braten|birne|aprikose|sp|punkt)*>
<!ATTLIST       satz
        satzNamrA       CDATA       "inhalt #CONTENT">
<!ELEMENT       hans                (#PCDATA)>
<!ELEMENT       katrin              (#PCDATA)>
<!ELEMENT       lacht               (#PCDATA)>
<!ELEMENT       singt               (#PCDATA)>
<!ELEMENT       isst                (#PCDATA)>
...
```

DTD 9.8. Zwischen-DTD mit architektonischen Deklarationen („temp.dtd")

Bilden wir zur architektonischen Instanz 9.7 auf der Grundlage von dieser DTD eine architektonische Instanz zweiter Ordnung, so erhalten wir die Instanz 9.3, von der wir ausgegangen waren:

```
<!DOCTYPE satz SYSTEM "satz.dtd">
<satz inhalt="Hans isst einen Apfel."/>
```

Dokument 9.9. Architektonische Instanz zweiter Ordnung

Von hier aus ist es nur noch ein kleiner Schritt, um die Zeichenkette auch in den Element-Inhalt zu überführen. Dazu ist die `satz`-DTD wiederum zu einer Client-DTD zu machen, durch die das leere `satz`-Element einem `#PCDATA`-Daten-Element zugeordnet wird:

```
<![ %XML; [
<?IS10744 arch
        name=               "satz2"
        dtd-system-id=      "satz2.dtd"
        doc-elem-form=      "satz"
        renamer-att=        "satz2NamrA"
?>                                                      ]]>


<![ %SGML; [
<?IS10744 ArcBase satz2>
<!ENTITY satz2DTD SYSTEM "satz2.dtd" >
<!NOTATION satz2 SYSTEM>
<!ATTLIST #NOTATION satz2
        ArcDocF         NAME        "satz"
        ArcDTD          CDATA       "satz2DTD"
        ArcNamrA        NAME        "satz2NamrA">        ]]>


<!ELEMENT    satz               EMPTY>
<!ATTLIST    satz
        inhalt          CDATA       #REQUIRED
        satz2NamrA      CDATA       "#ARCCONT inhalt">
```

DTD 9.10. Meta-DTD zweiter Ordnung („satz.dtd")

Die Meta-DTD `satz2` ist in diesem Fall denkbar einfach aufgebaut:

```
<!ELEMENT    satz       (#PCDATA)>
```

DTD 9.11. Ziel-DTD („satz2.dtd"), zugleich Meta-DTD dritter Ordnung

Als architektonische Instanz dritter Ordnung ergibt sich dann:

```
<!DOCTYPE satz2 SYSTEM "satz2.dtd">
<satz>Hans isst einen Apfel.</satz>
```

Dokument 9.12. Architektonische Instanz zweiter Ordnung

Dieses längere Beispiel hat gezeigt, dass es möglich ist, zu einer bestehenden Deklaration eines Daten-Elements oder eines Attributs in einer DTD eine Grammatik der möglichen Daten-Inhalte zu spezifieren, diese in ein DTD-Fragment umzusetzen und die bestehende DTD damit zu modifizieren. Instanzen, die gemäß dieser modifizierten DTD korrekt gebildet sind, lassen sich allein durch architektonische Verarbeitung in korrekte Instanzen der ursprünglichen DTD überführen. Es ist also nicht möglich, auf diese Weise zu prüfen, ob Daten einer existierenden Instanz der Ausgangs-DTD wie in 9.9 oder 9.12 die Restriktionen erfüllen oder nicht. Diese Eigenschaft der beschriebenen Technik prädestiniert sie somit für die Restringierung des Eingabevorgangs. Wird die Dokument-Erstellung auf der Grundlage der restringierten DTD in einem XML/SGML-Editor durchgeführt, ist es nicht möglich, inkorrekte Inhaltsdaten oder Attribut-Werte zu erzeugen. Jede validierbare Instanz der restringierten DTD ist auch eine validierbare Instanz der ursprünglichen DTD.

Während Dateninhalt von Elementen (neben CDATA und RCDATA in SGML) grundsätzlich nur vom Typ #PCDATA sein kann, ist für Attribut-Werte größerer Spielraum gegeben. Spezifische Einschränkungen vorzunehmen ist insbesondere bei den Typen sinnvoll, bei denen mehrere Werte spezifiziert werden können: NMTOKENS, IDREFS und ENTITIES sowie nur in SGML NAMES, NUMBERS und NUTOKENS. Wenn mehrere Werte vom Typ NUTOKENS eingegeben werden können sollen, kann es erforderlich sein, immer nur bestimmte Kombinationen von Werten zuzulassen. In solchen Fällen kann bei den lexikalischen Elementen, anders als im vorausgegangenen Beispiel, der entsprechende Typ, etwa NUTOKEN, beim fixierten Attribut angegeben werden.

Wir wollen uns im folgenden ansehen, wie für die Restringierung von Attributen und Daten-Elementen ein allgemeines Verfahren aussehen muss. Gegeben sei eine DTD D, in der eine Element-Deklaration vom Typ

```
<!ELEMENT    x           EMPTY>
<!ATTLIST    x
    att      CDATA       #REQUIRED>
```

vorkommt. Es sei weiterhin G eine Grammatik mit dem Startsymbol S, den Phrasenstrukturregeln P und den lexikalischen Regeln L. Aus D und S kann dann folgendermaßen eine restringierende DTD D' abgeleitet werden:

1. Ersetze

```
<!ELEMENT    x           EMPTY>
<!ATTLIST    x    att     CDATA     #REQUIRED>
```

durch

```
<!ELEMENT    x           (S)>
```

Füge weiterhin für alle Regelgruppen aus P der Form

$$A \rightarrow B_{11} \ldots B_{1i}$$
$$A \rightarrow B_{21} \ldots B_{2j}$$
$$\ldots$$
$$A \rightarrow B_{n1} \ldots B_{nk}$$

die Element-Deklarationen

```
<!ELEMENT      a            ((b11,  ..., b1i) |
                             (b21,  ..., b2j) |
                             ...
                             (bn1,  ..., bnk))>
```

in D' ein. Für alle Regeln aus L der Form

$$a \quad \rightarrow \quad \{s_1, \ldots, s_n\}$$

füge die folgenden Deklarationen in D' ein:

```
<!ELEMENT      a            (t1|...|tn)
<!ELEMENT      t1           EMPTY>
<!ELEMENT      t2           EMPTY>
...
<!ELEMENT      tn           EMPTY>
<!ATTLIST      t1
     string          CDATA       #FIXED "s1">
     ArcNamrA        CDATA       #FIXED "#ARCCONT string">
<!ATTLIST      t2
     string          CDATA       #FIXED "s2">
     ArcNamrA        CDATA       #FIXED "#ARCCONT string">
...
<!ATTLIST      tn
     string          CDATA       #FIXED "sn">
     ArcNamrA        CDATA       #FIXED "#ARCCONT string">
```

2. Erstelle aus D' die folgende intermediäre DTD D*. Ersetze dazu in D die Deklarationen

```
<!ELEMENT      x            EMPTY>
<!ATTLIST      x   att      CDATA       #REQUIRED>
```

durch

```
<!ELEMENT      x            (t1|...|tq)*>
<!ATTLIST      x
     ArcNamrA        CDATA       #FIXED "att #CONTENT">
<!ATTLIST      t1           (#PCDATA)>
<!ATTLIST      t2           (#PCDATA)>
...
<!ATTLIST      tn           (#PCDATA)>
```

Dabei ist $\{t_1, \ldots, t_n\}$ die Menge der lexikalischen Elemente, die durch die Umsetzung der lexikalischen Regeln in Element-Deklarationen in D' entstehen.

3. Deklariere D* zur Architektur von D'.
4. Deklariere D zur Architektur von D*.

Wird aus einer validierbaren Dokument-Instanz von D' zunächst die architektonische Instanz i' bezüglich D* generiert, dann aus dieser die architektonische Instanz i bezüglich D, so ist i eine validierbare Instanz von D.[24] Die Restringierung von Attribut-Werten lässt sich schematisch somit folgendermaßen darstellen:

DTD		Instanz
D	→	2. architektonische Instanz; Ziel-Dokument
↑		
D*	→	1. architektonische Instanz
↑		
D'	↔	restringierende Dokument-Instanz

Abb. 9.13. Restringierung von Attribut-Werten, schematisch

Für die Restringierung von Element-Inhalten muss auf die drei bestehenden Strukturebenen eine vierte aufgesetzt werden:

DTD		Instanz
D	→	3. architektonische Instanz; Ziel-Dokument
↑		
D**	→	2. architektonische Instanz
↑		
D*	→	1. architektonische Instanz
↑		
D'	↔	restringierende Dokument-Instanz

Abb. 9.14. Restringierung von Element-Inhalten, schematisch

Auf der Grundlage der allgemeinen Definition der Attribut-Restringierung ist es nun nicht schwierig, die Element-Inhalt-Restringierung ebenfalls in allgemeiner Form zu beschreiben. Gegeben sei eine DTD D, in der eine Element-Deklaration vom Typ

```
<!ELEMENT    x          (#PCDATA)>
```

---

[24] Dieses ist evident: Das CDATA-Attribut beim restringierten Element aus D wird in D' durch einen Teilbaum repräsentiert, dessen Blätter ebenfalls alle CDATA-Attribute aufweisen. Bei der Ableitung der architektonischen Instanz bezüglich D* werden alle diese Attribut-Inhalte der vormals leeren Elemente zum CDATA-kodierten Element-Inhalt. Der nächste Schritt der architektonischen Verarbeitung fasst alle diese Elemente wieder in einem CDATA-Attribut zusammen.

vorkommt. Es sei weiterhin G eine Grammatik mit dem Startsymbol S, den Phrasenstrukturregeln P und den lexikalischen Regeln L. Aus D und S kann dann folgendermaßen eine restringierende DTD D' abgeleitet werden:

1. Bilde aus D eine intermediäre DTD D**, die aus D hervorgeht, indem

```
<!ELEMENT      x          (#PCDATA)>
```

   durch

```
<!ELEMENT      x          EMPTY>
<!ATTLIST      x
     att           CDATA      #REQUIRED
     ArcNamrA      CDATA      "#ARCCONT att">
```

   ersetzt wird.
2. Deklariere D zur Architektur von D**.
3. Leite aus D** und S mit dem beschriebenen Verfahren eine restringierende DTD D' und eine zweite intermediäre DTD D* ab und füge die vorgesehenen architektonischen Deklarationen ein.

Wie aus 9.14 bereits hervorgeht, sind auf der restringierenden Dokument-Instanz aufbauend drei architektonische Instanzen zu bilden. Da aus der zweiten architektonischen Instanz bezüglich D** die dritte architektonische Instanz lediglich durch Übertragung des einen CDATA-Attribut-Wertes in den Element-Inhalt gebildet wird, ist auch hier gewährleistet, dass jede validierbare Dokument-Instanz bezüglich der restringierten DTD auch eine validierbare Instanz bezüglich der Ausgangs-DTD ist.

9.1.4 DTD-Kontrolle und Restringierung von DTDs

Wir haben bereits in Abschnitt 7.1.1 gesehen, wie Element-Formen in der Client-DTD eingeschränkt werden können. Wenn danach in der Meta-DTD eine Element-Form wie

```
<!ELEMENT      x          (y+)>
```

erscheint, kann bei der Definition eines dieser Form zugeordneten Elementes das Inhaltsmodell eingeschränkt werden:

```
<!ELEMENT      x          (y, y)>
```

Neben dieser schon beschriebenen Technik der Restringierung gibt es eine zweite, weitergehende Möglichkeit. Nehmen wir an, in einer DTD sind folgende Deklarationen enthalten:

```
(157)  <!ELEMENT    x                 (y, y)>
       <!ELEMENT    y                 (v*  |  w*)>
       <!ATTLIST    y
               att1           CDATA           #IMPLIED
               att2           (A|B|C)         "A">
```

Wenn nun die Menge der möglichen Dokument-Instanzen so eingeschränkt werden soll, dass das erste Vorkommen von y in x immer Folgen von v-Elementen
enthält, das zweite Vorkommen von y hingegen nur w-Folgen, können wir Varianten von y, y1 und y2, definieren, bei denen diese positionsabhängige Einschränkung vorgenommen wird:

```
(158)  <!ELEMENT    x                 (y1, y2)>
       <!ELEMENT    y1                (v*)>
       <!ELEMENT    y2                (w*)>
```

Die Attribut-Liste von y1 und y2 muss die gleiche sein wie die von y, allerdings
muss die Zuordnung zu y als Element-Form durch ein ArcForm-Kontroll-Attri-
but explizit vorgenommen werden:

```
       <!ATTLIST    y1
               att1           CDATA           #IMPLIED
               att2           (A|B|C)         "A"
               ArcForm        NMTOKEN    "y">
       <!ATTLIST    y2
               att1           CDATA           #IMPLED
               att2           (A|B|C)         "A"
               ArcForm        NMTOKEN         "y">
```

Diese Form der Restringierung basiert also auf Umbenennung, so dass eine Element-Form in unterschiedlichen Kontexten in unterschiedlicher Weise eingeschränkt werden kann. Es ist deshalb möglich, die Umbenennung zugleich mit
einer Einschränkung zu verbinden. Die Element-Form x in (157) kann auch dann
durch (158) restringiert werden, wenn sie das Element y unbeschränkt oft enthalten darf:

```
       <!ELEMENT    x            (y+)>
```

Bevor wir die kontextabhängige Restringierung allgemein definieren, wollen wir
uns einen konkreten Anwendungsfall ansehen. Die Strukturierung von Büchern
und Aufsätzen geschieht oft durch die standardisierte DTD ISO 12083. Dieser
Standard ist sehr liberal definiert, um einer Vielzahl von strukturellen Ansprüchen gleichzeitig Genüge tun zu können. Die Inhaltsmodelle für Abschnitte und
Unterabschnitte sehen z.B. vor, Nummerierung (no), Titel (title) und Einlei-
tungstext (Elemente in %s.zz;) fakultativ erscheinen zu lassen:

```
(159)  <!ELEMENT section   - O  (no?, title?, (%s.zz;)*, subsect1*)>
       <!ELEMENT subsect1  - O  (no?, title?, (%s.zz;)*, subsect2*)>
       <!ATTLIST subsect1  %a.id;
            SDABDY          NAMES            #FIXED "title h3"
            SDAPART         NAMES            #FIXED "title h4">
```

Soll ISO 12083 für die Erstellung neuer Texte durch einen SGML-Editor verwendet werden, werden gewöhnlich Richtlinien formuliert, welche Entscheidungen beim konkreten Projekt hinsichtlich dieses strukturellen Spielraums getroffen werden sollen. Die Restringierung von Inhaltsmodellen bietet die Möglichkeit, diese Entscheidungen als DTD-Fragment formal auszudrücken. Die Restringierung der Deklarationen in (159) kann beispielsweise folgendermaßen aussehen:

```
    <!ELEMENT section      - O  (no?, title, (%s.zz;)*,
                                 subsect1-1, subsect1-2)>
    <!ELEMENT subsect1-1 - O  (title, ((%s.zz;)*
                                 |subsect2*)>
    <!ELEMENT subsect1-2 - O  ((%s.zz;)*|subsect2*))>
    <!ATTLIST subsect1-1
         %a.id;
         SDABDY          NAMES            #FIXED "title h3"
         SDAPART         NAMES            #FIXED "title h4">
    <!ATTLIST subsect1-2
         %a.id;
         SDABDY          NAMES            #FIXED "title h3"
         SDAPART         NAMES            #FIXED "title h4">
```

In `section` und `subsect1-1` wird dadurch das Element `title` zwingend erforderlich, während es in `subsect1-2` fortfällt. Weiterhin entfällt bei den beiden Unterabschnitten die Nummerierung (`no`); einleitender Text wird ausdrücklich untersagt (`%s.zz;` nur alternativ zu `subsect2`). Die wichtigste Abänderung besteht aber darin, dass in `section` nur noch zwei Unterabschnitte zugelassen sind, von denen das erste, `subsect1-1`, mit einem Titel erscheint, das zweite, `subsect1-2`, jedoch nicht.

Sollen diese Restriktionen für die architektonische Verarbeitung wirksam werden, müssen wir eine DTD konstruieren, die diese abgewandelten Restriktionen enthält sowie alle übrigen der ISO-12083-DTD. Die umbenannten Elemente sind dabei den ursprünglichen Elementen zuzuordnen.[25] Allerdings stellt sich nun das Problem, dass in einer DTD ein Element nicht mehrmals deklariert sein darf. Die abgewandelten Element-Deklarationen müssen deshalb mitsamt ihrer Attributlisten-Deklarationen durch eine *marked section* unsichtbar gemacht werden. Als Statuskennzeichnung der *marked section* fungiert dabei eine Parameter-Entität, die aus dem Namen des Elementes abgeleitet ist, z.B. `original-`

---

[25] Für dieses ISO12083-Fragment wird keine korrespondierende Architektur-Deklaration für XML angegeben, da ISO12083 bislang nur für SGML vorgesehen ist.

`section`. Diese Parameter-Entität wird unmittelbar vor den abzuändernden Deklarationen auf den Wert `INCLUDE` gesetzt:

```
<!ENTITY %    original-section      "INCLUDE">
<![ %orginal-section; [
      <!ELEMENT section  ... -- ursprüngliches Inhaltsmodell -->
]>
```

Vor der abgewandelten Deklaration desselben Typs wird nun diese Parameter-Entität auf `IGNORE` gesetzt, so dass die ursprüngliche Deklaration unwirksam wird:

```
<?IS10744 ArcBase ISO12083-Book>
<!ENTITY % BookDTD SYSTEM "ibook.dtd">
<!NOTATION ISO12083-Book PUBLIC
      "ISO 12083:1993//DTD Book//EN"
      -- A base architecture used in conformance with the
         Architectural Form Definition Requirements of
         International Standard ISO/IEC 10744. -->
<!ATTLIST #NOTATION ISO12083-Book
      ArcDocF         NAME        "book"
      ArcDTD          CDATA       "BookDTD"
      ArcFormA        NAME        "BaseName">


<!-- Restriktionen -->

<!ENTITY %  original-section            "IGNORE">
<!ELEMENT section     - O  (no?, title, (%s.zz;)*, subsect1-1,
                                            subsect1-2)>
<!ELEMENT subsect1-1 - O  (title, subsect2*)>
<!ELEMENT subsect1-2 - O  (subsect2*)>
<!ATTLIST subsect1-1
      %a.id;
      SDABDY          NAMES       #FIXED "title h3"
      SDAPART         NAMES       #FIXED "title h4"
      BaseName        NAME        "subsect1">
<!ATTLIST subsect1-2
      %a.id;
      SDABDY          NAMES       #FIXED "title h3"
      SDAPART         NAMES       #FIXED "title h4"
      BaseName        NAME        "subsect1">


<!-- Restringierte DTD -->

%BookDTD;
```

DTD 9.15. Exemplarische Restringierung der ISO-12083-DTD

Da die neue definierte Deklaration der Parameter-Entität `original-section` vor der ursprünlichen Deklaration erscheint, die in `%BookDTD;` eingebunden ist, wird die ursprüngliche Element-Deklaration übergangen. Das Element `subsect1` ist dagegen auch weiterhin in der ursprünglichen Form in der DTD enthalten, da durch `subsect1-1` und `subsect1-2` zwei neue Elemente definiert werden. Falls `subsect1` auch in einem anderen Inhaltsmodell noch einmal vorkommt, ist die ursprüngliche Deklaration wirksam, falls keine explizite Umbenennung vorgenommen worden ist.

Bei der Konstruktion einer Client-DTD, die gegenüber einer als Meta-DTD verstandenen Ausgangs-DTD nur wenige Änderungen enthält, wird Gebrauch gemacht von der standardmäßig vorgesehenen Belegung des Support-Attributs `ArcAuto` durch den Wert `ArcAuto`, also die automatische Zuordnung von Elementen zu gleichbenannten Element-Formen.

Die kontextabhängige Restringierung von Elementen lässt sich für den allgemeinen Fall leicht darstellen, wenn wir die in Abschnitt 7.1.1 dargestellten Einschränkungsmöglichkeiten von Inhaltsmodellen voraussetzen. Es sei eine DTD D gegeben, die folgende Element-Deklaration enthält:

```
<!ELEMENT    x               μx>
<!ELEMENT    y               μy>
<!ATTLIST    y
     att1 ...
     ...
     attn ...        >
```

Dabei sind μ_x und μ_y Inhaltsmodelle, und y kommt mindestens einmal in μ_x vorkommt. Eine bezüglich y in x restringierte DTD D' kann dann dadurch gebildet werden, dass D folgende Deklaration vorangestellt werden:

```
<!ELEMENT    x               μx'>
<!ELEMENT    yi              restr(μy)>
<!ATTLIST    yi
     att1        ...
     ...
     attn        ...
     ArcForm     NMTOKEN        "y">
```

Dabei ist $restr(\mu_y)$ eine Einschränkungen von μ_y, μ_x' ergibt sich aus der Einschränkung von μ_x, indem ein Vorkommen von y durch yi ersetzt wird. i ist dabei ein zur kontextabhängigen Restringierung von y noch nicht verwendeter Index. Weiterhin ist über das oben beschriebene Verfahren sicherzustellen, dass jedes Element nur einmal deklariert wird.

Ein ähnliches Vorgehen kann auch gewählt werden, wenn es darum geht, zu prüfen, ob eine gegebene DTD D' in korrekter Weise eine DTD D restringiert. Dazu wird D als Meta-DTD zu D' deklariert, so dass jede architektonische Instanz einer Dokument-Instanz von D' eine validierbare Instanz von D sein muss. Selbstverständlich ist es auch denkbar, die DTDs direkt zu vergleichen, doch zur Zeit liegen entsprechende Software-Tools noch nicht vor.

9.1.5 Muster

Weder SGML noch XML erlauben es, neben der DTD auch Struktur-Muster für Dokument-Instanzen zu definieren[26]. Struktur-Muster könnten dazu genutzt werden, auf einfache Weise Zusammenhänge zwischen Element-Struktur in einem Dokument-Ausschnitt, Attribut-Werten sowie Element-Inhalten auszudrücken. Die in den vorangegangenen Abschnitten dargestellten Restringierungstechniken ermöglichen es nun, Struktur-Muster als Element- und Attributlisten-Deklarationen zu definieren. Sehen wir uns dazu ein Beispiel an.

Nehmen wir an, im Inhaltsmodell von doc erscheint a, das folgendermaßen definiert ist:

```
<!ELEMENT    doc                 (... a ...)>
<!ELEMENT    a                   (b*  |  c*)>
<!ELEMENT    b                   (d*  |  e*)>
<!ATTLIST    b
      att          (x|y|z)             #REQUIRED>
<!ELEMENT    c                   (f*  |  g*)>
<!ATTLIST    c
      att          (v|w)               #REQUIRED>
<!ELEMENT    d                   (#PCDATA)>
<!ELEMENT    e                   (#PCDATA)>
<!ELEMENT    f                   (#PCDATA)>
<!ELEMENT    g                   (#PCDATA)>
```

Für die möglichen Dokument-Instanzen dieser DTD können dann weiterhin die folgenden beiden Muster als Restriktionen formuliert werden:

```
Struktur-Muster 1:      <a>
                          <b att="x">
                            <d>spezielle Daten 1</d>
                            <d>beliebige Daten</d>
                          </b>
                        </a>


Struktur-Muster 2:      <a>
                          <c att="w">
                            <g>beliebige Daten</g>
                          </c>
```

---

[26] Zur Zeit befindet sich allerdings der Vorschlag *XML-Schema* als „Working Draft" beim *World Wide Web Consortium* (vgl. http://www.w3.org/TR/XMLschema-1/ und http://www.w3.org/TR/XMLschema-2/). Auf der Grundlage von XML-Schema können sog. Schemata definiert werden, die in ähnlicher Weise, wie in diesem Abschnitt dargestellt, Restriktionen über XML-Strukturen auszudrücken erlauben. XML-Schema vereinigt dabei die Restringierung von XML-Deklarationen mit den Deklarationen selbst, indem dafür wiederum XML-Strukturen verwendet werden. Zum gegenwärtigen Zeitpunkt ist allerdings eine endgültige Fassung dieses Substandards noch nicht absehbar.

```
                  <c att="v">
                     <f>spezielle Daten 2</f>
                  </c>
               </a>
```

Durch diese Strukturmuster werden nicht nur bestimmte Element-Strukturen
festgelegt, sondern auch Attribut-Werte und Element-Inhalte. Jedes der Struktur-
Muster wird als Restriktion des Elements a, a1 und a2, definiert, so dass im Inhaltsmodell von doc die folgende Ersetzung vorzunehmen ist:

```
(160)  <!ELEMENT     doc          (... (a1|a2) ...)>
```

Die Deklarationen von a1 und a2 und aller Unterelemente müssen nun so gestaltet werden, dass nur solche Strukturen innerhalb der Dokument-Instanz gebildet werden können, die einem der beiden Muster entsprechen. Für das erste
Muster ergeben sich dann folgende Deklarationen:

```
(161)  <!ELEMENT     a1           (b1)>
       <!ATTLIST     a1
          ArcForm          NMTOKEN    "a">
       <!ELEMENT     b1           (d1, d2)>
       <!ATTLIST     b1
          att              NMTOKEN    #FIXED "X"
          ArcForm          NMTOKEN    "b">
       <!ELEMENT     d1           EMPTY>
       <!ATTLIST     d1
          content          CDATA      #FIXED "spezielle Daten 1"
          ArcNamrA         CDATA      "#ARCCONT content"
          ArcForm          NMTOKEN    "d">
       <!ELEMENT     d2           (#PCDATA)>
       <!ATTLIST     d2
          ArcForm          NMTOKEN          "d">
```

Neben der Kombination von Umbenennung und Einschränkung des Inhaltsmodells wird hier auch ein Attribut eingeschränkt. Das Attribut att von b1 kann,
wie vom Struktur-Muster gefordert, nur den Wert x annehmen. Darüber hinaus
wird in d1 der Element-Inhalt dadurch festgelegt, dass im Attribut content eine
fixierte Zeichenkette als Wert erscheint und diese in der architektonischen Instanz zum Element-Inhalt wird (Abbildung durch das Kontroll-Attribut ArcNam-
rA). Das zweite Struktur-Muster wird in ähnlicher Weise realisiert:

```
(162)  <!ELEMENT     a2           (c1, c2)>
       <!ATTLIST     a2
          ArcForm          NMTOKEN    "a">
       <!ELEMENT     c1           (g1)>
       <!ATTLIST     c1
          att              NMTOKEN    #FIXED "w"
          ArcForm          NMTOKEN    "c">
       <!ELEMENT     c2           (f1)>
```

```
<!ATTLIST    c2
    att               NMTOKEN   #FIXED  "v"
    ArcForm           NMTOKEN   "c">
<!ELEMENT    g1        (#PCDATA)>
<!ATTLIST    g1
    ArcForm           NMTOKEN   "g">
<!ELEMENT    f1        EMPTY>
<!ATTLIST    f1
    content           CDATA     #FIXED "spezielle Daten 2"
    ArcNamrA          CDATA     "#ARCCONT content"
    ArcForm           NMTOKEN   "f">
```

Werden nun die Deklarationen in (160), (161) und (162) der ursprünglichen DTD D vorangestellt, so dass sich eine modifizierte DTD D' ergibt, kann D' als Client-DTD der Meta-DTD D zugeordnet werden. Wenn nun in einer Dokument-Instanz von D' eine Teilstruktur wie

```
<a2>
    <c1>
        <g1>beliebige Daten</g1>
    </c1>
    <c2>
        <f1/>
    </c2>
</a>
```

erscheint, so ergibt sich dafür in der architektonischen Instanz exakt das Struktur-Muster 2.

Die Definition von Strukturmustern kann natürlich auch mit der Restringierung von Attribut-Werten und Element-Inhalten durch grammatische Ausdrücke kombiniert werden, wie es in Abschnitt 9.1.3 dargestellt worden ist. Evident ist, dass das hier beschriebene Verfahren zur Umsetzung von Struktur-Mustern durch Umbenennung in Element-Deklarationen sehr umständlich ist. Viel plausibler ist es natürlich, Struktur-Muster direkt formulieren zu können, wie es etwa in XSL, der *Extensible Styling Language*, möglich ist. Allerdings muss jedes Struktur-Muster mit der DTD und der Dokument-Instanz abgeglichen werden, was genau die Prozesse erfordert, die bei der Restringierung durch die Validierung der restringierten Dokument-Instanz und die architektonische Verarbeitung geleiset wird. Die Automatisierung des hier beschriebenen Verfahrens der Umsetzung von Struktur-Mustern wäre somit die einfachste Realisation dieser nützlichen XML/SGML-Erweiterung.

9.2 Datenmanipulation

9.2.1 Umbenennung, Filterung, Konvertierung

Die Nutzung von Architekturen für die Zwecke der Dokumentmanipulation ist wohl neben der Spezifikation von architektonischen *engines* ihre bislang am weitesten verbreitete Anwendung. Die Datenmanipulation kann verschiedene konkrete Anlässe haben:

- Element- und Attribut-Namen sollen geändert werden (Umbenennung). Weiterhin können auch Attribut-Werte ‚umbenannt‘, d.h. anderen Werten zugeordnet werden;
- aus einem Dokument sollen für einen bestimmten Zweck nicht-relevante Textstücke und Informationen entfernt werden (Filterung);
- die Dokument-Instanz zu bestimmten DTD soll in eine Dokument-Instanz zu einer nicht identischen, aber ähnlichen DTD überführt werden (Konvertierung).

Wir haben bereits verschiedene Techniken der Zuordnung von Elementen der Client-DTD zu Element-Formen kennengelernt:

- Zuordnung durch das `ArcForm`-Support-Attribut bei den Element-Deklarationen in der Client-DTD;
- dynamische Zuordnung durch eine LPD mit der Möglichkeit, die Zuordnung in Abhängigkeit von hierarchischer und sequenzieller Position eines Elementes in der Dokument-Instanz vorzunehmen;
- individuelle Zuordnung eines Elements in der Dokument-Instanz;
- automatische Zuordnung, falls der Standardwert `ArcAuto` für das Support-Attribut `ArcAuto` gilt.

Umbenennung und Filterung erfordern dabei lediglich die Anwendung der üblichen architektonischen Deklarationstechniken. Die Umbenennung von Elementen geschieht direkt in der DTD durch das `ArcForm`-Attribut oder durch eine LPD, in der kein Gebrauch gemacht wird von spezifischen Link-Gruppen-Deklarationen. Werden nicht alle Elemente der Client-DTD umbenannt, so ist zu entscheiden, ob ein betreffendes Element architektonischen Status haben soll oder nicht. Ist das `ArcAuto`-Support-Attribut nicht explizit auf `nArcAuto` (keine automatische Zuordnung) gesetzt, so wird ein Element, das kein `ArcForm`-Kontroll-Attribut aufweist, einer gleichnamigen Element-Form zugewiesen, sofern es eine solche gibt. Um sicher zu gehen, dass keine automatisierte Zuordnung erfolgt, sollte durch dieses Attribut also die automatische Zuordnung unterdrückt werden.

Die erfolgreiche Ermittlung einer architektonischen Instanz ist keine Gewähr dafür, dass damit auch eine validierbare Instanz bezüglich der Meta-DTD vorliegt. Falls davon nicht generell ausgegangen werden kann (z.B. in den Fällen, in denen in der Client-DTD ‚unsichere Erweiterungen‘ (s. Abschnitt 7.1.1) vorgenommen worden sind), muss die architektonische Instanz als Dokument-Instanz der Meta-DTD eigens validiert werden.

Neben der Korrektheit und der Inkorrektheit einer architektonischen Instanz als Dokument-Instanz der Meta-DTD kann dabei auch als Ergebnis herauskommen, dass es sich bei der Instanz um eine partielle Dokument-Instanz der Meta-DTD handelt, die lediglich durch Hinzufügung notwendiger Elemente validierbar gemacht werden kann. Die Erstellung von partiellen Dokumenten durch architektonische Verarbeitung ist dann sinnvoll, wenn in der Client-DTD nur ein Aspekt des Textgegenstandes erfasst wird, das entstandene Dokument aber trotzdem ohne Konvertierung in eine umfassende DTD eingepasst werden soll.

Bei der Berechnung einer architektonischen Instanz ist es möglich, neben der Umbenennung und der Tilgung in beschränktem Maße auch strukturelle Änderungen vorzunehmen. Wir haben in Abschnitt 7.2.3.3 gesehen, dass das Kontroll-Attribut `ArcSupr` dazu genutzt werden kann, Dokument-Strukturen ‚abzuflachen‘, d.h. einzelne Elemente aus dem Dokument zu entfernen, so dass die davon abhängigen Elemente direkt innerhalb des umgebenden Elements erscheinen. Die Verwendung von LPDs bei der Zuordnung von architektonischen Deklarationen zu einer DTD erlaubt es weiterhin, die Zuordnung von Elementen der Client-DTD zu Element-Formen von ihrer hierarchischen oder sequenziellen Position abhängig zu machen, ohne dass dabei die Topologie des Dokument-Baumes verändert wird.

9.2.2 Bildung von partiellen Dokumenten

Der Begriff des partiellen Dokuments kann auf zwei verschiedene Arten verstanden werden:

1. Einerseits kann es sich bei einem partiellen Dokument um einen Teil einer validierbaren Dokument-Instanz zu einer DTD D handeln. Wird als Dokument-Element in der `DOCTYPE`-Deklaration das oberste Element des partiellen Dokuments gewählt, ist auch das partielle Dokument auf der Basis von D validierbar. Aus Sicht der DTD fehlen dem partiellen Dokument also übergeordnete und ggfs. nebengeordnete Elemente, um eine vollständige und korrekt validierbare Dokument-Instanz zu ergeben.
2. Auf der anderen Seite kann als ein partielles Dokument auch eine Dokument-Instanz von D verstanden werden, der obligatorische Elemente fehlen. Ein solches Dokument ist also nicht validierbar, die Nicht-Validierbarkeit darf

aber nur auf fehlende Elemente, nicht aber auf strukturelle Fehler zurückzuführen sein.

Anhand von SGML-Editoren kann man sich sehr gut vergegenwärtigen, dass es notwendig ist, neben der Validierbarkeit und der Nicht-Validierbarkeit eines Dokumentes auch partielle Validierbarkeit zu berücksichtigen. Author/Editor von der Firma Interleaf etwa erlaubt es, SGML-Dokumente in einem ‚rules checking: on'-Modus zu bearbeiten, durch den strukturabhängig Elemente eingefügt, entfernt und verschoben werden können. Während der Entstehung ist das Dokument somit ein partielles Dokument im zweiten Sinne. Jeder editorische Vorgang geschieht auf der Grundlage der DTD, so dass keine strukturellen Fehler entstehen können, das Dokument als Ganzes aber nicht validierbar ist. Die Bearbeitung partieller Dokumente im ersten Sinne ist in Author/Editor ebenfalls vorgesehen. Sowohl bei der Erstellung als auch beim Import von Dokumenten wird überprüft, ob das oberste Element im Dokument dem in der DOCTYPE-Deklarationen festgelegten Dokument-Element entspricht. Ist dieses nicht der Fall, erscheint eine Mitteilung, die besagt, dass das Dokument als ein partielles Dokument angesehen wird. Partielle Dokumente in diesem ersten Sinne sind auch in Author/Editor validierbar.

Eine architektonische Instanz kann sowohl ein partielles Dokument im ersten als auch im zweiten Sinne sein. Sehen wir uns dazu ein Beispiel an. Die folgende DTD beschreibt auf sehr einfache Weise die Struktur einer wissenschaftlichen Monographie:

```
<!ELEMENT   book        (title, author, chapter+, appendix)>
<!ELEMENT   chapter     (title, para+)>
<!ELEMENT   title       (#PCDATA)>
<!ELEMENT   author      (#PCDATA)>
<!ELEMENT   para        (#PCDATA)>
<!ELEMENT   appendix    (para+)>
```

DTD 9.16. Eine exemplarische DTD „book.dtd" für Monographien

Wenn einzelne wissenschaftliche Aufsätze nun im Rahmen einer speziell für diesen Zweck entwickelten DTD geschrieben worden sind, können wir durch wenige architektonische Deklarationen eine Zuordnung zur DTD "book.dtd" als Meta-DTD vornehmen:

```
<![ %XML; [
<?IS10744 arch
      name="book"
      public-id="-//LOCAL//NOTATION AFDR ARCBASE Book
                  Architecture//EN"
      dtd-system-id="book.dtd"
      doc-elem-form="chapter"
      form-att="bookForm"
?>                                                      ]]>

<![ %SGML; [
<?IS10744 ArcBase Book>
<!ENTITY Book SYSTEM "book.dtd" >
<!NOTATION Book PUBLIC
      "-//LOCAL//NOTATION AFDR ARCBASE Book Architecture//EN">
<!ATTLIST #NOTATION Book
      ArcDTD          CDATA       "Book"
      ArcDocF         NAME        "chapter"
      ArcFormA        NAME        "bookForm">                ]]>

<!ELEMENT    paper               (topic, author, p+)>
<!ATTLIST    paper
      bookForm          NMTOKEN          "chapter">
<!ELEMENT    topic               (#PCDATA)>
<!ATTLIST    topic
      bookForm          NMTOKEN          "title">
<!ELEMENT    author              (#PCDATA)>
<!ELEMENT    p                   (#PCDATA)>
<!ATTLIST    p
      bookForm          NMTOKEN          "para">
```

DTD 9.17. Die exemplarische Client-DTD „paper.dtd"

Eine Dokument-Instanz zu dieser DTD sieht dann etwa folgendermaßen aus:

```
<!DOCTYPE paper SYSTEM "paper.dtd">
<paper>
<topic>About SGML Architectures</topic>
<author>S. G. M. Ell</author>
<p>SGML architectures provide ...</p>
</paper>
```

Dokument 9.18. Dokument-Instanz „paper-23.sgm" zu DTD 9.17

Daraus lässt sich die architektonische Instanz in Dokument 9.19 ableiten. Dabei handelt es sich um ein validierbares partielles Dokument vom Typ 1. Es ist nun nicht möglich, durch die architektonische Verarbeitung Elemente zu generieren, die diese architektonische Instanz entweder umgeben (163) oder noch um zusätzliche Schwester-Elemente mit Standardbelegungen ergänzen (164):

```
<chapter>
<title>About SGML Architectures</title>
<para>SGML architectures provide ...</para>
</chapter>
```

Dokument 9.19. Architektonische Instanz zur Dokument-Instanz 9.17

```
(163)  <book>
       <title></title>
       <author></author>
       <chapter>
       <title>About SGML Architectures</title>
       <para>SGML architectures provide ...</para>
       </chapter>
       <appendix></appendix>
       </book>
```

```
(164)  <book>
       <title>[Titel]</title>
       <author>[Autor]</author>
       <chapter>
       <title>About SGML Architectures</title>
       <para>SGML architectures provide ...</para>
       </chapter>
       <appendix>[Anhang]</appendix>
       </book>
```

Um eine Struktur wie (164) aufzubauen, muss die architektonische Instanz stattdessen in ein Dokument-Muster eingepasst werden, indem an der Stelle, an der
das partielle Dokument erscheinen soll, ein entsprechender Entitätsverweis vorgenommen wird:

```
<!DOCTYPE book SYSTEM "book.dtd" [
  <!ENTITY import-1 SYSTEM "import-1.sgm">
]>
<book>
<title>[Titel]</title>
<author>[Autor]</author>
&import-1;
<appendix>[Anhang]</appendix>
</book>
```

Wird nun dieser Weg gewählt, um architektonische Instanzen strukturell anzureichern, können natürlich auch die in der Dokument-Instanz enthaltenen Informationen in einem auf der Meta-DTD beruhenden Dokument-Muster strukturell
andersartig zusammengefügt werden. Das author-Element beispielsweise ist in
der book-DTD nicht innerhalb von chapter enthalten, sondern davor − eine

solche Umformung kann durch architektonische Verarbeitung nicht geleistet werden. Bilden wir jedoch zwei verschiedene architektonische Instanzen, von denen eine das `chapter`-Element enthält und die andere lediglich ein `author`-Element, so können diese beide partiellen Dokumente beliebig zur Auffüllung eines Dokument-Musters verwendet werden:

```
<!DOCTYPE book SYSTEM "book.dtd" [
  <!ENTITY import-1 SYSTEM "import-1.sgm">
  <!ENTITY import-author SYSTEM "import-author.sgm">
]>
<book>
<title>[Titel]</title>
&import-author;
&import-1;
<appendix>[Anhang]</appendix>
</book>
```

Dokument 9.20. Ein Dokument-Muster zur Integration architektonischer Instanzen

In der Client-DTD müssen somit zwei unterschiedliche Architekturen deklariert werden: eine, die das `chapter`-Element als Dokument-Element in der architektonischen Instanz hervorbringt, und eine für das `author`-Element. Für beide Architekturen müssen natürlich unterschiedliche Kontroll-Attribute deklariert werden:

```
<![ %XML; [
<?IS10744 arch
        name="book"
        public-id="-//LOCAL//NOTATION AFDR ARCBASE Book
                  Architecture//EN"
        dtd-system-id=        "book.dtd"
        doc-elem-form=        "chapter"
        form-att=             "bookForm"
?>
<?IS10744 arch
        name="author"
        public-id="-//LOCAL//NOTATION AFDR ARCBASE Author
                  Architecture//EN"
        dtd-system-id=        "book.dtd"
        doc-elem-form=        "author"
        form-att=             "authorForm"
?>                                                      ]]>

<![ %SGML; [
<?IS10744 ArcBase Book>
<!ENTITY Book SYSTEM "book.dtd" >
<!NOTATION Book PUBLIC
        "-//LOCAL//NOTATION AFDR ARCBASE Book Architecture//EN">
<!ATTLIST #NOTATION Book
        ArcDTD          CDATA        "Book"
        ArcDocF         NAME         "chapter"
```

```
            ArcFormA          NAME          "bookForm">

<?IS10744 ArcBase Author>
<!ENTITY Book SYSTEM "book.dtd" >
<!NOTATION Author PUBLIC
        "-//LOCAL//NOTATION AFDR ARCBASE Author
         Architecture//EN">
<!ATTLIST #NOTATION Author
        ArcDTD            CDATA         "Book"
        ArcDocF           NAME          "author"
        ArcFormA          NAME          "authorForm">              ]]>

<!ELEMENT    paper              (topic, author, p+)>
<!ATTLIST    paper
        bookForm          NMTOKEN    "chapter">
<!ELEMENT    topic              (#PCDATA)>
<!ATTLIST    topic
        bookForm          NMTOKEN    "title">
<!ELEMENT    author             (#PCDATA)>
<!ATTLIST    author
        authorForm        NMTOKEN    "author">
<!ELEMENT    p                  (#PCDATA)>
<!ATTLIST    p
        bookForm          NMTOKEN    "para">
```

DTD 9.21. Exemplarische Client-DTD für zwei Architekturen

Die Art und Weise, wie die beiden Architekturen aktiviert werden, hängt von der
Software ab, die für diesen Zweck verwendet wird. Das zur SP-Familie gehörende Normalisierungstool SGMLNORM (s. Anhang C) erlaubt die Spezifikation der
zu verwendenden Architektur-Deklaration in der Befehlszeile. Die architektonische Verarbeitung hinsichtlich der author-Architektur führt jedenfalls zu der
folgenden Instanz:

```
<AUTHOR>S. G. M. Ell</AUTHOR>
```

Instanz 9.22. Architektonische Instanz zur Author-Architektur

Durch einen Normalisierungsschritt werden die beiden architektonischen Instanzen in das Dokument-Muster integriert, so dass sich schließlich die folgende Instanz ergibt:

```
<!DOCTYPE book SYSTEM "book.dtd">
<book>
<title>[Titel]</title>
<author> S. G. M. Ell </author>
<chapter>
<title>About SGML Architectures</title>
<para>SGML architectures provide ...</para>
</chapter>
<appendix>[Anhang]</appendix>
</book>
```

Dieses Beispiel zeigt, dass die architektonische Verarbeitung so erweitert werden kann, dass es möglich wird, Zielstrukturen aufzubauen, die Teilbäume umfassen, die in der architektonischen Instanz noch nicht enthalten sind. Ganze Familien von Architekturen erlauben es so, auch komplexere Konvertierungsprobleme zu lösen, sofern dazu keine Abfragen auf der Struktur oder den Daten notwendig werden.

9.2.3 DTD-Netze

Wir haben uns in den vorangegangenen Abschnitten verschiedene Anwendungs-aspekte von Architekturen angesehen. So ist es möglich, alle architektonischen Deklarationen in LPDs ,einzukapseln' und somit unabhängig von Dokument-Instanz und DTD zu repräsentieren. Weiterhin ist es möglich, durch Architektu-ren einfache und auch weitergehendere Konvertierungen vorzunehmen, durch die eine Dokument-Instanz in eine validierbare Instanz einer anderen DTD über-führt wird. Wenn wir auf diese Techniken aus einer übergeordneten Perspektive blicken, so zeigt sich, dass DTDs in ähnlicher Weise durch abhängige architek-tonische Deklarationen zu Netzen miteinander verbunden werden können wie Text-Dokumente zu Hypertexten. Die architektonischen Informationen spezifi-zieren dabei den Übergang von einer DTD zu einer anderen, so wie eine Adresse zwei Text-Dokumente miteinander verbindet. Zwei Bedingungen müssen dabei erfüllt werden:

1. Die architektonische Instanz ist eine validierbare Dokument-Instanz der Me-ta-DTD;
2. die Meta-DTD unterliegt nicht den AFDR-Erweiterungen, ist also eine ge-wöhnliche XML/SGML-DTD.

Die erste Bedingung ist notwendig, um sicherzustellen, dass in einem DTD-Netz beliebig viele Schritte gegangen werden können. Wäre die Validierbarkeit der architektonischen Instanz nicht gegeben, wäre die erneute architektonische Ver-arbeitung dieser Instanz nicht definiert. Die zweite Bedingung ergibt sich zwangsläufig aus der ersten, da eine Dokument-Instanz nur durch eine reguläre, nicht-erweiterte DTD validiert werden kann.

Abbildung 9.23 zeigt ein exemplarisches DTD-Netz. Jeder Pfeil repräsentiert eine Menge architektonischer Informationen, die unabhängig von der jeweiligen DTD durch LPDs (s. Kapitel 8) repräsentiert sind. In diesem DTD-Netz kann al-so z.B. von der Dokument-Instanz einer proprietären DTD übergegangen werden zu einer Instanz von ISO-12083, sodann daraus ein TEI-Dokument erzeugt wer-den, dann ein HTML-Dokument und daraus wiederum ein ICADD-Dokument (s. Anhang A.2.4). Aus diesem exemplarischen DTD-Netz wird auch deutlich, dass zirkuläre Verarbeitungen möglich sind, etwa von ISO-12083-Dokumenten über HTML- und ICADD-Dokumente wieder zu ISO-12083-Dokumenten. Eine sol-

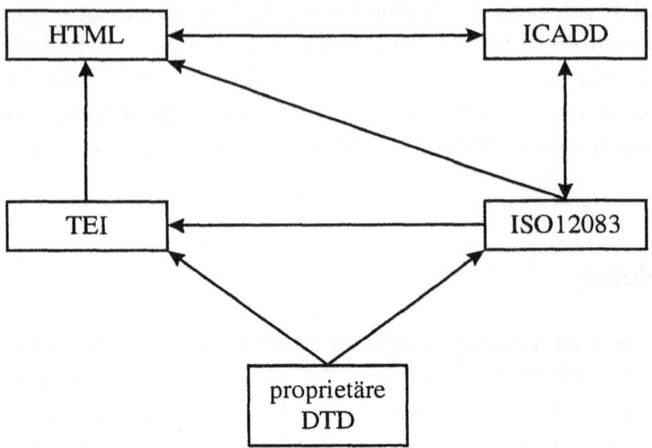

Abb. 9.23. Exemplarisches DTD-Netz

che Zirkularität bedeutet nicht, dass auch die gesamte Information erhalten bleibt, die im ursprünglichen Dokument enthalten war, da architektonische Instanzen grundsätzlich weniger Information enthalten können als die Basis-Instanz. Andererseits ist es, wie im vorangegangenen Abschnitt dargestellt, möglich, auf dem Wege der architektonischen Verarbeitung durch Muster die architektonische Instanz moderat mit zusätzlicher Information anzureichern, wenn es sich dabei auch nur um Platzhalter für die nicht generierbare eigentliche Information handelt. Bei der Überführung von ISO-12083-Dokumenten nach TEI beispielsweise muss auf diesem Wege Header-Information generiert werden. Können auf der Grundlage einer proprietären DTD derartige Informationen repräsentiert und nach TEI überführt werden, so gehen sie bei der Überführung über HTML und ICADD nach ISO-12083 verloren; durch die Überführung von ISO-12083 nach TEI würde dann nur ein Platzhalter für die Header-Information eingefügt werden.

Wir können DTD-Netze verstehen als eine Darstellung der architektonischen Abhängigkeiten, die zwischen bestehenden DTDs definiert sind und somit potentiell die Möglichkeiten der Überführung von Dokumenten in andere DTDs wiedergeben. Wir können DTD-Netze aber auch verstehen als eine Datenstruktur, die in SGML-Editoren genutzt wird ähnlich den Links zwischen Dokumenten in Hypertext-Systemen. Da zu jeder DTD im DTD-Netz angegeben ist, in welche andere DTD ein entsprechendes Dokument überführt werden kann, kann in einem SGML-Editor immer angegeben werden, in welche andere DTDs die aktuelle Dokument-Instanz gerade überführbar ist. Eine solche Zuordnung von Meta-DTDs kann ähnlich erfolgen wie die Zuordnung von Hyperlinks zu bestimmten Textstellen, nur dass die Meta-DTDs die strukturelle Verarbeitung des gesamten Dokuments betreffen.

9.3 Zum Verhältnis von primärer und sekundärer Strukturierung

Die vorangehenden Abschnitte haben gezeigt, dass die zweistufige Strukturierung erlaubt, zugleich restriktive und liberale Informationsmodelle auf ein und denselben Dateninhalt anzuwenden. Wir können diesen Ansatz erweitern auf ein Kontinuum von sehr liberalen zu sehr restriktiven DTDs:

* Darstellungsbezogene DTDs wie HTML oder ICADD erheben nicht den Anspruch, strukturelle oder semantische Aussagen in der Domäne der Daten zu treffen. Stattdessen spezifiziert die DTD eine abstrakte Struktur der Darstellung, aus der auf Client-Seite eine konkrete Darstellung gewonnen werden kann. Aufgrund der großen Bandbreite der zu berücksichtigenden Darstellungen verzichten DTDs diesen Typs fast vollständig auf strukturelle Restriktionen (in HTML können z.B. beliebig oft Überschriften in Überschriften eingebettet werden).
* Standardisierte DTDs werden vor allem für Austauschzwecke und für die Nutzung von Standard-Verarbeitungsverfahren oder -Software herangezogen. Standard-DTDs sind nicht vorrangig darstellungsbezogen, sondern sie versuchen hinsichtlich der Struktur den kleinsten gemeinsamen Nenner aller potentieller proprietärer DTDs innerhalb einer Domäne (s.u.) zu bilden. Deshalb weisen sie ein hohes Maß an Liberalität auf, so dass sie sich nur sehr begrenzt für die direkte unterstützte Dateneingabe eignen. Beispiele für Standard-DTDs sind ISO 12083 für wissenschaftliche Publikationen und TEI für geisteswissenschaftliche Texte.
* Die zentrale proprietäre DTD einer Organisation – etwa eines Unternehmens – hat die Aufgabe, das vorhandene und das absehbare Datenaufkommen zu strukturieren und einer organisationsinternen Verarbeitung zugänglich zu machen. Bei der Strukturierung kommt es dabei vor allem auf logische Durchsichtigkeit und vernünftige Komplexität an. Da solche DTDs nicht direkt für die Datenproduktion genutzt werden, sind sie weniger restringiert als Benutzer-DTDs, aufgrund der spezifischen Anforderungen der Organisation jedoch stärker restringiert als Standard-DTDs.
* Proprietäre Benutzer-DTDs haben vor allem die Aufgabe, die Konsistenz neu produzierter Daten zu gewährleisten. Benutzer-DTDs können z.B. aus Organisations-DTDs durch Restringierung (s.Abschnitt 9.1) hervorgehen. Die Restringierung kann dabei so weit gehen, dass Informationen nur ausgewählt, nicht aber als Zeichenketten vom Benutzer eingetragen werden.

Die Zusammenhänge zwischen Liberalität und Restriktivität versucht das folgende Diagramm darzustellen:

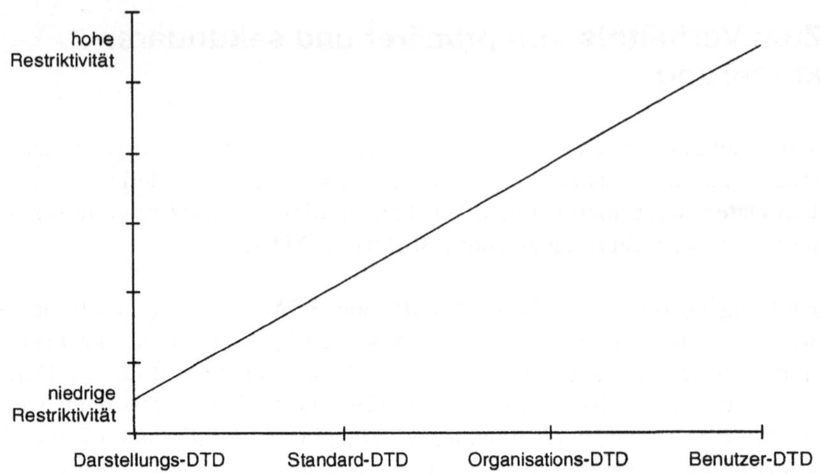

Abb. 9.24. Verhältnis von Liberalität und Restriktivität bei DTDs

Das Kontinuum zwischen sehr liberalen Darstellungs-DTDs und stark restringierten Benutzer-DTDs bildet zugleich eine Skala zwischen Datenpräsentation
und Datenproduktion. Die starke Restringierung von DTDs ist nur dann sinnvoll,
wenn mögliche falsche Eingaben abgefangen werden sollen, wohingegen eine
sehr liberale DTD für die strukturierte Eingabe nahezu zwecklos ist. Die Verwendung von Architekturen ermöglicht es somit, für jeden Teilprozess im ‚Lifecycle' strukturierter Dokumente die angemessene DTD zur Verfügung zu stellen,
anstatt mit nur einer DTD unspezifischen Ansprüchen zwischen Präsentation und
Produktion gerecht werden zu müssen.

Kernaussagen von Kapitel 9

- Mengen von Zeichenketten können durch Grammatiken beschrieben werden. Grammatiken bestehen aus Regeln, die leicht in XML/ SGML repräsentiert werden können.
- Die elementaren Wörter, deren Kombinationsmöglichkeiten durch die Grammatik beschrieben werden, müssen als fixierte Attribute von leeren Elementen repräsentiert werden.
- In XML/SGML-repräsentierte Grammatiken können genutzt werden, um PCDATA-Daten-Elemente und CDATA-Attribute zu restringieren.
- Einzelne Element-Deklarationen in DTDs lassen sich durch Umbenennung und Einschränkung restringieren. Die restringierte DTD wird durch architektonische Deklarationen mit der ursprünglichen DTD in Verbindung gebracht.
- Die Spezifikation von Strukturmustern für Dokumente kann durch Kombination dieser beiden Restringierungsmethoden geleistet werden. Die Strukturmuster werden dabei als alternative Unter-DTDs repräsentiert.
- Durch architektonische Verarbeitung können Dokumente gefiltert werden.
- Obwohl die architektonische Verarbeitung keine weitergehende Transformationsprozesse auszudrücken erlaubt, können durch Zusammenführung mehrerer unterschiedlicher architektonischer Instanzen in einem Dokument-Template auch Umordnungen ausgedrückt werden.
- Die Verknüpfung von DTDs durch architektonische Zuordnung kann zu DTD-Netzen führen.
- Client-DTDs (restriktive Strukturen) stehen tendenziell eher auf der Seite der Datenproduktion, Meta-DTDs (liberale Strukturen) eher auf der der Datenpräsentation.

ANHANG

A Standardisierte Informationsmodelle

Sowohl auf der Ebene der primären als auch auf der der sekundären Informationsstrukturierung gibt es bereits diverse Standards, die in verschiedenen Bereich breite Anwendung finden. Dieser Anhang stellt einige davon exemplarisch vor. Als Standards werden hier nicht nur offizielle ISO-Standards verstanden, sondern auch solche Informationsmodelle, die in Institutionen oder Verbänden durch Übereinkunft für Datenaustausch und Datenverkehr genutzt werden.

A.1 Standardisierte DTDs

Die Entwicklung standardisierter DTDs begann unmittelbar nach der Verabschiedung von SGML als ISO-Standard 8879 im Jahre 1986. Standardisierte DTDs gibt es inzwischen für nahezu jeden Bereich, und manche DTDs haben wahrhaft monumentale Ausmaße angenommen. Die folgenden drei Beispiele dokumentieren die ganze Bandbreite von sehr komplexen zu eher einfachen DTDs.

A.1.1 TEI

Die *Text Encoding Initiative* entstand 1987 aus dem Bedürfnis, literarische, historische und religiöse Texte durch Verwendung eines einheitlichen Kodierungsschemas der digitalen Verarbeitung zugänglich zu machen. Beteiligt sind seitdem drei internationale Fachverbände, die *Association for Computers and the Humanities*, die *Association for Computational Linguistics* sowie die *Association for Literary and Linguistic Computing*. Bis 1994 wurden eine Anzahl von Komitees mit Hunderten von Fachwissenschaftlern aus einer Vielzahl geisteswissenschaftlicher Disziplinen gebildet, die für die Festlegung der Informationsstrukturen zuständig waren. 1994 wurde mit ‚TEI P3‘ die heute gültige und in Zukunft lediglich zu erweiternde, nicht aber zu revidierende Version der ‚Guidelines‘ verabschiedet.

Die TEI-DTD zeichnet sich sowohl auf der Makro- als auch auf der Mikro-Ebene durch außergewöhnliche Flexibilität und Erweiterungsmöglichkeiten aus.

Die DTD besteht aus mehreren Teilen, die unterschiedliche Strukturierungsaufgaben wahrnehmen:

- Das *Core Tag Set* legt die Struktur des *Headers* von TEI-Dokumenten fest und definiert alle solchen Elemente, die in jeder TEI-Anwendung vorkommen können: Listen, Hervorhebungen, Zitate, Namen, Adressen, Verweise, bibiographische Angaben und vieles mehr.
- Die *Base Tag Sets* sehen Elementmengen für verschiedene Textsorten vor: für Prosa, für lyrische Texte, für dramatische Texte, für die Transkription gesprochener Sprache und für gedruckte Wörterbücher.
- In den *Additional Tag Sets* werden zusätzliche Annotationsmöglichkeiten festgelegt: ein umfangreiches Verlinkungssystem, Elemente für einfache linguistische Analysen, Merkmalsstrukturen, kritische Apparate, Graphen, Tabellen und anderes.

Soll ein konkreter Text annotiert werden, muss zunächst ein *Base Tag Set* ausgewählt werden, das dann um *Additional Tag Sets* erweitert werden kann. Die Auswahl geschieht in der DOCTYPE-Deklaration durch Definition von Parameter-Entitäten, die in der fundamentalen DTD (dem *Core Tag Set*; "tei2.dtd") als Statusangaben von *marked sections* fungieren, in denen die entsprechenden Teil-DTDs eingebunden werden:

```
<!DOCTYPE    TEI.2 SYSTEM "tei2.dtd" [
    <!ENTITY % TEI.prose      "INCLUDE">
    <!ENTITY % TEI.linking    "INCLUDE">
    <!ENTITY % TEI.textcrit   "INCLUDE">
]>
<tei.2>
...
</tei.2>
```

In diesem Beispiel wird das *Base Tag Set* für Prosa ergänzt um zwei *Additional Tag Sets*, eines für das TEI-spezifische Linking-System, das andere für die Aufnahme eines kritischen Apparates in den Text.

Auch auf der Ebene der einzelnen Deklarationen ist TEI sehr anpassungsfähig. Nahezu jeder Aspekt von Element- und Attributlisten-Deklarationen – Namen, Inhaltsmodelle, Anzahl der Attribute, ihr Status –, aber auch die Deklarationen als ganzes können gezielt herausgegriffen und abgewandelt werden. Dazu ist in der DTD durch Verwendung von Parameter-Entitäten nach den in Abschnitt 4.4 dargestellten Prinzipien die technische Grundlage geschaffen worden.

Da die TEI für die Anwendung in sehr breiten Benutzerkreisen ausgelegt ist, ist auch die Dokumentation sehr ausführlich und als solche richtungsweisend geworden. Die Entwickler der TEI-DTDs sind sich bewusst, dass eine DTD solange nicht vernünftig angewendet werden kann, wie es keine Darstellung der Strukturierungsmethodik als eine Art von Semantik der DTD gibt. Deshalb beschränkt sich die Dokumentation nicht auf die Auflistung der verschiedenen Elemente, sondern es steht vielmehr die Erläuterung der verschiedenen DTD-Teile und der ihnen zugrunde liegenden Grundsätze der Informationsmodellierung im Zentrum.

Alles dieses sowie die feste Verankerung von TEI in drei Fachverbänden hat dazu geführt, dass sich die TEI-DTD als ein dominanter Standard durchgesetzt hat, um den sich inzwischen eine eigene TEI-‚*community*‘ rankt mit Tagungen, Diskussionsforen und Publikationsreihen.

A.1.2 ISO 12083

Zielsetzung dieses Standards war die Vereinheitlichung von elektronischen Manuskripten für die Nutzung in Verlagen. Der Umgang mit den elektronischen Dokumenten, die gemäß dieser DTD strukturiert sind, ist der Intention nach von vornherein in professionelle Hände gelegt. Neben der Strukturierung von konkreten Dokumenten besteht darüber hinaus eine weitere Zielsetzung darin, mit der DTD eine Grundlage für die Entwicklung von Editions- und Datenhaltungssystemen zu schaffen, die alle miteinander verbindbar sind.

Der Standard enthält DTDs für insgesamt drei Textsorten: Bücher, Artikel und Periodika. Die genannten Zielsetzungen schlagen sich in diesen DTDs dahingehend nieder, dass großer Wert gelegt wurde auf eine deutliche Druck-bezogene Strukturierung, die auch die Erstellung von Inhaltsverzeichnissen, Indices, Glossaren, Querverweisen usw. auf optimale Weise unterstützt. Darüber hinaus zeichnet sich die ISO-12083-DTD durch drei weitere Besonderheiten aus:

- Als eine der ersten standardisierten DTDs wurde für ISO 12083 HyTime (s.u. Anhang A.2.1) als Architektur deklariert. Auf der Grundlage dieser DTD annotierte Texte lassen sich unmittelbar als Hypertexte in HyTime-Viewern verwenden, sofern die aus den HyTime-Formen abgeleiteten Elemente korrekt eingesetzt worden sind.
- Ebenfalls innovativ ist in ISO 12083 die Integration des ICADD-Standards (s.u. Anhang A.2.4). ICADD ist ebenfalls eine Architektur; sie ermöglicht die Umsetzung von ISO-12083-Instanzen in eine Struktur, die den standardisierten Ausgangspunkt für die Umsetzung des Textes für Sehbehinderte bildet. ICADD erlaubt die einfache Umsetzungen in Braille- oder Großschrift-Versionen des Dokuments oder die Synthetisierung einer akustischen Sprachausgabe.
- Die dritte Besonderheit dieser DTD ist in der Aufnahme einer Mathematik-DTD in ISO 12083 zu sehen. Diese DTD erlaubt die Repräsentation komplexer mathematischer Ausdrücke.

Anders als TEI erlaubt ISO 12083 nicht die simultane Annotation in Bezug auf unterschiedliche Aspekte des Textes.

A.1.3 HTML

HTML, die *Hypertext Markup Language*, ist wohl eine der bekanntesten SGML-Anwendungen. HTML hat die Aufgabe, Bildschirm-Seiten zu beschreiben und im Zusammenspiel mit dem *Hypertext Transmission Protocol* (HTTP) über das Internet verfügbar zu machen. Ein besonders wichtiger Punkt ist dabei, dass die Verknüpfung mit anderen HTML-Seiten, die an beliebiger Stelle im Internet hinterlegt sein können, durch einfache Mouse-gesteuerte Interaktion möglich ist. Auch andere Formen der Interaktion mit dem Benutzer werden in HTML unterstützt, das inzwischen in der Version 4.0 vorliegt.

Anders als die bisher dargestellten DTDs zielt HTML nicht auf die abstrakte inhaltliche Strukturierung eines Textes ab, sondern beschreibt die formale Seite eines Dokuments mit abstrakten Begriffen. Deshalb enthält HTML Elemente wie b (*bold*, fett) oder ol (*ordered list*, durchnumerierte Liste), nicht aber solche wie chapter oder abstract[27]. HTML zeichnet sich dadurch aus, dass auch die Repräsentation komplexer Interaktionsstrukturen für den Umgang mit dem Dokument am Computer relativ leicht möglich ist, u.a. durch die folgenden Möglichkeiten:

- Die Spezifikation von Hyperlinks geschieht im einfachsten Fall durch die Markierung eines Textstückes oder eines Bildes und die Angabe einer Ziel-Lokation als Attribut-Wert.
- Tabellen können auf die Anzeige am Bildschirm angepasst werden; Spaltenbezeichnungen können bei langen Tabellen beispielsweise auf jedem Bildschirm oben erscheinen, obwohl sie nur einmal zu Beginn der Tabelle angegeben worden sind (HTML 4.0).
- Durch die Definition von *image maps* können Bilder mit sensitiven Arealen überdeckt werden, an denen Hyperlinks ansetzen können.
- Auch Textfelder, *Pull-down*-Menüs, Auswahlkästen, Knöpfe und andere Arten von Benutzer-Eingaben werden durch einfache Elementstrukturen definiert und in ihrem Verhalten durch Attribute beschrieben.
- Durch *frames* kann der Bildschirm in mehrere Bereiche aufgeteilt werden.

Selbstverständlich setzt die Nutzung all dieser Informationsarten voraus, dass ein HTML verarbeitendes Programm auch die entsprechenden Darstellungen vornehmen kann. HTML eignet sich nur begrenzt für die strukturierte Annotation inhaltlicher Aspekte von Informationen.

HTML liegt inzwischen auch in einer XML-konformen Fassung vor (XHTML). Dokumente, die dieser HTML-Variante entsprechen sollen, unterliegen dann natürlich auch den strikteren Annotationsbedingungen, die für XML

---

[27] In der neuesten Version 4.0 wird diesem Nachteil allerdings durch die HTML-Variante ‚Strict' begegnet, die keine direkt Layout-spezifischen Element enthält.

gelten, etwa dem Verzicht auf Minimierungen oder speziellen Syntax für leere Elemente.

A.2 Standardisierte Architekturen

Architekturen bzw. Meta-DTDs sind erst mit der ersten Ausgabe des HyTime-Standards 1994 als eine generelle SGML-Technik der Informationsmodellierung eingeführt worden. Im HyTime-Standard selbst werden die Grundlagen dafür sowie zwei Anwendungen definiert. In letzter Zeit sind darauf aufbauend verschiedene andere Architekturen vorgeschlagen worden, und es ist damit zu rechnen, dass größere Standardisierungsbemühungen sich in Zukunft eher auf die Architekturentwicklung konzentrieren werden.

A.2.1 HyTime

Grundidee des HyTime-Standards ist es, beliebige SGML-Dokumente mit hypermedialen Informationen zu versehen, ohne dabei ihre Struktur als solche anzutasten. Die hypermediale Information, die repräsentiert werden kann, lässt sich in drei Bereiche gliedern:

- die Repräsentation von Hyperlinks,
- die Repräsentation von Lokationen im SGML-Dokument (und auch in beliebigen anderen strukturierten Informationgebilden) sowie
- die abstrakte Repräsentation hypermedialer Prozesse, etwa zeitlicher Verläufe oder räumlicher Abhängigkeiten.

Bei der Repräsentation von Hyperlinks wird der Ansatz verfolgt, dass durch einen Link zwei oder mehrere Anker in Dokumenten miteinander in Beziehung gesetzt werden. Da die Lokalisierung von Ankern konzeptionell getrennt wird von ihrer Verlinkung, kann ein Link deshalb auch unabhängig von diesen Lokationen gespeichert und verwaltet werden – das ist insbesondere dann von Interesse, wenn die ‚verlinkten‘ Lokationen nur indirekt bezeichnet werden können. Links sind formal gesehen Relationen zwischen Ankern, die Rollen aufweisen und so die Semantik des Links festlegen.

In HyTime gibt es ein Vielzahl von Techniken, um Lokationen in strukturierten Informationsgebilden zu bestimmen:

- Adressierung über den Namenraum: ID-Attribute und Entitäten werden zur Lokalisierung von Objekten verwendet;
- strukturelle Adressierung: die Lokalisierung von Objekten erfolgt über deren relative hierarchische und/oder sequenzielle Position in Informationsbäumen;

- semantische Adressierung: die Lokalisierung geschieht in Abhängigkeit von bestimmten Eigenschaften der Objekte, etwa bestimmte Kombinationen von Attribut-Belegungen in Abhängigkeit von der Einbettung in bestimmte Elemente. Notwendig für die Realisierung der semantischen Adressierung ist die Verfügbarkeit einer speziellen Abfragesprache;
- Adressierung über den Koordinatenraum: Die Lokalisierung geschieht auf Abschnitten von abstrakt definierten Achsen, etwa Zeit- oder Raumachsen.

Die letzte Adressierungstechnik bezieht sich auf den dritten Bereich, der durch HyTime standardisiert wird, die Spezifikation von Ereignisverläufen und endlichen Koordinatenräume. Grundgedanke ist hier, alles das, was in hypermedialen Präsentationen an zeitlichen und räumlichen Bezugnahmen zwischen den Informationseinheiten besteht – etwa der Vorführung einer Reihe von Bildern oder ein informationstragendes Seitendesign – abstrakt zu kodieren und so in gleicher Weise der Übertragung auf andere Systeme und andere Darstellungsformen zugänglich zu machen, wie es in ‚gewöhnlichen' SGML-Anwendungen auch schon hinsichtlich der Dokument-Struktur geschieht.

Um die vielfältigen Möglichkeiten von HyTime auszuschöpfen zu können, ist es natürlich notwendig, eine entsprechende HyTime-*engine* zur Verfügung zu haben. Zur Zeit gibt es lediglich *engines*, die die Linking- und Adressierungstechniken unterstützten (z.B. Softquads PANORAMA PRO). Es ist davon auszugehen, dass sich HyTime auch im Multimedia-Bereich als Standard durchsetzen wird, wenn leistungsstarke *engines* existieren, die den vollen Funktionsumfang von HyTime zu nutzen gestatten.

Obwohl HyTime auch in Verbindung mit XML als einer SGML-Variante genutzt werden kann, ist für XML ein vereinfachtes Linking-System, XLink, entwickelt worden, in das einige Ideen aus HyTime eingeflossen sind. Zusammen mit XPointer, einer Sprache zu Spezifikation relativer Knoten und Teilbäume im Informationsbaum, ergibt sich so ein auf die eingeschränkten Erfordernisse von XML zugeschnittenes Adressier- und Navigationssystem, das weitaus übersichtlich und leichter nutzbar ist als der HyTime-Standard.

A.2.2 Die *General Architecture*

Im Zuge der Entwicklung von HyTime ist mit der *General Architecture* auch eine einfache Architektur standardisiert worden, die eine Reihe nützlicher Funktionalitäten für beliebige SGML-Dokumente zur Verfügung stellt:

- Standard-Attribute für Elemente: Identifikator, Langform des Element-Namens für Dokumentationszwecke und Festlegung der ‚Sichtbarkeit' des Elements in der Informationsstruktur
- Daten-Attribute für Elemente: Daten-Attribute sind in SGML nur bei der Entitätsdeklaration festlegbar. Die *General Architecture* sieht eine Möglichkeit

vor, solche Daten-Attribute auch dann festzulegen, wenn eine Entität als Wert eines Element-Attributs erscheint und ihm erst hier über ein NOTATION-Attribut ein Datentyp zugeordnet wird.

- Lexikalische Typen: ein spezielles lextype-Attribut kann bei allen Elementen erscheinen; es erlaubt die Einschränkung von #PCDATA- und CDATA-Daten durch reguläre Ausdrücke.
- IDREF-Kontrolle: über ein ireftype-Attribut können für IDREF-Verweise weitergehende Einschränkungen festgelegt werden. Ein Verweis kann sich danach nicht auf beliebige Identifikatoren im Informationsbaum beziehen, sondern es können Restriktionen hinsichtlich des Elementtyps getroffen werden.
- Standardwerte für Attribute: hier sieht die *General Architecture* vor, in einer Liste Standardwerte für Attribut-Belegungen vorzusehen, die in den Elementen über bestimmte Attribute vorgenommen werden können. So kann eine Standardwertbelegung z.B. in Abhängigkeit von der hierarchischen Stellung des Elements erfolgen.
- Daten-Attribute: speziell für die Flexibilisierung des Umgangs mit Notationen sind einige Daten-Attribut-Formen vorgesehen, die z.B. die Festlegung alternativer Notationen oder die Angabe von in externen Daten enthaltenen Entitäten erlauben.

Durch die *General Architecture* werden also einige Unzulänglichkeit von SGML korrigiert, ohne dass dazu der SGML-Standard selbst abgeändert worden ist. Selbstverständlich erfordert auch die Nutzung der *General Architecture* eine entsprechende *engine* – eine solche liegt zur Zeit allerdings noch nicht vor, wenn man von der immer gegebenen Lösung der proprietären Auswertung absieht.

A.2.3 Topic Maps

Topic Maps (ISO/IEC 13250; früher *Topic Navigation Maps*) ist eine Architektur für die Darstellung von thematischen Bezügen zwischen Informationsobjekten. Zweck einer solchen Darstellung ist die Unterstützung der thematisch angepassten Navigation und Filterung. Im *Topic Maps*-Standard werden acht architektonische Formen definiert:

- topicmap: diese Form deklariert das Dokument-Element für alle *Topic Map*-Architekturen
- topic (*topic link*): durch diese Form wird ein *topic* deklariert. Ein *topic* ist ein Konzept das ein oder mehrere Namen besitzt und mit 0 oder mehr Informationsobjekten verknüpft ist;
- name: der Name eines *topics*, wobei auch einzelsprachliche Varianten, Umschreibungen, Abkürzungen usw. aufgeführt werden können;

- `occur` (*topic occurrence*): jedes Informationsobjekt, das als relevant für ein gegebenes *topic* angesehen wird;
- `assoc` (*association link*): diese Form erlaubt die Spezifikation beliebiger Beziehungen zwischen *topics* mit beliebigen *roles*;
- `assocrl` (*association role*): durch diese Elementform wird eine benutzerdefinierte Rolle spezifiziert, die ein *topic* im Rahmen einer bestimmten Beziehung (*association*) einnimmt;
- `facet` (*facet link*): diese Form erlaubt die Spezifikation zusätzlicher Attribut-Wert-Paare zur weitergehenden Charakterisierung von Informationsobjekten;
- `fvalue` (*facet value*): diese Form wird verwendet zur Spezifikation eines Wertes für ein Attribut, das durch ein *facet link* für ein Informationsobjekt spezifiziert wird;

Der Vorteil der Standardisierung von thematischen Strukturierung ist darin zu sehen, dass für unterschiedliche Domänen oder Wissensbereiche erstellte *topic maps* verschmolzen werden können und so nach einiger Zeit ein allumfassendes begriffliches Netzwerk entstehen kann. Es ist denkbar, dass das *World Wide Web* in seiner heutigen Erscheinungsform oder andere Hypertext-Systeme angereichert werden um ein Netz von begrifflichen Bezügen, die zusätzlich zu der Nutzung explizit repräsentierter Verlinkungen die Exploration zusammenhängender Wissensbereiche erlaubt.

A.2.4 ICADD

Das Akronym ICADD steht für *International Committee for Accessible Document Design*; dieses Komitee hat sich bereits 1991 zum Ziel gesetzt, für elektronisch verfügbare Dokumente eine Repräsentation festzulegen, die den Bedürfnissen von Sehbehinderten entgegenkommt. Die ICADD-DTD ist deshalb besonders gut für die Umsetzung in Braille-Schrift, Großschrift und die Anwendung von Sprachsynthese-Systemen geeignet. ICADD-annotierte SGML-Dokumente fungieren bei dieser Umsetzung als Zwischenformat, so dass nach Konvertierung beliebige sehbehindertengerechte Zielformate angesteuert werden können.

Die ICADD-DTD beschränkt sich auf lediglich 23 Elemente, die verhältnismäßig flach angeordnet sind. Elemente sind vorgesehen etwa für den Autor des Textes (`au`), für Bildunterschriften oder -erklärungen (`fig`), für Listenelemente (`litem`) oder für Schlüsselwörter (`term`). Überschriften unterschiedlicher Gewichtung werden wie in HTML durch `h1` bis `h6` bezeichnet. Wichtig bei der Umsetzung eines Dokuments in das ICADD-Zwischenformat ist, dass einige strukturelle Vereinfachungen und Verdeutlichungen vorgenommen werden müssen. So werden alle verschiedenen Arten von Auflistungen in der ICADD-DTD durch ein einziges Listen-Konstrukt repräsentiert.

Die Zuordnung dieser Elemente zu den Elementen einer gegebenen DTD wurde ursprünglich über eigene Attribute bewerkstelligt, die alle durch das Präfix SDA (*SGML Document Access*) gekennzeichnet sind. Diese Attribute haben eine ähnliche Funktion wie die architektonischen Kontroll-Attribute; allerdings gehen sie in den Fällen, in denen Zuordnungen in Abhängigkeit von hierarchischen oder sequenziellen Verhältnissen im Dokumentbaum vorgenommen werden müssen, über die Funktionalität der Support-Attribute hinaus. So können auch Regeln oder Zähler deklariert werden, um die korrekte Zuordnung der ICADD-Elemente vorzunehmen.

Die erweiterten Möglichkeiten der architektonischen Verarbeitung, wie sie im Anhang der revidierten Fassung des HyTime-Standards 1997 definiert worden sind, erlauben zusammen mit dem Link-Mechanismus von SGML (s. Kapitel 8) diese speziellen Regeln im wesentlichen nachzuzeichnen. Darüber hinaus liegen inzwischen Implementationen vor, die die SDA-Attribut in derselben Weise verarbeiten wie architektonische *engines*. Obwohl die ICADD-Initiative also auf die Zeit vor der Entwicklung des Konzeptes der Architektur zurückgeht, kann die ICADD-DTD heute als eine der ersten Architekturen verstanden werden.

A.2.5 Standard-DTDs als Architekturen

Es wurde bereits in Abschnitt 9.2.3 in Zusammenhang mit der Bildung von DTD-Netzen die Möglichkeit diskutiert, standardisierte DTDs auch als Architekturen zu nutzen. Dieses ist vor allem dann sinnvoll, wenn allein durch architektonische Verarbeitung die Konvertierung in solche Standard-DTDs möglich ist. Dabei gilt: Je weniger inhärente Strukturierung eine DTD aufweist, desto näher ist sie an der Präsentation der Daten, je mehr Struktur in ihr kodiert ist, desto wichtiger sind die semantischen Aspekte. Eine DTD wie die HTML-DTD eignet sich in diesem Sinne als eine Archiektur für ISO 12083 oder TEI, die TEI-DTD aber nicht als Architektur für HTML.

B XML-Syntaxregeln mit SGML-Erweiterungen

In diesem Teil des Anhangs sollen die Grundstrukturen von Dokumenten und
Deklarationen in XML und SGML kontrastiv dargestellt werden. Die tabellarische Darstellung ersetzt dabei nicht die exakten Produktionsregeln der jeweiligen Standards. Hinsichtlich des SGML-Standards sind verschiedene Aspekte, die
im vorliegenden Buch nicht berücksichtigt wurden und aus heutiger Sicht von
eher zweitrangiger Bedeutung sind, ausgelassen worden. Einzelne Darstellungen
lehnen sich an Maler/El Andaloussi (1996, 351ff.) an. Als komplette Darstellung
von XML s. Goldfarb (1998), von SGML s. Goldfarb (1990) oder Rieger (1995).

Zur Notation: fettgedruckte Teile in den Spezifikationen sind Zeichen oder
Zeichenketten, die in genau dieser Form zu erscheinen haben. Nicht-kursive
Teile bezeichnen Zeichen oder Zeichenketten, die zur Auswahl stehen und so erscheinen können. Kursive Teile sind Bezeichnungen von Objekten, die an anderer Stelle definiert sind, oder Spezifikationen, die sich von selbst verstehen (z.B.
Dateiname).

B.1 Allgemeines

- NAME, Element-Name, Attribut-Name usw.: Zeichenkette, die mit einem
  Buchstaben, ‚_' oder ‚:' beginnt und der Buchstaben, Zahlen oder die Zeichen ‚_', ‚:', ‚.' oder ‚-' folgen. In XML beliebig lang, in SGML abhängig
  vom NAMELEN-Parameter der SGML-Deklaration. Die in Namen vorkommenden Sonderzeichen können ebenfalls Gegenstand der Spezifikation durch
  die SGML-Deklaration sein.
- NMTOKEN: Zeichenkette, die aus Buchstaben, Zahlen oder den Zeichen ‚_',
  ‚:', ‚.' oder ‚-' folgt. In XML beliebig lang, in SGML abhängig vom NAME-
  LEN-Parameter der SGML-Deklaration. Die in Namen vorkommenden Sonderzeichen können ebenfalls Gegenstand der Spezifikation durch die SGML-
  Deklaration sein.
- NAME- oder NMTOKEN-Gruppe: Liste aus NAME- oder NMTOKEN-Elementen,
  nicht identisch mit NAMES oder NMTOKENS (s. Attributlisten-Deklaration).
  Aufbau:

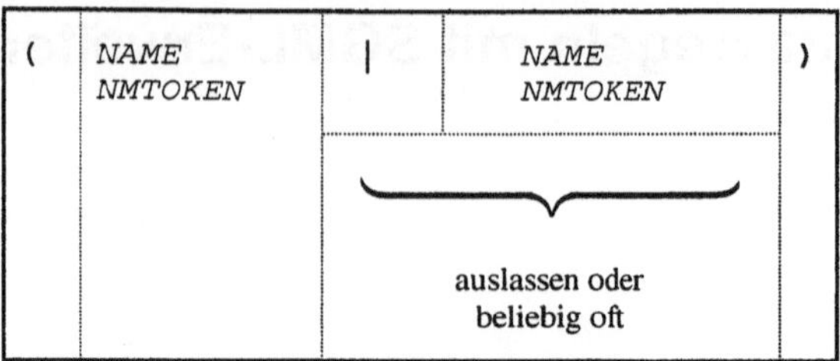

B.2 Dokument-Struktur

Dokumente werden als die Gesamtheit der grammatischen und der strukturellen Information sowie der Daten verstanden. Zur strukturellen Korrektheit und Wohlgeformtheit von Dokumenten s. 5.1.

B.2.1 Dokument-Struktur in XML

XML-Dokumente bestehen aus XML-Deklaration, DOCTYPE-Deklaration und Dokument-Instanz. Bis auf die Dokument-Instanz kann alles wegfallen.

`<?xml version="1.0"`	*nichts* *weitere Informationen zur Kodierung*		`?>`	kann wegfallen
Kommentar *Verarbeitungsanweisung*				} beliebig oft
`<!DOCTYPE` *El-Name*	*nichts* *SYSTEM "Dateiname"* *PUBLIC "Public-Bez."* *"Dateiname"*	*nichts* *[Deklartionen]*	`>`	kann wegfallen
kommentar *Verarbeitungsanweisung*				} beliebig oft
<Element-Name>	*Unterelement oder Daten sowie beliebig viele Verarbeitungsanweisungen, Marked Sections und Kommentare*	*</Element-Name>*		= Dokument-Instanz

- Der bei der DOCTYPE-Deklaration auftretende Element-Name bezeichnet das Dokument-Element, dasjenige Element, das die Dokument-Instanz bildet.
- In der DOCTYPE-Deklaration kann auf eine externe Datei verwiesen werden, die alle notwendigen Element-, Attributlisten-, Notations- und Entitätsdeklarationen enthält. Diese Datei wird gewöhnlich als DTD bezeichnet. Die DTD kann auch vollständig in dem durch [...] markierten Abschnitt der DOCTYPE-Deklaration (das *declaration subset*) enthalten sein.

B.2.2 Dokument-Struktur in SGML

Für SGML-Dokumente muss zwingend durch eine DOCTYPE-Deklaration eine DTD spezifiziert sein. Die SGML-Deklaration dagegen ist fakultativ; wird sie ausgelassen, greift die sog. Referenz-Syntax des Standards. LINKTYPE-Deklarationen sind ebenfalls fakultativ.

<table>
<tr>
<td><!SGML</td>
<td>"ISO 8879:1986"
"ISO 8879:1986 (ENR)"<br>"ISO 8879:1986 (WWW)"<br>"ISO 8879:1986 (ENR+WWW)"</td>
<td colspan="4">Spezifikationen ></td>
<td>auslassen oder ein-fach</td>
</tr>
<tr>
<td colspan="6">Kommentar
Verarbeitungsanweisung</td>
<td>} beliebig oft</td>
</tr>
<tr>
<td><!DOCTYPE</td>
<td>El-Name
#IMPLIED</td>
<td colspan="3">nichts
SYSTEM
SYSTEM "Dateiname"
PUBLIC "Public-Bez."
PUBLIC "Public-Bez"
      "Dateiname"</td>
<td>nichts
[Deklaratio-
nen] ></td>
<td>ein oder mehrfach</td>
</tr>
<tr>
<td colspan="6">kommentar
Verarbeitungsanweisung</td>
<td>} beliebig oft</td>
</tr>
<tr>
<td><!LINKTYPE</td>
<td>Linktype
-Name</td>
<td>El-Name
#SIMPLE</td>
<td>El-Name
#IMPLIED</td>
<td>nichts
SYSTEM
SYSTEM "Dateiname"
PUBLIC "Public-
Bez."
PUBLIC "Public-
Bez." "Dateiname"</td>
<td>nichts
[LINK-
Deklara-
tionen] ></td>
<td>auslassen, einfach oder mehrfach</td>
</tr>
<tr>
<td colspan="6">kommentar
Verarbeitungsanweisung</td>
<td>} beliebig oft</td>
</tr>
<tr>
<td><Element-Name></td>
<td colspan="4">Unterelement oder Daten sowie
beliebig viele Verarbeitungs-
anweisungen, Marked Sections
und Kommentare</td>
<td></Element-Name></td>
<td>= Dokument-Instanz</td>
</tr>
</table>

- Bezeichnung des Dokument-Elements wie in XML. Zum Aufbau der LINK-Deklarationen s. Kapitel 8.
- Statt eines Element-Names als Dokument-Element kann nur in WebSGML das Schlüsselwort #IMPLIED erscheinen. In diesem Fall ist kein bestimmtes Element als Dokument-Element festgelegt, jedes Element kann diese Funktion übernehmen.

B.3 Element-Deklaration

Durch Element-Deklaration werden Typen der in der Dokument-Instanz vorkommenden abstrakten Informationseinheiten spezifiziert.

B.3.1 Element-Deklaration in XML

`<!ELEMENT`	*Name*	`EMPTY`
		`ANY`
		XML-Inhaltsmodell
			`>`

- `EMPTY` bezeichnet das leere Inhaltsmodell
- `ANY` bezeichnet beliebige Inhaltsmodelle

B.3.2 XML-Inhaltsmodelle

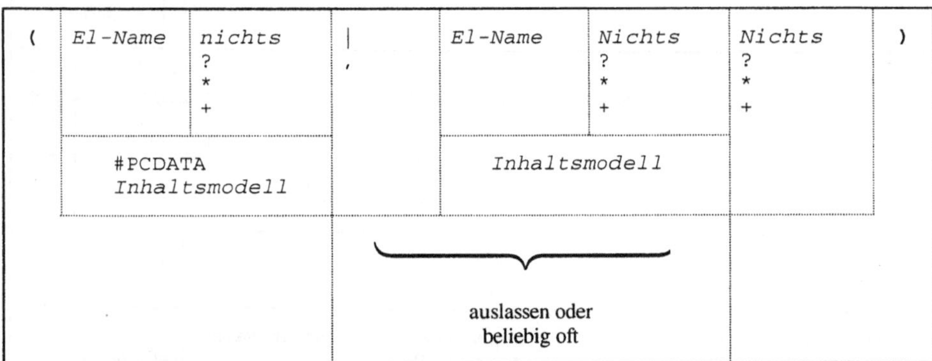

(	*El-Name*	*nichts* ? * +	| ,	*El-Name*	*Nichts* ? * +	*Nichts* ? * +	)
	`#PCDATA` *Inhaltsmodell*			*Inhaltsmodell*			

- `#PCDATA` ist zu parsender Dateninhalt, d.h. Textdaten, die Unterelemente oder Entitätsreferenzen enthalten können.
- `?` bezeichnet das fakultative Vorkommen
- `*` bezeichnet das null-, ein- oder mehrfache Vorkommen
- `+` bezeichnet das ein- oder mehrfache Vorkommen
- `|` bezeichnet die ausschließliche Auswahl
- `,` bezeichnet die lineare Sequenz

B.3.3 Element-Deklaration in SGML

`<!ELEMENT`	*El-Name*
	El-Namen-
	gruppe
		nichts
		`- -`
		`- o`
		`o -`
		`o o`
			`ANY`
			SGML-
			Inhalts-
			modell
				Nichts
				`+El-Namengruppe`
					Nichts
					`-El-Namengruppe`
						`>`

				`EMPTY`
				`CDATA`
				`RCDATA`		

- `ANY`, und `EMPTY` wie bei der XML-Element-Deklaration
- `CDATA` bezeichnet nicht-geparste Zeichenketten, d.h. Zeichenketten, in denen Unterelemente oder Entitätsreferenzen nicht beachtet werden
- `RCDATA` bezeichnet Zeichenketten, in denen nur Entitätsreferenzen beachtet werden, nicht aber Unterelemente
- `-` (dritte Spalte) an der ersten Stelle verbietet die Minimierung eines Anfangstags, an der zweiten Stelle die Minimierung eines Endtags (Festlegungen in der SGML-Deklaration sind bei der Minimierung zu beachten).
- `o` (dritte Spalte) an der ersten Stelle erlaubt die Minimierung eines Anfangstags, an der zweiten Stelle die Minimierung eines Endtags.
- `+El-Namengruppe` bezeichnet die Inklusion der Elemente in der Gruppe (s. Abschnitt 2.4)
- `+El-Namengruppe` bezeichnet die Exklusion der Elemente in der Gruppe (s. Abschnitt 2.4)

B.3.4 SGML-Inhaltsmodelle

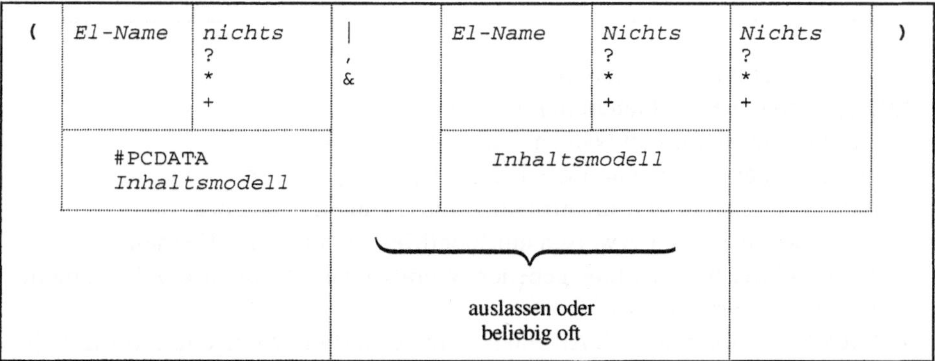

`(`	*El-Name*	*nichts*
		`?`
		`*`
		`+`
			`|`
			`,`
			`&`
				El-Name	*Nichts*
					`?`
					`*`
					`+`
						Nichts
						`?`
						`*`
						`+`
							`)`

	`#PCDATA` *Inhaltsmodell*			*Inhaltsmodell*			

auslassen oder beliebig oft

- `#PCDATA`, `?`, `*`, `+`, `|` und `,` wie im XML-Inhaltsmodell
- `&` bezeichnet die beliebige Anordnung, also `A & B = (A, B) | (B, A)`

B.4 Attributlisten-Deklaration

Durch Attributlisten-Deklarationen werden die bei einem Element eines bestimmten Typs möglichen Attribute festgelegt. Attribute schränken nicht die Kombinationsmöglichkeiten von Elementen ein, sondern erlauben es, Zusatzinformationen bei den einzelnen Elementen zu spezifizieren, die die Elemente eines Typs in Untergruppen gliedert.

B.4.1 Attributlisten-Deklaration in XML

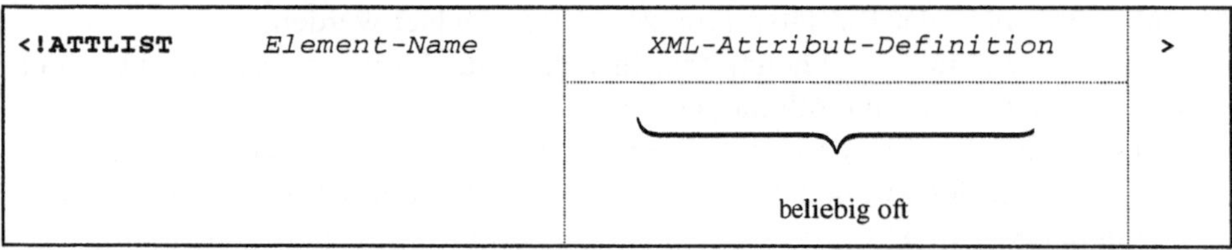

B.4.2 XML-Attribut-Definition

```
Attribut-Name     NMTOKEN-Gruppe              "Wert"
                  CDATA                       #FIXED "Wert"
                  ENTITY                      #REQUIRED
                  ENTITIES                    #IMPLIED
                  ID
                  IDREF[S]
                  NMTOKEN[S]
                  NOTATION NMTOKEN-gruppe
```

- CDATA: beliebige Zeichenkette
- ENTITY: Name einer Generellen Entität
- ENTITIES: Mengen von Namen Genereller Entitäten
- ID: eindeutiger Identifikator des Elements
- IDREF: Verweis auf den Identifikator eines anderen Elements
- IDREFS: Menge von Verweisen auf Identifikatoren anderer Elemente
- #FIXED: Fixierung des angegebenen Wertes (Wert kann in der Dokument-Instanz nicht verändert werden)
- #REQUIRED: Belegung des Attributs ist in der Instanz zwingend erforderlich
- #IMPLIED: auf die Belegung des Attributs kann in der Instanz verzichtet werden

B.4.3 Attributlisten-Deklaration in SGML

`<!ATTLIST`	`Nichts`
	`#NOTATION`
		`Element-Name`
		`El-Namengruppe`
		`#ALL`
			`SGML-Attribut-Definition`	`>`

beliebig oft

- `#ALL` erlaubt es, die Attributlisten-Deklaration auf alle Elemente der DTD zu beziehen. Dieses Schlüsselwort ist nur in Meta-DTDs mit AFDR-Extensionen oder in WebSGML verwendbar. Zusätzliche Bedingung ist, dass mehrere Attributlisten-Deklarationen mit einer Element-Deklaration kombiniert werden können.

B.4.4 SGML-Attribut-Definition

`Attribut-Name`
`Attribut-Namengruppe`
	`NMTOKEN-Gruppe`
	`CDATA`
	`ENTITY`
	`ENTITIES`
	`ID`
	`IDREF[S]`
	`NAME[S]`
	`NMTOKEN[S]`
	`NUMBER[S]`
	`NUTOKEN[S]`
	`NOTATION NAME-Gruppe`
		`Wert`
		`"Wert"`
		`#FIXED Wert`
		`#FIXED "Wert"`
		`#REQUIRED`
		`#IMPLIED`
		`#CURRENT`
		`#CONREF`

- `CDATA`, `ENTITY`, `ENTITIES`, `ID`, `IDREF`, `IDREFS` wie bei XML-Attribut-Definition
- `NUMBER`: eine Zeichenkette, die aus den Ziffern 0 bis 9 zusammengesetzt ist
- `NUMBERS`: Menge von Objekten des Typs `NUMBER`
- `NUTOKEN`: wie `NAME`, nur dass zu Beginn eine Ziffer erscheinen muss.
- `NUTOKENS`: Menge von Objekten des Typs `NUTOKEN`
- `#FIXED`, `#REQUIRED`, `#IMPLIED` wie bei XML-Attribut-Definition
- `#CURRENT`: Attribut erhält den letzten Wert, den es in der Instanz zugewiesen bekommen hat
- `#CONREF`: Der Wert des Attributs wird als Elementinhalt gewertet.

B.5 Notationsdeklaration

Notationen sind Typen von Daten. Die explizite Deklaration von Notationen in einem Dokument ermöglicht es, in der Dokument-Instanz Daten eines anderen Typs als des SGML-Standardtyps zu verwenden, z.B. Grafikformate oder andere Arten der Textkodierung.

B.5.1 Notationsdeklaration in XML

```
<!NOTATION   Not-Name      SYSTEM  "Dateiname"                      >
                           PUBLIC  "Public-Bezeichner"
                           PUBLIC  "Public-Bez." "Dateiname"
```

- Deklarierte Notationen dürfen nur als Werte von Notationsattributen verwendet werden

B.5.2 Notationsdeklaration in SGML

```
<!NOTATION   Not-Name    SYSTEM                                      >
             #ALL        SYSTEM  "Dateiname"
                         PUBLIC  "Public-Bezeichner"
                         PUBLIC  "Public-Bez." "Dateiname"
```

- Für #ALL gelten die gleichen Restriktionen wie bei Attributlisten-Deklarationen

B.6 Entitätsdeklaration

Entitäten sind gekapselte Informationseinheiten. Sie können auf der Ebene der Daten als Generelle Entitäten und auf der strukturellen Ebene als Parameter-Entitäten deklariert werden. Generelle Entitäten können SGML-Daten oder Daten anderer Notationen beinhalten, Parameter-Entitäten nur SGML-Daten.

B.6.1 Deklaration Genereller Entitäten in XML

`<!ENTITY`	*Ent-Name*	SYSTEM `"Dateiname"` PUBLIC `"Public-Bez."` `"Dateiname"`	*Nichts* NDATA *Not-Name*	`>`
		`"Zeichenkette"`		

- NDATA: Die Entität enthält Nicht-SGML-Daten

B.6.2 Deklaration Genereller Entitäten in SGML

`<!ENTITY`	*Entität-Name* #DEFAULT	SYSTEM SYSTEM `"Dateiname"` PUBLIC `"Public-Bezeichner"` PUBLIC `"Public-Bezeichner"` `"Dateiname"`	*nichts* SUBDOC CDATA *Not-Name* NDATA *Not-Name* SDATA *Not-Name*	*Nichts* [*SGML-Attrib-Definitionen*]	`>`
			`"Zeichenkette"`		

- NDATA wie in XML-Notationsdeklaration
- #DEFAULT: für alle solchen Entitätsreferenzen, für die es keine spezifische Deklaration gibt, kann die Entitätsdeklaration herangezogen werden
- SUBDOC: Die Entität ist ein komplettes SGML-Dokument inklusive DOCTYPE-Deklaration (in WebSGML auch mit SGML-Deklaration)
- CDATA: Die Entität enthält als CDATA zu interpretierende SGML-Daten
- SDATA: Die Entität enthält systemspezifische Daten (z.B. Referenzen auf konkrete Zeichensätze)

B.6.3 Deklaration von Parameter-Entitäten in XML

`<!ENTITY %`	*Ent-Name*	`"Zeichenkette"` SYSTEM *Dateiname* PUBLIC *Public-Bezeichner* PUBLIC `"Public-Bez."` `"Dateiname"`	`>`

B.6.4 Deklaration von Parameter-Entitäten in XML

```
<!ENTITY %   Ent-Name        "Zeichenkette"                          >
                             SYSTEM
                             SYSTEM Dateiname
                             PUBLIC Public-Bezeichner
                             PUBLIC "Public-Bez." "Dateiname"
```

B.7 *Marked section*-Deklaration

Marked sections sind speziell markierte Bereich in der DTD oder der Dokument-Instanz, denen ein bestimmter Status zugewiesen wird. Dieser Status kann die ‚Sichtbarkeit‘ des markierten Textstückes betreffen oder die Art und Weise, wie die in ihm enthaltenen Zeichen durch den Parser verarbeitet werden sollen.

B.7.1 *Marked section*-Deklaration in XML

```
<![   INCLUDE                [    Inhalt      ]]>
      IGNORE
      CDATA
      Par-Ent-Referenz
```

- INCLUDE: Der Inhalt ist ‚sichtbar‘.
- IGNORE: Der Inhalt ist ‚unsichtbar‘.
- CDATA: Der Inhalt ist vom Typ CDATA (s. SGML-Element-Deklaration).

B.7.2 *Marked section*-Deklaration in SGML

```
<![   nichts                 [    Inhalt      ]]>
      INCLUDE
      IGNORE
      CDATA
      RCDATA
      TEMP
      Par-Ent-Referenz
```

- INCLUDE, IGNORE und CDATA wie in XML-Marked-Section-Deklaration
- RCDATA: Inhalt ist vom Typ RCDATA (s. SGML-Element-Deklaration).
- TEMP: Inhalt hat nur vorläufigen Status.

B.8 Verarbeitungsanweisungen (*Processing instructions*)

Verarbeitungsanweisungen enthalten zusätzliche Informationen für eine weitergehende Manipulation des Dokuments. Ihr Inhalt zählt nicht zu den Daten des Dokuments.

B.8.1 Verarbeitungsanweisungen in XML

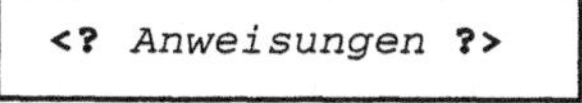

B.8.2 Verarbeitungsanweisungen in SGML

B.9 Annotation

Durch die Annotation werden konkrete Daten einer Struktur zugeordnet. Elemente werden in der Dokument-Instanz durch Anfangs- und Endtags begrenzt. Auf Entitäten wird durch Entitätsreferenzen verwiesen.

B.9.1 Anfangstags für nicht-leere Elemente in XML

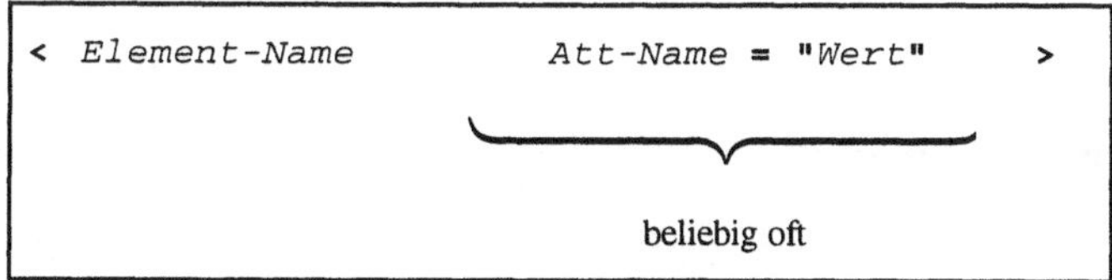

B.9.2 Tags für leere Elemente in XML

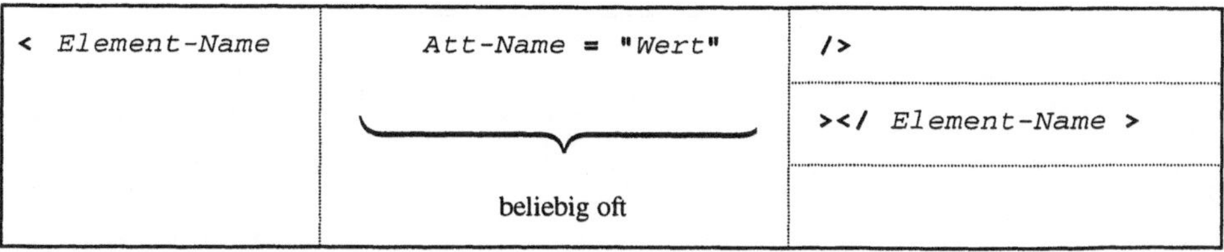

B.9.3 Anfangstags und Tags für leere Elemente in SGML

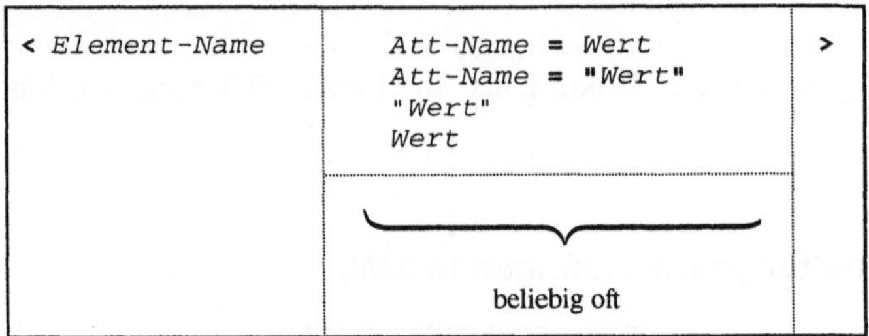

- Ein Attribut-Wert kann nur dann allein auftreten, wenn Minimierung durch die SGML-Deklaration erlaubt ist. Dann muss der Wert eindeutig sein unter allen bei einem Element vorkommenden Attribut-Werten.

B.9.4 Endtags in XML und SGML

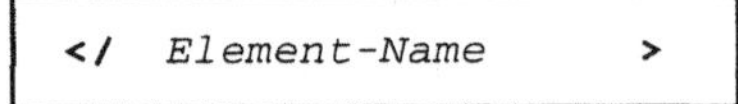

B.9.5 Entitätsreferenzen in XML und SGML

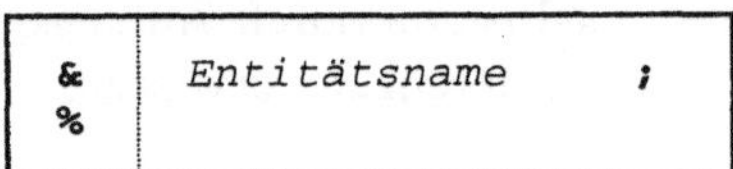

- & kennzeichnet Referenzen auf Generelle Entitäten
- % kennzeichnet Referenzen auf Parameter-Entitäten

B.10   Kommentare

B.10.1   Kommentare in XML

B.10.2 Kommentare in SGML

```
<!-- Kommentar-Text -->
```
```
<!Schlüsselwort Parameter -- Kommentar-Text -- Parameter ...>
```

C Architektonische Verarbeitung in SP

C.1 Einleitung

SP ist ein Paket von sehr ausgereiften und leistungsstarken SGML-Werkzeugen, die der Entwickler James Clark als frei verfügbare Software bereitstellt. Das SP-Paket enthält z.Zt. insgesamt fünf Einzelprogramme:

- NSGMLS – ein SGML-Parser, der Dokumente validiert und in ein spezielles Output-Format überführt;
- SPAM – ein Markup-Editor; SPAM überführt ein Dokument in eine benutzer-definierte Version, in der gegenüber dem Orginaldokument Veränderungen hinsichtlich Minimierung, Darstellung von Attributen, Zeichenketten, *marked sections* u.a. vorgenommen sind;
- SGMLNORM – ein SGML-Normalisierer, der ein beliebiges Dokument in eine hinsichtlich Minimierung und SGML-Version normalisierte Version über-führt. Dieses beinhaltet auch, dass LPDs ausgewertet und externe Entitäten eingefügt werden;
- SX – ein Programm zur Überführung von SGML-Dokumenten nach XML;
- SPENT – ein einfaches Programm zur Verknüpfung mehrerer SGML-Dateien.

Sowohl SPAM als auch SGMLNORM basieren auf NSGMLS, so dass auch viele der in der Befehlszeile angebbaren Optionen einander entsprechen. Die archiktoni-sche Verarbeitung ist in allen drei Programmen vorgesehen, die Erzeugung von architektonischen Instanzen – auch in Zusammenhang mit LPDs – kann jedoch am besten mit SGMLNORM vorgenommen werden, so dass wir uns im folgenden auf dieses Programm beschränken werden. Alle dargestellten Verarbeitungstech-niken lassen sich leicht auch auf NSGMLS und SPAM übertragen.[28] SP unterstützt sowohl die Verarbeitung von XML- als auch die von WebSGML-Dokumenten.

---

[28] Alle Programme des SP-Pakets sind sehr gut dokumentiert. S. dazu http://www.jclark.com/sp/. Die Darstellung der speziellen Eigenschaften der architektonischen Verarbeitung in SP ist unter http://www.jclark.com/sp/archform.htm zu finden.

C.2 Einfache architektonische Verarbeitung

SGMLNORM braucht im einfachsten Fall in der Befehlszeile nur mit dem zu normalisierenden Dokument aufgerufen werden:

```
sgmlnorm kunde.sgm
```

Die Ausgabe ist in diesem Fall ein Dokument, das sich vom Originaldokument nur dahingehend unterscheidet, dass Minimierungen aufgehoben sind, Attribut-Werte sämtlich in Anführungszeichen eingefasst werden und durchgängig die Referenz-Syntax verwendet wird. Werden mehrere Dateinamen angegeben, werden diese vor der weiteren Verarbeitung miteinander verknüpft; es ist auf diese Weise ohne besonderen Aufwand möglich, z.B. die DOCTYPE-Deklaration und die Dokument-Instanz in zwei getrennten Dateien zu halten:

```
sgmlnorm kunde.prolog kunde.instanz
```

Da die architektonischen Deklarationen vollständig – d.h. auch was die verwendeten Dateinamen betrifft – in der architektonischen Deklaration der DTD enthalten sind, wird bei der Aktivierung der architektonischen Verarbeitung mit SGMLNORM lediglich der Name der zu verwendenden Architektur angegeben. Bezogen auf das Beispiel in Abschnitt 6.1 sieht das somit folgendermaßen aus:

```
sgmlnorm -A StandardPerson kunde.sgm
```

Der Output dieses Aufrufs ist die architektonische Instanz des SGML-Dokuments ‚kunde.sgm‘ in Bezug auf die Meta-DTD ‚person.dtd‘. Um SGMLNORM sowohl im Normalfall als auch bei architektonischer Verarbeitung dazu zu bringen, die DOCTYPE-Deklaration der Dokument-Instanz voranzustellen, muss zusätzlich die Option -d gewählt werden:

```
sgmlnorm -d kunde.sgm
sgmlnorm -A StandardPerson -d kunde.sgm
```

Bei der Ermittlung der architektonischen Instanz mit der Option -A validiert SGMLNORM auch das entstehende Dokument auf der Grundlage der Meta-DTD. Werden in der Dokument-Instanz mehrere Architekturen deklariert, werden die architektonischen Instanzen bezüglich aller Meta-DTDs validiert, bevor die architektonische Instanz für die in der Befehlszeile angegebene Architektur ausgegeben wird.

Die in Abschnitt 9.2.2 dargestellte architektonische Verarbeitung mit dem Ziel der strukturellen Umordnung im Zieldokument lässt sich mit SGMLNORM leicht realisieren. Die architektonischen Instanzen hinsichtlich zweier verschiedener Architekturen können in Dateien zwischengespeichert werden:

```
sgmlnorm -A Author paper-23.sgm > import-author.sgm
sgmlnorm -A Book   paper-23.sgm > import-1.sgm
```

In einem weiteren Schritt werden diese Dateien, die als externe Entitäten in einem Dokument-Muster deklariert sind, durch SGMLNORM eingefügt, um die konvertierte Zielinstanz zu generieren:

```
sgmlnorm -d book-templ.sgm > book-23.sgm
```

C.3 Architektonische Verarbeitung höherer Ordnung

Für die architektonische Verarbeitung höherer Ordnung sind lediglich mehrere architektonische Optionen mit -A in die Befehlszeile einzutragen. Wenn wir annehmen, dass aus der architektonischen Instanz zur Meta-DTD ‚person.dtd‘ eine architektonische Instanz zweiter Ordnung abgeleitet werden soll, die HTML-Elemente generiert, und alle architektonischen Deklarationen dafür korrekt in ‚person.dtd‘ eingetragen sind, so wird die architektonische Instanz zweiter Ordnung durch folgende Anweisung berechnet:

```
sgmlnorm -A StandardPerson -A HTML kunde.sgm
```

Dieses entspricht der Sequenz der folgenden beiden elementaren Architektur-Verarbeitungen:

```
sgmlnorm -A StandardPerson kunde.sgm > person.sgm
sgmlnorm -A HTML person.sgm
```

C.4 LPDs bei der architektonischen Verarbeitung

Die Aktivierung einer im Dokument-Prolog deklarierten LPD geschieht über die Option -a und den in der LINKTYPE-Deklaration angegebenen Namen. Die in Abschnitt 8.2 exemplarisch angegebene LPD für die Integration der person-Architektur in die kunde-DTD sieht dann folgendermaßen aus:

```
sgmlnorm -a kunde-person -d kunde.sgm
```

Dieser Befehl führt zu einer Version des Dokuments ‚kunde.sgm‘, die sich nicht von der Normierung ohne die Einbindung der LPD kunde-person unterscheidet, deren DTD nun aber alle architektonischen Deklarationen enthält. Dieses kann durch den Parser NSGMLS sichtbar gemacht werden, da hier alle Attribute, auch solche die vorbelegte oder unspezifizierte Werte aufweisen, in der Ausgabe erscheinen; durch den Link-Prozess hinzukommende Attribute werden dabei besonders markiert.

In Zusammenspiel mit der architektonischen Verarbeitung entfaltet die LPD natürlich erst ihre beabsichtigte Wirkung:

```
sgmlnorm -a kunde-person -A StandardPerson -d kunde.sgm
```

Eine besondere Erleichterung ist in SP für den Fall vorgesehen, dass Architektur und LPD den gleichen Namen tragen. Wandeln wir in der LINKTYPE-Deklaration

```
<!LINKTYPE kunde-person kunde #IMPLIED
                        SYSTEM "kunde-person.lpd">
```

zu

```
<!LINKTYPE StandardPerson kunde #IMPLIED
                        SYSTEM "kunde-person.lpd">
```

ab, so erübrigt sich die Aktivierung der LPD durch die Option -a. Der Befehl

```
sgmlnorm -A StandardPerson -d kunde.sgm
```

ist dann gleichbedeutend mit

```
sgmlnorm -a StandardPerson -A StandardPerson -d kunde.sgm
```

Es war in Abschnitt 8.2 darauf hingewiesen worden, dass in der LPD nur solche Deklarationen erscheinen dürfen, die auch unmittelbar in der LPD Anwendung finden; insbesondere sind Notationsdeklarationen in der LPD verboten. Die allgemeinen Deklarationen waren deshalb in eine externe Entität ausgelagert und über das *declaration subset* eingebunden worden:

```
<!DOCTYPE kunde SYSTEM "kunde.dtd" [
    <!ENTITY % StdPers.arch SYSTEM "StdPers.arc">
    %StdPers.arch;]>
<!LINKTYPE kunde-person kunde #IMPLIED
                        SYSTEM "kunde-person.lpd">
<kunde anrede="Herr" geschlecht="m">
...
</kunde>
```

Dokument C.1. Dokument-Instanz mit LPD und externen architektonischen Deklarationen

In SP ist es nun ausdrücklich erlaubt, gegen diese Bestimmung des SGML-Standards zu verstoßen und auch die generellen architektonischen Deklarationen mit in die LPD aufzunehmen. Clark begründet dies in der Dokumentation zu SP folgendermaßen: "it is clearly the intent of the standard that they be allowed". Die architektonischen Deklarationen können dann natürlich vollständig in die LPD eingetragen werden, so dass sich für unser Beispiel die folgende LPD ergibt:

```
<?IS10744 ArcBase StandardPerson>
<!NOTATION AFDRMeta PUBLIC
        "ISO/IEC 10744:1997//NOTATION AFDR Meta-DTD
         Notation//EN">
<!ENTITY PersonDTD SYSTEM "person.dtd" CDATA AFDRMeta>
<!NOTATION StandardPerson PUBLIC
        "-//LOCAL//NOTATION AFDR ARCBASE Person
         Architecture//EN"
        -- A base architecture used in conformance with the
           Architectural Form Definition Requirements of
           International Standard ISO/IEC 10744. -->
<!ATTLIST #NOTATION StandardPerson
        ArcDTD          CDATA       "PersonDTD"
        ArcDocF         NAME        "person"
        ArcFormA        NAME        "StdPersAF"
        ArcNamrA        NAME        "StdPersAtts">

<!ATTLIST    (kunde|nachname|vorname|firma|funktion)
        StdPersAF       NMTOKEN     #IMPLIED
        StdPersAtts     CDATA       #IMPLIED>

<!LINK        #INITIAL  kunde       [ StdPersAF="person"
                                      StdPersAtts="spec anrede
                                            sex   geschlecht
                                            #MAPTOKEN
                                                male    m
                                                female  w" ]
                        nachname  [ StdPersAF="surname" ]
                        vorname   [ StdPersAF="givenname" ]
                        firma     [ StdPersAF="info"
                                    StdPersAtts="spec kommentar"]
                        funktion  [ StdPersAF="info" ]>
```

LPD C.2. LPD mit ‚unzulässigen' Deklarationen („kunde-person2.lpd")

Im Dokument entfällt dann das *declaration subset*, das für die Einbindung der externen Entität verantwortlich war (Dokument C.3). Der Vorteil dieser geringen Irregularität ist der, dass sich die gesamte architektonische Deklaration im Dokument auf eine einzige Zeile reduziert, nämlich die LINKTYPE-Deklaration.

```
<!DOCTYPE kunde SYSTEM "kunde.dtd">
<!LINKTYPE kunde-person kunde #IMPLIED
                        SYSTEM "kunde-person2.lpd">
<kunde anrede="Herr" geschlecht="m">
...
</kunde>
```

Dokument C.3. Dokument-Instanz mit Einbindung der ‚unzulässigen' LPD

C.5 LPDs und architektonische Verarbeitung höherer Ordnung

Bei der architektonischen Verarbeitung ergibt sich ab der zweiten Stufe das Problem, dass für architektonische Instanzen keine LINKTYPE-Deklarationen automatisch erzeugt werden können. Um dennoch die beliebige Verkettung architektonischer Verarbeitungsschritte auf der Grundlage von in LPDs extern gespeicherten Architektur-Deklarationen in SP möglich zu machen, muss man sich mit einem Trick behelfen.

Nehmen wir an, für die person-Architektur ist die HTML-DTD als Architektur zweiter Stufe deklariert, wobei alle notwendigen architektonischen Deklarationen für die ‚person.dtd' in Form einer LPD vorliegen. Ein Befehl wie

```
sgmlnorm -a kunde-person -A StandardPerson -A HTML kunde.sgm
```

kann uns in diesem Fall nicht weiterhelfen, da nach der Ermittlung der architektonischen Instanz bezüglich StandardPerson nirgends eine LINKTYPE-Deklaration erscheint, die die person-html-LPD einzubinden erlaubt. Wir müssen die beiden architektonischen Verarbeitungsschritte deshalb unabhängig voneinander durchführen. Zuerst wird die architektonische Instanz bezüglich der StandardPerson-Architektur ermittelt, und zwar ohne DOCTYPE-Deklaration. Diese architektonische Instanz wird in eine temporäre Datei, hier ‚p.tmp', zwischengespeichert:

```
sgmlnorm -a kunde-person -A StandardPerson kunde.sgm > p.tmp
```

Vor diese Instanz können wir nun die fehlenden Prolog-Deklarationen setzten, also die DOCTYPE- und die LINKTYPE-Deklarationen, die in einer eigenen Datei abgelegt sind. Diese Datei, hier ‚p.prolog', enthält entweder die architektonischen Deklarationen in der strengen Variante (generelle Architektur-Deklaration extern)

```
<!DOCTYPE person SYSTEM "person.dtd" [
   <!ENTITY % StdPers.arch SYSTEM "StdPers.arc">
   %StdPers.arch;]>
<!LINKTYPE person-kunde person #IMPLIED
                      SYSTEM "person-html.lpd">
```

oder in der liberalen Variante (sämtliche Architektur-Deklarationen in der LPD):

```
<!DOCTYPE person SYSTEM "person.dtd">
<!LINKTYPE person-kunde person #IMPLIED
                      SYSTEM "person-html2.lpd">
```

Aufgrund der Tatsache, dass mehrere Dateien, die in der Befehlszeile von SP-Programmen angegeben werden, miteinander verkettet werden, können wir nun aus der temporären Datei ‚p.tmp' und der Prolog-Datei ‚p.prolog' ein Dokument zusammensetzen, das die erforderliche LINKTYP-Deklaration aufweist:

```
sgmlnorm -a person-html -A html -d p.prolog p.tmp
```

Wenn nun noch die tempäre Datei entfernt werden soll, so ergibt sich die Abfolge der folgenden drei Befehle:

```
sgmlnorm -a kunde-person -A StandardPerson kunde.sgm > p.tmp
sgmlnorm -a person-html -d -A html p.prolog p.tmp >
                                       kunde-html.sgm
del p.tmp
```

Nach dem gleichen Prinzip lassen sich für jede DTD dynamisch LPDs für die architektonische Verarbeitung einfügen, so dass die Realisierung von DTD-Netzen (vgl. Abschnitt 9.2.3) möglich wird.

D SGML-Deklarationen für XML

D.1 Deklaration für Standard-SGML

```
<!SGML -- SGML Declaration for XML --
        "ISO 8879:1986 (ENR)"

    CHARSET
        BASESET
            "ISO Registration Number 176//CHARSET
             ISO/IEC 10646-1:1993 UCS-4 with implementation
             level 3//ESC 2/5 2/15 4/6"
        DESCSET
                0         9        UNUSED
                9         2        9
                11        2        UNUSED
                13        1        13
                14        18       UNUSED
                32        95       32
                127       1        UNUSED
                128       32       UNUSED
                160       55136    160
                55296     2048     UNUSED
                57344     8190     57344
                65534     2        UNUSED
                65536     1048576  65536

        CAPACITY SGMLREF
          TOTALCAP 99999999
          ENTCAP   99999999
          ENTCHCAP 99999999
          ELEMCAP  99999999
          GRPCAP   99999999
          EXGRPCAP 99999999
          EXNMCAP  99999999
          ATTCAP   99999999
          ATTCHCAP 99999999
          AVGRPCAP 99999999
          NOTCAP   99999999
          NOTCHCAP 99999999
          IDCAP    99999999
          IDREFCAP 99999999
```

```
        MAPCAP    99999999
        LKSETCAP  99999999
        LKNMCAP   99999999


SCOPE DOCUMENT

    SYNTAX
        SHUNCHAR NONE
        BASESET "ISO Registration Number 176//CHARSET
                ISO/IEC 10646-1:1993 UCS-4 with
                implementation level 3//ESC 2/5 2/15 4/6"
        DESCSET
            0 1114112 0
        FUNCTION
            RE    13
            RS    10
            SPACE 32
            TAB   SEPCHAR 9

    NAMING
        LCNMSTRT ""
        UCNMSTRT ""
        NAMESTRT
          58 95 192-214 216-246 248-305 308-318 321-328
          330-382 384-451 461-496 500-501 506-535 592-680
          ...

        LCNMCHAR ""
        UCNMCHAR ""
        NAMECHAR
          45-46 183 720-721 768-837 864-865 903 1155-1158
          1425-1441 1443-1465 1467-1469 1471 1473-1474
          ...

        NAMECASE
            GENERAL NO
            ENTITY  NO

    DELIM
        GENERAL SGMLREF
        NET "/>"
        PIC "?>"
        SHORTREF NONE
    NAMES
        SGMLREF

    QUANTITY SGMLREF
        -- Quantities are not restricted in XML --
        ATTCNT      99999999
        ATTSPLEN    99999999
        -- BSEQLEN  not used --
```

```
            -- DTAGLEN  not used --
            -- DTEMPLEN not used --
            ENTLVL      99999999
            GRPCNT      99999999
            GRPGTCNT    99999999
            GRPLVL      99999999
            LITLEN      99999999
            NAMELEN     99999999
            -- no need to change NORMSEP --
            PILEN       99999999
            TAGLEN      99999999
            TAGLVL      99999999

    FEATURES
        MINIMIZE
            DATATAG NO
            OMITTAG NO
            RANK NO
            SHORTTAG YES -- SHORTTAG is needed for NET --
        LINK
            SIMPLE NO
            IMPLICIT NO
            EXPLICIT NO
        OTHER
            CONCUR NO
            SUBDOC NO
            FORMAL NO

    APPINFO NONE>
```

D.2 Deklaration für WebSGML

```
<!SGML -- SGML Declaration for XML --
    "ISO 8879:1986 (WWW)"

    CHARSET
        BASESET
            "ISO Registration Number 176//CHARSET
            ISO/IEC 10646-1:1993 UCS-4 with implementation
            level 3//ESC 2/5 2/15 4/6"
        DESCSET
                0       9       UNUSED
                9       2       9
                11      2       UNUSED
                13      1       13
                14      18      UNUSED
                32      95      32
                127     1       UNUSED
                128     32      UNUSED
                160     55136   160
```

```
                    55296   2048     UNUSED   -- surrogates --
                    57344   8190     57344
                    65534   2        UNUSED   -- FFFE and FFFF --
                    65536   1048576  65536

CAPACITY NONE

SCOPE DOCUMENT

SYNTAX
     SHUNCHAR NONE
     BASESET "ISO Registration Number 176//CHARSET
              ISO/IEC 10646-1:1993 UCS-4 with
              implementation level 3//ESC 2/5 2/15 4/6"
     DESCSET
         0 1114112 0
     FUNCTION
          RE     13
          RS     10
          SPACE  32
          TAB    SEPCHAR 9

     NAMING
          LCNMSTRT ""
          UCNMSTRT ""
          NAMESTRT
           58 95 192-214 216-246 248-305 308-318 321-328
           330-382 384-451 461-496 500-501 506-535 592-680
           ...

          LCNMCHAR ""
          UCNMCHAR ""
          NAMECHAR
           45-46 183 720-721 768-837 864-865 903 1155-1158
           1425-1441 1443-1465 1467-1469 1471 1473-1474
           ...

          NAMECASE
              GENERAL NO
              ENTITY  NO

     DELIM
          GENERAL SGMLREF
          HCRO "&#38;#x"
          NESTC "/"
          NET ">"
          PIC "?>"
          SHORTREF NONE

     NAMES
          SGMLREF
```

```
        QUANTITY NONE

        ENTITIES
            "amp" 38
            "lt" 60
            "gt" 62
            "quot" 34
            "apos" 39

    FEATURES
        MINIMIZE
            DATATAG NO
            OMITTAG NO
            RANK NO
            SHORTTAG
                STARTTAG
                    EMPTY NO
                    UNCLOSED NO
                    NETENABL IMMEDNET
                ENDTAG
                    EMPTY NO
                    UNCLOSED NO
                ATTRIB
                    DEFAULT YES
                    OMITNAME NO
                    VALUE NO
            EMPTYNRM YES
            IMPLYDEF
                ATTLIST YES
                DOCTYPE YES
                ELEMENT YES
                ENTITY YES
                NOTATION YES
        LINK
            SIMPLE NO
            IMPLICIT NO
            EXPLICIT NO
        OTHER
            CONCUR NO
            SUBDOC NO
            FORMAL NO
            URN NO
            KEEPRSRE YES
            VALIDITY TAG
            ENTITIES
                REF ANY
                INTEGRAL YES
    APPINFO NONE
    SEEALSO "ISO 8879//NOTATION
            Application Requirements for XML//EN"
```

E Abbildungsverzeichnis

F Verzeichnis von Definitionen und Beispielen

G Register

H Materialien

H.1 Standards

[DSSSL] ISO/IEC 10179:1996. Information Technology – Document Style and Semantics Specification Language. Genf: International Organisation for Standardization.
[General Architecture] Annex A.5 von ISO/IEC 10744:1997 (HyTime).
[HyTime] ISO/IEC 10744:1997. Information Technology – Hypermedia/Time Based Structuring Language (HyTime). Genf: International Organization for Standardization.
[ISO 12083] ISO 12083:1994. Information and Documentation – Electronic manuscript preparation and markup. Genf: International Organization for Standardization.
[SGML] ISO 8879:1986. Information Processing – Text and Office Systems – Standard Generalized Markup Language (SGML). Genf: International Organization for Standardization.
[TEI] Sperberg-McQueen, Michael und Lou Burnard (Hrsg.; 1993): Guidelines for Electronic Text Encoding and Interchange. Chicago, Oxford: Text Encoding Initiative [zwei Bände].
[*Topic Maps*] ISO/IEC 13250. Information Processing – Document Description and Processing Languages –Topic Navigations Maps. [Committee Draft 1998]
[WebSGML] Annex K zu ISO8879:1986 (SGML). [Technical Corrigendum 1997]
[XML] Extensible Markup Language (XML) Version 1.0. World Wide Web Consortium. [Recommendation 1998]

H.2 Literatur

Aus der mittlerweile unüberschaubaren Vielfalt SGML- und XML-bezogener Publikationen stellt die folgende Liste nur eine Auswahl dar.

Alschuler, Liora (1995): *ABCD... SGML. A User's Guide to Structured Information.* London u.a.: International Thomson Computer Press.
Bryan, Martin (1988): *SGML: An Author's Guide to the Standard Generalized Markup Language.* Reading (MA): Addison-Wesley.
DeRose, Steven J. und David G. Durand (1994): *Making Hypermedia Work – A User's Guide to HyTime.* Norwell (MA): Kluwer.

Goldfarb, Charles F. (1990): *The SGML Handbook.* Oxford: Clarendon Press.

Goldfarb, Charles F. und Paul Prescod (1998): *The XML Handbook.* Upper Saddle River (NJ): Prentice Hall PTR.

Herwijnen, Eric van (1995): *Practical SGML.* Boston (MA): Kluwer [2. Aufl.].

Maler, Eve und Jeanne El Andaloussi (1996) *Developing SGML DTDs. From Text to Model to Markup.* Upper Saddle River (NJ): Prentice Hall PTR.

Möhr, Wiebke und Ingrid Schmidt (Hrsg., 1999): *SGML und XML. Anwendungen und Perspektiven.* Berlin: Springer.

Megginson, David (1998): *Structuring XML Documents.* Upper Saddle River (NJ): Prentice Hall PTR.

Pitts-Moultis, Natanya und Cheryl Kirk (1999): *XML Black Book.* Scottsdale (AZ): Coriolis.

Rieger, Wolfgang (1995): *SGML für die Praxis. Ansatz und Einsatz von ISO 8879.* Berlin: Springer.

Rubinsky, Yuri und Murray Maloney (1997): *SGML on the Web.* Upper Saddle River (NJ): Prentice Hall

Smith, Joan M. und Robert S. Stutely (1988): *SGML: The Users' Guide to ISO 8879.* Chichester (NY): Horwood.

Szillat, Horst (1995): *SGML. Eine praktische Einführung.* Bonn: Internation Thompson Computer Press.

Travis, Brian E. und Dale C. Waldt (1995): *The SGML Implementation Guide. A Blueprint for SGML Migration.* Berlin: Springer.

H.3 Im Text erwähnte Software

[AUTHOR/EDITOR] Softquad Inc. (1996) *Author/Editor 3.5 for Microsoft Windows.* Waltham (MA): Interleaf Inc. [http://www.interleaf.com/; früher Toronto: Softquad Inc.].

[Jade] James Clark (1998). London [http://www.jclark.com/].

[OMNIMARK] Omnimark Corporation (1993): *Omnimark Version 3.0.* Ottawa [http://www. omnimark.com/; früher Exoterica Corporation].

[PANORAMA] Softquad Inc. (1996) *Panorama PRO 2.0 for Microsoft Windows.* Waltham (MA): Interleaf Inc. [http://www.interleaf.com/; früher Toronto: Softquad Inc.].

[SP] James Clark (1998). London [http://www.jclark.com/].

H.4 URLs

Angegeben sind im folgenden jeweils nur die ein oder zwei wichtigsten URLs:

- zu SGML:
    - http://www.oasis-open.org/cover/ (diese Web-Site kann als die zentrale Informationsquelle für SGML- und XML-bezogenen Thema angesehen werden)
    - http://www.ornl.gov/sgml/WG8/wg8home.htm

- – speziell zu Architekturen: http://www.oasis-open.org/cover/topics.html#archForms
- ISO Working Group an Information Technology (Informationen zu allen SGML-bezogenen ISO-Standards):
  http://www.ornl.gov/sgml/WG8/wg8home.htm
- World Wide Web Consortium (Informationen zu HTML, XML und verwandten Standards): http://www.w3.org/
- zu XML: http://www.w3.org/XML/
- zu WebSGML und zur SGML-Revision:
  http://www.oasis-open.org/cover/topics.html#revision
- zu HyTime: http://www.hytime.org
- zu TEI: http://www.uic.edu/orgs/tei/
- zu ISO 12083: http://www.xmlxperts.com/12083.htm
- zu HTML: http://www.w3.org/MarkUp/
- zu Topic Maps: http://www.infoloom.com/tnm/
- zu ICADD: http://www.oasis-open.org/cover/gen-apps.html#icadd
- James Clarks Web-Site u.a. zu SP und JADE: http://www.jclark.com